Nils Kauerauf, Jörn Menne, Ingo Schaub, Christian Schmidt, Sarah Siebertz

Herausgeber: Ingo Schaub, Christian Schmidt

Wirtschaft und Verwaltung

für die Berufsfachschule NRW
nach Anlage B APO-BK

Geschäftsprozesse im Unternehmen
Personalbezogene Prozesse
Gesamtwirtschaftliche Prozesse

Arbeitsheft

1. Auflage

Bestellnummer 88812

Bildungsverlag EINS

service@bv-1.de
www.bildungsverlag1.de

Bildungsverlag EINS GmbH
Ettore-Bugatti-Straße 6-14, 51149 Köln

ISBN 978-3-427-88812-3

Vorwort

Das vorliegende **Arbeitsheft** ist eine ideale Ergänzung zu der entsprechenden Lehrbuchreihe für die Berufsfachschule NRW (nach Anlage B APO-BK).

Das **Arbeitsheft** setzt die Vorgaben des Bildungsplans für den Bildungsgang der Berufsfachschule NRW im **Fachbereich Wirtschaft und Verwaltung** mit den Fächern **Geschäftsprozesse im Unternehmen, Personalbezogene Prozesse** und **Gesamtwirtschaftliche Prozesse** um. Dabei orientiert es sich am Kompetenzniveau 3 des Deutschen Qualifikationsrahmens für berufliches Lernen (DQR).

Um die Lerninhalte zu veranschaulichen, werden bei der Erarbeitung sämtlicher Lernfelder **zwei Modellunternehmen** aus dem Handelsbereich, die **Rand OHG** und die **Center-Warenhaus GmbH**, zugrunde gelegt. Ausgewählte Einstiegssituationen aus dem Lehrbuch werden aufgenommen, durch zusätzliche Arbeitsaufträge und methodische Hinweise ergänzt und in eine klare unterrichtliche Struktur überführt.

Die Umsetzung des **problem- und handlungsorientierten** Unterrichts mit **Lernsituationen** wird erheblich erleichtert: Die Lernsituationen sind in der Art vorstrukturiert, dass sie sich an den Phasen einer kompletten Lernhandlung orientieren. So kann ein **schüleraktivierender Unterricht**, der auch Formen des **kooperativen Lernens** immer wieder aufnimmt, systematisch unterstützt werden.

An die Lernsituationen schließen sich vertiefende und/oder erweiternde **Übungen** zu zentralen Begriffen und Zusammenhängen des jeweiligen Lernfeldes an. So erhalten die Schülerinnen und Schüler zahlreiche Möglichkeiten, ihr erworbenes Wissen anzuwenden und zu festigen.

Mit dem Arbeitsbuch wird die häufig so schwierige **Dokumentation** von Lern- und Arbeitsergebnissen sichergestellt, sodass die individuelle **Lernberatung**, die **Lernerfolgskontrolle** und die **Leistungsbewertung** im Unterrichtsalltag erleichtert werden.

Für die Lehrkräfte steht ergänzend zu dem Arbeitsheft ein **Lehrerband** zur Verfügung, der neben Lösungshinweisen und Verlaufsplanungen umfangreiche **Unterstützungsangebote für die Didaktische Jahresplanung** liefert.

Hinweis zur Nutzung des Lehrerhandbuches

Bei den Lernsituationen finden die Nutzer des Arbeitsbuches Symbole, die eine Empfehlung hinsichtlich einer geeigneten Sozialform darstellen:

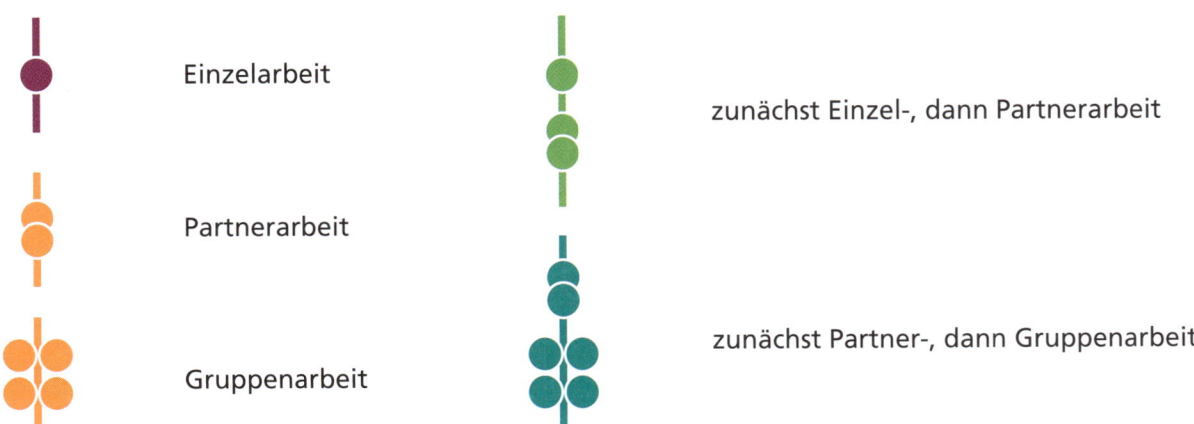

Einzelarbeit

zunächst Einzel-, dann Partnerarbeit

Partnerarbeit

zunächst Partner-, dann Gruppenarbeit

Gruppenarbeit

Die Farben unterscheiden sich nach der jeweiligen Phase der Lernhandlung.

Inhaltsverzeichnis

Geschäftsprozesse im Unternehmen

HANDLUNGSFELD 1   Unternehmensstrategien und Marketing

Lernfeld 1: Ein Unternehmen gründen und führen **9**

Lernsituation 1: Sie entwickeln eine Geschäftsidee und bereiten die Gründung eines Unternehmens vor **9**
Übung 1.1: Der Businessplan 15
Übung 1.2: Die RAND OHG als Modell für ein Großhandelsunternehmen untersuchen 15
Übung 1.3: Die Firma 16
Übung 1.4: Das Handelsregister 18
Übung 1.5: Die Wahl der Rechtsform 20
Übung 1.6: Grundsätze einer professionellen Präsentation 22

Lernsituation 2: Sie konzipieren ein Organigramm und formulieren eine Stellenbeschreibung **24**
Übung 2.1: Handlungsvollmacht und Prokura 28
Übung 2.2: Führungsstile und Führungstechniken 30

Lernfeld 2: Ein Unternehmen kontrollieren **32**

Lernsituation 1: Sie erfassen und bewerten Unternehmensziele **32**
Übung 1.1: Interessengruppen und ihre Ziele 35
Übung 1.2: Zur Beurteilung von Unternehmenszielen Kennzahlen der Wirtschaftlichkeit ermitteln 36

HANDLUNGSFELD 2   Beschaffung

Lernfeld 3: Güter disponieren und beschaffen **38**

Lernsituation 1: Sie legen Bestellmengen und Bestellzeitpunkte fest **38**
Übung 1.1: Bezugsquellenanalyse 41
Übung 1.2: Anfragen erstellen 41
Übung 1.3: Inhalte des Angebotes 43
Übung 1.4: Prozentrechnen 44
Übung 1.5: Einfache Bezugskalkulation 45
Übung 1.6: Zusammengesetzte Bezugskalkulation 45
Übung 1.7: Währungsrechnen 46

Lernsituation 2: Sie stellen einen Angebotsvergleich strukturiert dar **47**

Lernsituation 3: Sie schließen Kaufverträge im Rahmen der Beschaffung ab **52**
Übung 3.1: Bestellungen und Auftragsbestätigungen bearbeiten 55
Übung 3.2: Allgemeine Geschäftsbedingungen 56
Übung 3.3: Allgemeine Geschäftsbedingungen untersuchen 56

Lernsituation 4: Sie führen eine Wareneingangskontrolle durch **57**
Übung 4.1: Den Mindest- und Meldebestand ermitteln 61
Übung 4.2: Einfache Lagerkennziffern interpretieren 62
Übung 4.3: Barzahlung 63
Übung 4.4: Entwicklung der Zahlungsmethoden 63

Übung 4.5: Überweisung 64
Übung 4.6: Funktionen der Girocard 64
Übung 4.7: Moderne Online-Zahlungssysteme 65
Übung 4.8: Käuferrechte bei einer Schlechtleistung (mangelhafte Lieferung) 66
Übung 4.9: Schlechtleistung (mangelhafte Lieferung) 67

Lernsituation 5: Sie bearbeiten eine Nicht-Rechtzeitig-Lieferung **68**

HANDLUNGSFELD 3 Leistungserstellung

Lernfeld 4: Leistungsprogramm planen und entwickeln **74**

Lernsituation 1: Sie beschreiben die Sortimentspolitik in einem Unternehmen **74**

Lernsituation 2: Sie planen eine ansprechende Warenpräsentation und Verkaufsraumgestaltung .. **77**
Übung 2.1: Platzierungsstrategien 82
Übung 2.2: Platzierung im Warenträger 83

Lernsituation 3: Sie kalkulieren den Verkaufspreis eines Artikels **85**
Übung 3.1: Möglichkeiten der Preisdifferenzierung 89
Übung 3.2: Die Berechnung des Handlungskostenzuschlagssatzes 89
Übung 3.3: Sie kalkulieren verschiedene Verkaufspreise 90
Übung 3.4: Kalkulationsvereinfachungsverfahren 90
Übung 3.5: Verkaufspreise richtig auszeichnen 92

Lernfeld 5: Für Kundenaufträge innerbetriebliche Leistungen und Logistik erbringen **94**

Lernsituation 1: Sie prüfen die Wareneingänge und erfassen den Warenfluss mit Belegen **94**
Übung 1.1: Sachgerechte Lagerung und Pflege im Lager 98
Übung 1.2: Rechtliche Vorschriften für den Arbeits- und Gesundheitsschutz beachten 100
Übung 1.3: Umweltschutz im Lager 101

HANDLUNGSFELD 4 Absatz

Lernfeld 6: Käuferverhalten analysieren und einfache Marketingmaßnahmen entwickeln **103**

Lernsituation 1: Sie verstehen Kunden- und Wettbewerbsorientierung als Grundlage des Marketings und kennen Methoden der Marktforschung **103**

Lernsituation 2: Sie führen ein kleines Marktforschungsprojekt durch **110**
Übung 2.1: Konditionen- und Servicepolitik gestalten 114
Übung 2.2: Distributionspolitik – Absatzwege vergleichen 115
Übung 2.3: Die Grundsätze der Werbung beachten und einen Werbeplan erstellen 115

Lernsituation 3: Sie kombinieren die Marketingmaßnahmen (Marketing-Mix) **118**

Lernfeld 7: Kundenaufträge bearbeiten und Auftragsabwicklung durchführen **122**

Lernsituation 1: Sie planen ein Verkaufsgespräch und führen es durch **122**
Übung 1.1: Grundlagen der Kommunikation 125
Übung 1.2: Nonverbale Elemente im Verkaufsgespräch deuten 127
Übung 1.3: Kundenansprache und Bedarfsermittlung 127
Übung 1.4: Warenvorlage und Verkaufsargumentation 128
Übung 1.5: Kundeneinwände 130
Übung 1.6: Kaufabschluss 130
Übung 1.7: Arten von Rechtsgeschäften 131
Übung 1.8: Rechtsfähigkeit 132

Lernsituation 2: Sie schließen Kaufverträge mit Kunden ab **132**
Übung 2.1   Eine Reklamation und einen Umtausch bearbeiten 136
Übung 2.2:   Fälle zur Geschäftsfähigkeit erarbeiten 136
Übung 2.3:   Verpflichtungs- und Erfüllungsgeschäft 138
Übung 2.4   Kundenaufträge bei vorrätiger Ware abwickeln 138
Übung 2.5:   Eintritt des Zahlungsverzuges 139
Übung 2.6:   Ein außergerichtliches Mahnverfahren einleiten 140

Personalbezogene Prozesse

HANDLUNGSFELD 5 Personal

Lernfeld 8: Personalmaßnahmen entwickeln und personalwirtschaftliche Kompetenzen für
den eigenen Berufsweg nutzen können **142**

Lernsituation 1: Sie führen die Personalbedarfsplanung und Personaleinsatzplanung
für die RAND OHG durch **142**
Übung 1.1:   Rahmenbedingungen des dualen Systems der Berufsausbildung 146
Übung 1.2:   System der dualen Berufsausbildung 149
Übung 1.3:   Ausbildungsvertrag 151
Übung 1.4:   Rechte und Pflichten in der Berufsausbildung 152
Übung 1.5:   Kündigung des Berufsausbildungsverhältnisses 153
Übung 1.6:   Personalbeschaffung 153
Übung 1.7:   Bewerbung 154
Übung 1.8:   Vorstellungsgespräch 155

Lernsituation 2: Sie berechnen die gesetzlichen Abzüge **157**
Übung 2.1:   Überweisung der Lohnsteuer und der Sozialversicherungsbeiträge 162
Übung 2.2:   Personalbeurteilung 163
Übung 2.3:   Maßnahmen zur Lösung von Konflikten 164
Übung 2.4:   Arbeitsvertrag 165
Übung 2.5:   Tarifvertrag, Betriebsvereinbarung und betriebliche Mitbestimmung 167
Übung 2.6:   Wandel im Arbeitsmarkt 169
Übung 2.7:   Kündigung 170
Übung 2.8:   Arten und Ursachen von Arbeitslosigkeit 172

Gesamtwirtschaftliche Prozesse

HANDLUNGSFELD 6 Investition und Finanzierung

Lernfeld 9: Investitionen und Finanzierungen planen und sinnvolle Entscheidungen treffen 173

Lernsituation 1: Sie erstellen einen Haushaltsplan zur Unterstützung von Investitions- und
Finanzierungsentscheidungen **173**
Übung 1.1:   Investitionsarten und Ziele von Investitionen 175
Übung 1.2:   Finanzierungsarten 176

Lernsituation 2: Sie bieten Kreditsicherheiten an und entscheiden sich für eine Darlehensart
bei der Fremdfinanzierung **178**
Übung 2.1:   Kontokorrentkredit 183
Übung 2.2:   Lieferantenkredit 184
Übung 2.3:   Leasing 185

Übung 2.4: Kreditsicherung 187
Übung 2.5: Insolvenz 188
Übung 2.6: Ursachen von Verschuldung und Überschuldung 190

HANDLUNGSFELD 7 Wertströme

Lernfeld 10: An der Wertschöpfung einer Volkswirtschaft mitwirken **193**

**Lernsituation 1: Sie lernen die Stellung der RAND OHG und der Wirtschaftssubjekte in der
                    Gesamtwirtschaft kennen** **193**
Übung 1.1: Das ökonomische Prinzip 198
Übung 1.2: Bedürfnisse und Güter 199
Übung 1.3: Produktionsfaktoren 200
Übung 1.4: Austausch (Substitution) von Produktionsfaktoren 202
Übung 1.5: Der erweiterte Wirtschaftskreislauf – Modell für eine wachsende (evolutorische)
            Wirtschaft 203
Übung 1.6: Entstehungsrechnung als Teilbereich der Bruttoinlandsproduktberechnung 204
Übung 1.7: Verteilungsrechnung zur Ermittlung des Volkseinkommens 206
Übung 1.8: Bruttoinlandsprodukt als Maßstab für Wohlstand beschreiben 207
Übung 1.9: Die Rolle des Staates in der sozialen Marktwirtschaft kennenlernen 210
Übung 1.10: Die Einkommens- und Vermögensverteilung diskutieren 211

Geschäftsprozesse im Unternehmen

Lernfeld 11:   Wertströme erfassen, dokumentieren, aufbereiten und Auswerten **214**

Lernsituation 1: Sie erstellen ein Inventar und eine Bilanz **214**
Übung 1.1: Inventurverfahren 219
Übung 1.2: Eine Bilanz aufbereiten 220
Übung 1.3: Mit verschiedenen Belegen arbeiten 221
Übung 1.4: Wirkungen der Geschäftsfälle auf die Bilanz 224
Übung 1.5: Veränderungen des Vermögens und der Schulden auf Bestandskonten erfassen 226

Lernsituation 2: Sie erfassen Belege systematisch im Grund- und Hauptbuch **228**
Übung 2.1: Zusammengesetzte Buchungssätze 234
Übung 2.2: Eine Lernübersicht für das System der Bestands- und Erfolgskonten erstellen 235
Übung 2.4: Den Erfolg einer Sonderaktion ermitteln 235
Übung 2.5: Das Wesen der Umsatzsteuer 237
Übung 2.6: Stufen des Wertschöpfungsprozesses mit Vorsteuerabzug 238
Übung 2.7: Umsatzsteuer ermitteln, abführen und buchen 239

Lernsituation 3: Sie schreiben ein Anlagegut linear ab **241**
Übung 3.1: Den Wert eines Anlagegutes zum Jahresende bei Anwendung
            der linearen Abschreibung bestimmen 245
Übung 3.2: Ein GuV-Konto auswerten 246

Bildquellenverzeichnis **247**

Unternehmensstrategien und Management

Lernfeld 1: Ein Unternehmen gründen und führen

Lernsituation 1: Sie entwickeln eine Geschäftsidee und bereiten die Gründung eines Unternehmens vor

Sabine Sommer und Bülent Özdemir haben den Hauptschulabschluss in der Tasche und möchten nun in der Handelsschule die Fachoberschulreife im Bereich Wirtschaft und Verwaltung erwerben. Nach der Einschulung und dem Kennenlernen ihrer neuen Mitschüler sitzen sie neugierig in der ersten Stunde des Unterrichts im Fach Wirtschaft. Ihr Klassenlehrer, Herr Stein, ist gleichzeitig auch ihr Fachlehrer. Er stellt ihnen das Fach vor und erläutert den Unterricht bis zu den Herbstferien: *„Im Fach Wirtschaft steht die Unternehmung mit ihren Leistungen, ihren Zielen und ihren Anspruchsgruppen im Mittelpunkt unserer Arbeit. Um ein Unternehmen konkret kennenzulernen, werden Sie bis zu den Herbstferien die Geschäftsidee für ein eigenes kleines Unternehmen entwickeln."*

Besonders Bülent ist von der Entwicklung einer eigenen Geschäftsidee begeistert. Sein Traum ist es, sich nach der Berufsfachschule selbstständig zu machen. Herr Stein, der Klassenlehrer, freut sich über die Begeisterung seines Schülers für betriebswirtschaftliche Fragestellungen und gibt Bülent folgenden Hinweis. *„Wer den Schritt in die Selbstständigkeit wagen möchte, benötigt zuallererst eine Erfolg versprechende Geschäftsidee. Im Anschluss braucht jeder Existenzgründer einen Plan, der ihm dazu dient, die Zukunft seines Unternehmens in allen Einzelheiten vorauszudenken und Geldgeber oder Partner von seinen Erfolgschancen zu überzeugen. Der Businessplan berücksichtigt alle Faktoren, die für Erfolg oder Misserfolg des Unternehmens entscheidend sein können. Da du dich ja gerne nach der Berufsfachschule selbstständig machen möchtest, brauchst du eine Geschäftsidee und ein Konzept für deine Selbstständigkeit"*, sagt Herr Stein zu Bülent. *„Formuliere doch in einem ersten Schritt zentrale Fragestellungen, die es im Rahmen einer Unternehmensgründung zu beachten gilt und stelle diese in einer Checkliste zusammen. Wenn du diese Checkliste entwickelt hast, werde ich mir deine Unterlagen gerne anschauen. Dann können wir im Anschluss das weitere Vorgehen planen"*, fügt Herr Stein hinzu. Bülent ist von dem Angebot seines Lehrers begeistert und will sofort loslegen.

Analyse des Einstiegsszenarios

Nennen Sie bitte vier Motive, die Bülent Özdemir mit dem Schritt in die Selbstständigkeit verbinden könnte.

_____

_____

_____

_____

_____

_____

_____

_____

_____

Suchen Sie in Ihrer Gruppe nach einer gemeinsamen und realisierbaren Geschäftsidee, die Sie vielleicht später einmal verwirklichen möchten. Skizzieren Sie Ihre Geschäftsidee kurz.

_____

_____

_____

_____

_____

Herr Stein erwähnt, dass die Erstellung eines Businessplans eine zwingende Voraussetzung für eine Unternehmensgründung ist. Beschreiben Sie mithilfe des Internets, was unter einem Businessplan verstanden wird, und nennen Sie mindestens drei konkrete Punkte, die ein Businessplan aufgreifen muss.

Definition eines Businessplans: _____

_____

_____

_____

_____

_____

_____

_____

_____

_____

_____

_____

Drei Inhalte eines Businessplans: _____

_____

_____

_____

_____

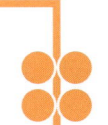

Planen und durchführen

Sammeln Sie wichtige Voraussetzungen, die entscheidend für den Erfolg Ihrer angestrebten Selbstständigkeit sind. Tragen Sie Ihre Ergebnisse in die folge   ein.

Persönliche Faktoren	Sachliche Fa	Rechtliche Faktoren

Ihr Ziel ist es nun, sich über Ihre Geschäftsidee und somit Selbstständigkeit genauer zu informieren. Führen Sie vier Organisationen oder Stellen auf, wo Sie sich über Ihre Geschäftsidee bzw. Selbstständigkeit informieren können.

_____

_____

_____

_____

_____

Formulieren Sie mithilfe Ihres Lehrbuches und einer Internetrecherche zentrale Fragestellungen, die es im Rahmen einer Unternehmensgründung zu beachten gilt und stellen Sie diese in einer Checkliste zusammen.

Checkliste – Geschäftskonzept

1. Geschäftsidee

   a. Was ist Ihre Geschäftsidee (Produkt und/oder Dienstleistung)?

   b. Welchen Nutzen hat Ihr Angebot bzw. warum soll jemand Ihr Produkt/Ihre Dienstleistung kaufen?

   c. Welche zusätzlichen Leistungen bieten Sie im Unterschied zu Ihrer Konkurrenz an?

   d. Wo liegen die Risiken bei der Umsetzung Ihrer Idee?

Bewerten und reflektieren

Schritt 1:
Präsentieren Sie Ihre Checkliste vor der Klasse. Die Zuhörer notieren sich wichtige Punkte zu jeder Präsentation für eine folgende Bewertung.

Notizen zu der Checkliste von Gruppe: _____

_____

_____

_____

_____

_____

_____

_____

Schritt 2:
Geben Sie anschließend der von Ihnen bewerteten Gruppe eine konstruktive Rückmeldung.

Schritt 3:
Überdenken Sie anhand der Rückmeldungen Ihrer Mitschülerinnen und Mitschüler Ihre Checkliste in der Arbeitsgruppe und ergänzen/ändern Sie Ihre Unterlagen gegebenenfalls.

Schritt 4:
Fertigen Sie im Klassengespräch eine allgemeine Checkliste an, welche alle Gruppenergebnisse berücksichtigt.

Vertiefen und Lernergebnisse sichern

Die Abbruchquote der Unternehmensgründer in den ersten drei Geschäftsjahren liegt bei 33 %. Recherchieren Sie (z. B. im Internet) die typischen Defizite bei Unternehmensgründungen. Notieren Sie fünf Defizite und vergleichen Sie die Ergebnisse mit Ihrem Unternehmenskonzept.

_____

_____

_____

_____

_____

_____

_____

_____

_____

_____

Vergleichen Sie mithilfe der folgenden Tabelle die Festanstellung in einem Unternehmen mit einer Selbstständigkeit.

Kriterien	Festanstellung	Selbstständigkeit
Arbeitszeiten		
Urlaub/Freizeit		
Engagement/ Identifikation		
berufliche Sicherheit		
Einkommen		

Wer als Unternehmer tätig sein möchte, muss über bestimmte Qualifikationen und Charaktereigenschaften verfügen. Schätzen Sie selbst ein, ob Sie ein Unternehmertyp sind, und gleichen Sie anschließend Ihre Selbsteinschätzung mit Ihrer Sitznachbarin/Ihrem Sitznachbarn ab.

Merkmale	Ausprägung				
	++	+	0	–	– –
zielorientiertes Denken und Handeln					
systematische Arbeitsweise					
Kritikfähigkeit					
Lernbereitschaft					
Belastbarkeit (körperlich)					
Belastbarkeit (seelisch)					
Kontaktfähigkeit					
Risikobereitschaft					
Entscheidungsfähigkeit					
Durchhaltevermögen					
Bereitschaft, viel zu arbeiten					

Übung 1.1: Der Businessplan

Suchen Sie im Internet nach drei Teilnahmemöglichkeiten an Gründungswettbewerben. Notieren Sie sich die Internetadressen und fordern Sie Unterlagen an. Erstellen Sie in der Gruppe die Unterlagen für den Gründungswettbewerb und reichen Sie diese ein.

_____

_____

_____

Übung 1.2: Die RAND OHG als Modell für ein Großhandelsunternehmen untersuchen

Testen Sie selbst, wie gut Sie die RAND OHG schon kennen, und finden Sie das gesuchte Lösungswort heraus. Lösen Sie die folgenden Fragen möglichst ohne den Datenkranz zur RAND OHG aus dem Lehrbuch und orientieren Sie sich am aufgeführten Beispiel.

(Hinweis: Bitte verwenden Sie für Umlaute, wie z.B. „ü", nur einen Buchstaben.)

Beispiel:

Frage 1:   Über wie viele Abteilungen verfügt die RAND OHG?

Lösung: | V | I | E | (R) |

Frage 2:   An welchem Ort befindet sich der Geschäftssitz der RAND OHG?

Lösung: | | | | | | ( ) | | |

Frage 3:   Wie heißt die Geschäftsführerin der RAND OHG?

Lösung: | | ( ) | | | | | | | |

Frage 4:   Wie heißt der Geschäftsführer der RAND OHG?

Lösung: | | | | | | | | | | | ( ) |

Frage 5:   In welcher Straße befindet sich die RAND OHG?

Lösung: | | | | | | ( ) | | | | | | | | | | |

Frage 6:   Welches Produkt ist „Martin"?

Lösung: | | | | | | ( ) |

Frage 7:   Mit welcher der vier Warengruppen erzielt die RAND OHG den meisten Umsatz?

Lösung:

Lösungswort:

1	7	3	6		2	4	5

Übung 1.3: Die Firma

1. Erläutern Sie den Unterschied zwischen Betrieb und Firma.

Betrieb: _____

_____

_____

_____

Firma: _____

_____

_____

_____

_____

2. Verbinden Sie die folgenden Beschreibungen mit der jeweiligen Firmenart.

Beschreibung
Die Firma besteht aus dem Namen und dem Gegenstand des Unternehmens.
Die Firma besteht aus einem oder mehreren Namen und gegebenenfalls dem Vornamen.
Die Firma besteht aus einer Abkürzung oder einem frei erfundenen Namen.
Die Firma ist aus dem Gegenstand des Unternehmens abgeleitet.

Firmenart
Personenfirma
Sachfirma
Mischfirma
Fantasiefirma

3. Füllen Sie mithilfe des Internets die folgende Tabelle aus.

Name der Firma	Firmenart	Firmenzusatz
Robert Bosch GmbH		
Langenscheidt KG		
Volkswagen AG		

Name der Firma	Firmenart	Firmenzusatz
Dr. August Oetker Nahrungsmittel KG	_____ _____	_____
Deutsche Telekom AG	_____ _____	_____

4. Füllen Sie mithilfe Ihres Lehrbuches die folgende Übersicht aus.

Firmengrundsatz	Beschreibung
_____	Für Außenstehende muss erkennbar sein, wer Firmeninhaber ist und welche Art von Unternehmung vorliegt.
Firmenklarheit	_____ _____ _____
Firmenausschließlichkeit	_____ _____ _____ _____
_____	Beim Erwerb eines Unternehmens darf die bisherige Firma nach Einwilligung des bisherigen Inhabers fortgeführt werden.
Firmenöffentlichkeit	_____ _____ _____ _____

5. Nachdem Sie die Firmengrundsätze gelernt haben, können Sie Ihr Wissen selbst testen, indem Sie die unten aufgeführten Fälle bearbeiten.

a. Herbert Müller möchte unter der Firma „Sportladen Müller e. K." ein Sportgeschäft eröffnen, obwohl bereits in derselben Stadt ein anderes Geschäft mit der gleichen Firma existiert. Wird das Registergericht dieser Bezeichnung unter Beachtung der Firmengrundsätze zustimmen? Begründen Sie Ihre Entscheidung.

_____

_____

_____

_____

_____

b. Paul Meier erwirbt ein Einzelhandelsgeschäft. Er möchte die bisherige Firma „Modehaus Baumann GmbH" weiterführen. Ist dies möglich? Legen Sie auch mögliche Gründe dar, warum Paul Meier daran interessiert sein könnte, das Unternehmen unter dem bisherigen Namen fortzuführen.

_____

_____

_____

_____

_____

Übung 1.4: Das Handelsregister

Dem Abteilungsleiter Verkauf der RAND OHG, Herrn Alfred Maier, liegt eine schriftliche Bestellung eines Neukunden, der Aachen Funsportladen GmbH, vor. Die Geschäftsführerin der Aachen Funsportladen GmbH, Frau Petra Müller, möchte bei der RAND OHG T-Shirts im Wert von 30 000,00 € bestellen.

Da Herr Maier die Aachen Funsportladen GmbH noch nicht kennt, hat er sich folgenden Handelsregisterauszug über die Aachen Funsportladen GmbH besorgt.

Amtsgericht Aachen						
Abteilung B Nummer der Firma: HR B 840						
Nr. der Eintragung	a. Firma b. Ort der Niederlassung (Sitz der Gesellschaft) c. Gegenstand des Unternehmens (bei juristischen Personen)	Grund- oder Stammkapital in €	Vorstand Persönlich haftende Gesellschafter Geschäftsführer	Prokura	Rechtsverhältnisse	a. Tag der Eintragung und Unterschrift b. Bemerkungen
1	2	3	4	5	6	7
1	Aachen Funsportladen GmbH 52062 Aachen Fachgeschäft für Funsportarten	150 000,–	Rudi Rallala, Anneliese Midden	Herrn Walter Gerwien, Aachen, ist Einzelprokura erteilt.	Gesellschaft mit beschränkter Haftung	20.10.2005
2			Petra Müller, Dirk Bremser	Die Einzelprokura des Walter Gerwien ist geblieben.	Geschäftsübergang auf Petra Müller und Dirk Bremser. Firmenfortführung.	15.02.2010

Beantworten Sie in diesem Zusammenhang die folgenden Fragen.

1. Warum hat sich Herr Maier einen Handelsregisterauszug über die Aachen Funsportladen GmbH besorgt?

_____

_____

2. Was versteht man unter dem Handelsregister?

_____

_____

_____

3. Welchen Zweck erfüllt das Handelsregister?

_____

_____

4. Wer ist berechtigt, Einsicht in das Handelsregister zu nehmen?

_____

_____

5. Wie ist das Handelsregister gegliedert?

_____

_____

_____

_____

6. Welche rechtlichen Wirkungen ziehen die einzelnen Eintragungen in das Handelsregister nach sich?

_____

_____

_____

_____

_____

_____

_____

_____

7. Legen Sie dar, welche Informationen Sie aus dem Handelsregisterauszug gewinnen können.

_____

_____

_____

_____

_____

_____

_____

Übung 1.5: Die Wahl der Rechtsform

Füllen Sie folgende Übersicht zu den einzelnen Unternehmensformen mithilfe Ihres Lehrbuches aus.

Kriterien	Definition	Gründung	Firma	Kapitalaufbringung	Haftung
Einzelunternehmung			Sach-, Personen-, Fantasiefirma oder gemischte Firma mit dem Zusatz „eingetragene/-r Kauffrau/-mann" (e.K.)		Der Einzelunternehmer haftet allein und unbeschränkt (mit seinem Geschäfts- und Privatvermögen).
Offene Handelsgesellschaft		● mindestens zwei Personen ● formfreier Gesellschaftervertrag			
Gesellschaft mit beschränkter Haftung	Handelsgesellschaft mit eigener Rechtspersönlichkeit, deren Gesellschafter mit ihren Geschäftsanteilen am Stammkapital der Gesellschaft beteiligt sind, ohne persönlich zu haften			● 25 000 € Stammkapital ● Nennbetrag der Geschäftsanteile je Gesellschafter mindestens 1,00 € ● Fremdkapitalbeschaffung ist durch die beschränkte Haftung der GmbH begrenzt.	

Kriterien	Einzelunternehmung	Offene Handelsgesellschaft	Gesellschaft mit beschränkter Haftung
Geschäftsführung (im Innenverhältnis)		Jeder Gesellschafter ist berechtigt, allein die Geschäfte zu führen.	
Vertretung (im Außenverhältnis)	allein durch den Einzelunternehmer		Der/Die Geschäftsführer übernehmen die gerichtliche und außergerichtliche Vertretung (Einzel- oder Gesamtvertretung möglich).
Gewinnverteilung			
Verlustverteilung	Den Verlust trägt der Einzelunternehmer allein.	● laut Gesellschaftsvertrag ● Wenn im Gesellschaftsvertrag nichts geregelt ist, dann nach Köpfen.	

Beurteilen Sie die folgenden Aussagen zu den einzelnen Unternehmensformen. Ordnen Sie eine

(1) zu, wenn die Antwort zutrifft,
(2) zu, wenn die Antwort nicht zutrifft.

a. Die Haftung bei der Einzelunternehmung bezieht sich nur auf das Geschäftsvermögen. ☐

b. Die Eintragung einer Einzelunternehmung erfolgt in das Handelsregister, Abteilung A. ☐

c. Die Einzelunternehmung ist eine Kapitalgesellschaft. ☐

d. Die Gesellschafter einer Offenen Handelsgesellschaft haften unbeschränkt, unmittelbar und solidarisch. ☐

e. Ein möglicher Verlust wird bei einer Offenen Handelsgesellschaft im angemessenen Verhältnis verteilt. ☐

f. Die Offene Handelsgesellschaft kann von einer Person gegründet werden. ☐

g. Die Mindesthöhe des Stammkapitals beträgt bei einer GmbH 25 000,00 €. ☐

h. Die GmbH ist eine Personengesellschaft. ☐

i. Die Eintragung einer GmbH erfolgt in das Handelsregister, Abteilung B. ☐

Übung 1.6: Grundsätze einer professionellen Präsentation

Entscheiden Sie, ob die folgenden Aussagen richtig oder falsch sind.

Nr.	Aussage	richtig/falsch
1	Bei einer Präsentation gilt es, viel Inhalt „herüberzubringen". Schnelles Sprechen hilft dabei.	_____
2	Karteikarten oder Mindmaps helfen frei vorzutragen, ohne den roten Faden zu verlieren.	_____
3	Eine Präsentation ist eine ernste Sache. Witzige Bemerkungen sollte man sich daher sparen.	_____
4	Beim Einsatz von Medien sollte man den Blickkontakt zu den Zuhörern halten.	_____
5	Eine gute Präsentation verdient einen guten Abschluss. Sich für die Aufmerksamkeit zu bedanken, gehört dazu.	_____
6	Damit man nichts vergisst, sollte man seinen Vortrag vorlesen.	_____
7	Zu Beginn der Präsentation sollte man versuchen, Blickkontakt zum Publikum und speziell zu einer sympathischen Person aufzunehmen.	_____
8	Eine Präsentation muss beeindrucken. Deshalb sollte sie stets technisch sehr aufwendig gestaltet werden.	_____
9	Um klarzumachen, dass man auch wirklich Ahnung hat, sollten schwierige Fachbegriffe in keiner Präsentation fehlen.	_____
10	Sprechpausen helfen den Zuhörern beim Hören und dem Redner beim (Vor-)Denken.	_____

Korrigieren Sie die von Ihnen identifizierten falschen Aussagen.

Nr.	Korrigierte Aussage

Folien- und Präsentations-Charts – was ist zu beachten? Beschreiben Sie fünf Grundsätze, die sowohl bei der Präsentation mit Folie und Overheadprojektor als auch bei der Arbeit mit einem Präsentationsprogramm und Beamer zu beachten sind.

● gut lesbare und einheitliche Schriftgröße und Schriftart

Lernsituation 2: Sie konzipieren ein Organigramm und formulieren eine Stellenbeschreibung

Bülent Özdemir macht ein Praktikum bei der Primus GmbH, einem Großhandelsunternehmen für Bürobedarf. Bülent ist momentan in der Gruppe Personalwesen eingesetzt. Damit die Besucher der Hausmesse einen Überblick über den organisatorischen Aufbau der Primus GmbH bekommen, erhält Bülent Özdemir von der Gruppenleiterin Personalwesen, Frau Ina Ost, den Auftrag, die hierarchischen Strukturen der Primus GmbH in Form eines Organigramms darzustellen. Hierzu erhält Bülent von Frau Ost folgende Informationen:

Die Geschäftsleitung Sonja Primus und Markus Müller haben das Unternehmen wie folgt organisiert.

Der Geschäftsleitung steht Svenja Braun als Assistentin der Geschäftsleitung beratend zur Seite.

Helga Konski leitet die Abteilung Einkauf. Diese Abteilung ist in zwei Gruppen aufgeteilt: Bürotechnik/-einrichtung (Gruppenleiter Jörg Nolte) und Verbrauchsmaterial/Büroorganisation (Gruppenleiterin Petra Zolling). Gerd Buderbach und Sabine Rost sind Sachbearbeiter im Einkauf Bürotechnik/-einrichtung. Den Einkauf Verbrauchsmaterial/Büroorganisation erledigen die Sachbearbeiter Enrico Zalotti, Sabine Müller und Sigrid Erb.

Die Abteilung Lager/Versand wird von Peter Patt geleitet. In der Abteilung Lager/Versand arbeiten folgende Mitarbeiter/-innen: Arno Schmitt, Paul Schneiders, Sven Fischer, Walter Jung, Siegfried Alt und Michael Schumacher (zuständig für den Fuhrpark).

Der Abteilung Verkauf/Marketing (unter der Leitung von Josef Winkler) sind die vier Gruppen Bürotechnik, Büroeinrichtung, Verbrauchsmaterial und Büroorganisation untergeordnet. Für die Gruppe Bürotechnik ist Armin Hack im Moment mit den Mitarbeiterinnen Claudia Schiffer und Elke Sommer zuständig. Frau Sommer wird die Primus GmbH in Kürze verlassen. Ihre Stelle müsste neu besetzt werden. Dorothea Klein ist Leiterin der Gruppe Büroeinrichtung mit den Mitarbeitern Helmut Holl und Bernd Hahnrath. Rene Berg leitet die Gruppe Verbrauchsmaterial. Ihm unterstellt sind die Mitarbeiter Katharina Koslowski und Mustafa Üstün. In der Gruppe Büroorganisation (Leiter Cihangir Öztürk) arbeiten Udo Heinen und Guido Lamers.

Das Personalwesen, das Rechnungswesen und die Datenverarbeitung sind Gruppen der Abteilung Verwaltung, die von der Abteilungsleiterin Sabine Berg geleitet werden. In den einzelnen Gruppen der Verwaltung arbeiten: Nicole Ganser und Steffi Spohr (Personal) unter der Gruppenleiterin Ina Ost. Isabell Lapp (Finanzbuchhaltung), Doris Hahn (Lohnbuchhaltung), Erika Braun (Statistik) und Karl Zimmer (KLR/Controlling) teilen sich die Aufgaben der Gruppe Rechnungswesen, die von Heinz Schubert geleitet wird. Die Gruppe Datenverarbeitung wird von Horst Wessling geleitet. Ihm unterstellt sind die Mitarbeiter Heiko Heldt und Sven Behle.

Analyse des Einstiegsszenarios

Beschreiben Sie, was unter dem Begriff Organigramm verstanden wird.

_____

_____

_____

_____

_____

Planen und durchführen

Erstellen Sie mithilfe der oben aufgeführten Informationen ein Organigramm *für die Primus GmbH. Über-tragen Sie Ihre Ergebnisse bitte auf* ein Plakat. Benennen Sie, um welche Form eines Organigramms es sich bei der Primus GmbH handelt.

Organigramm der Primus GmbH: _____

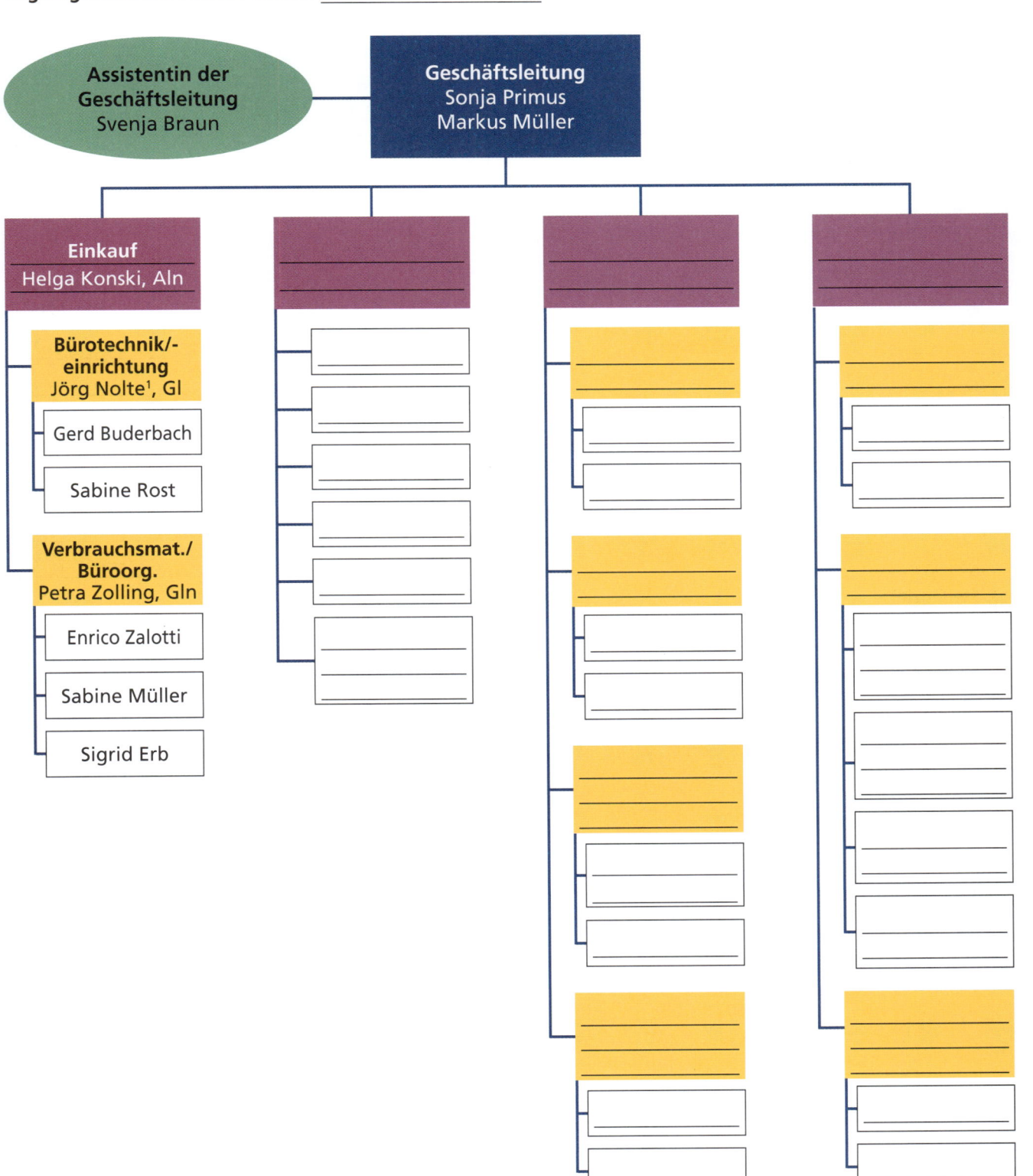

Wie in den eingangs zur Verfügung gestellten Informationen über die Organisation und dem Organigramm ersichtlich, hat die Geschäftsleitung der Primus GmbH beschlossen, dass in der Abteilung Verkauf eine neue Mitarbeiterin bzw. ein neuer Mitarbeiter als Sachbearbeiter/-in Verkauf als Nachfolger/-in von Frau Sommer für die Gruppe Bürotechnik eingestellt werden soll.

Die Gruppenleiterin Personalwesen, Frau Ina Ost, beauftragt Sie damit, die Anforderungen, welche an die neu zu besetzende Stelle gestellt werden, im Rahmen einer Stellenbeschreibung festzulegen. Füllen Sie die folgende Stellenbeschreibung aus.

Stellenbeschreibung		
Unternehmen: _____	Kostenstelle: 7834/1	Stellennummer: 4
Stellenbezeichnung: _____		
1. Stelleneinordnung:		
Unmittelbar übergeordnete Stelle:	_____	
Unmittelbar untergeordnete Stelle:	–	
2. Stellenaufgabe:		
_____ _____ _____ _____ _____ _____ _____ _____		
3. Stellenziel:		
_____		
4. Stellenanforderungen:		
Vorbildung	_____ _____	
Berufserfahrung	_____	
Kenntnisse	_____ _____	
Eigenschaften	_____ _____ _____ _____ _____	

Bewerten und reflektieren

Gehen Sie zunächst mit einem anderen Paar zusammen und vergleichen Sie Ihre bisherigen Arbeitsergebnisse. Ergänzen Sie gegebenenfalls fehlende Punkte in Ihren bisherigen Arbeitsergebnissen. Danach präsentieren exemplarisch zwei Teams der Klasse Ihre Arbeitsergebnisse als Kurzvortrag. Ergänzen Sie gegebenenfalls fehlende Punkte in Ihren Unterlagen. Als Beobachter machen Sie sich nach jeder Präsentation zunächst einige Notizen. Mit diesen Notizen wird es Ihnen leicht fallen, Ihren Mitschülerinnen und Mitschülern ein konstruktives Feedback zu geben.

Vertiefen und Lernergebnisse sichern

Vervollständigen Sie mithilfe Ihres Lehrbuches die folgende Übersicht zu den unterschiedlichen Unternehmensorganisationen.

	Einliniensystem	_____	Stabliniensystem
Erläuterung	_____ _____ _____ _____ _____	Untergeordnete Stellen erhalten von mehreren Instanzen Weisungen.	_____ _____ _____ _____ _____
Vorteil	● klare Abgrenzungen der Zuständigkeiten ● übersichtlicher Aufbau	_____ _____ _____	● Entlastung der Instanzen ● Entscheidungsunterstützung durch Beratung ● höhere Spezialisierung
Nachteil	_____ _____ _____	● Überschneidungen von Anweisungen ● Kompetenzstreitigkeiten	_____ _____
Skizze			

Beschreiben Sie den Unterschied zwischen der Aufbau- und der Ablauforganisation.

_____

_____

_____

_____

_____

_____

_____

_____

_____

_____

_____

_____

_____

_____

_____

Übung 2.1: Handlungsvollmacht und Prokura

1. Verschaffen Sie sich mithilfe Ihres Lehrbuches einen Überblick über die Bedeutung der Begriffe Prokura und Handlungsvollmacht. Tragen Sie die für Sie relevanten Informationen zusammen, sodass Sie auf dieser Basis die folgenden Vorfälle bei dem Kunden der RAND OHG, der ARI Albert Richmann e. K., richtig beurteilen können.

Handlungsvollmacht:

● **Umfang:** _____

● **Erteilung:** _____

● **Arten:** _____

_____

_____

_____

● **Unterschrift:** _____

● **nicht zulässige Geschäfte:** _____

_____

Prokura:

● **Umfang:** _____

_____

● **Erteilung:** _____

● **Arten:** _____

_____

_____

_____

● **Nicht zulässige Geschäfte:**

_____

_____

_____

_____

● **Sonstiges:** _____

2. Beurteilen Sie die folgenden Vorfälle in der ARI Albert Richmann e. K.:

a. Der völlig überlastete und gestresste Inhaber der ARI Albert Richmann e. K., Herr Richmann, erteilt seiner Mitarbeiterin Frau Schulz eine Einzelvollmacht. Sie soll eine Lieferung der RAND OHG entgegennehmen und bestätigen, die noch am Nachmittag eintreffen soll. Frau Schulz ist sonst im Bereich Personalwesen eingesetzt. Wie wird Frau Schulz auf dem Lieferschein unterschreiben?

_____

b. Am nächsten Tag fliegt Herr Richmann für zwei Wochen in den wohlverdienten Urlaub. Frau Schulz fühlt sich nun verantwortlich, alle in dieser Zeit eintreffenden Lieferungen anzunehmen und zu quittieren. Darf sie das? Begründen Sie.

_____

_____

c. Da Herr Richmann ein vorausschauender Mensch ist, hat er vor seinem Urlaubsantritt seinem Mitarbeiter Herrn Billig Allgemeine Handlungsvollmacht erteilt. Welche Rechtsgeschäfte kann dieser nun für seinen Chef vornehmen? Kreuzen Sie an.

Rechtsgeschäfte	bevollmächtigt	nicht bevollmächtigt
Entlassung von Frau Schulz		
Einstellung eines neuen Mitarbeiters		
Veranlassung von Handelsregistereintragungen		
Rechnungen zur Zahlung anweisen		
ein Darlehen aufnehmen		

d. Die zwei Wochen Urlaub sind für Herrn Richmann wie im Flug vergangen und der Alltag in seiner Firma hat ihn nun wieder. Er stellt allerdings fest, dass es eine große Arbeitsentlastung ist, wenn man einen Stellvertreter hat, der einem dies und jenes abnehmen kann. Er reagiert entsprechend: „Mein lieber Billig, Sie machen seit Jahren Ihre Sache sehr gut und auch während meines Urlaubes gab es hier keine Probleme. Ich habe vollstes Vertrauen zu Ihnen und berufe Sie hiermit zum Prokuristen!" Sechs Wochen später will Herr Billig als Prokurist für die Firma ein Grundstück kaufen. Beurteilen Sie die Rechtslage.

_____

_____

e. Aufgrund eines gravierenden Fehlverhaltens von Herrn Billig widerruft Herr Richmann am 10.10. seine Prokura. Dies wird mittels Rundschreiben allen Geschäftspartnern am 12.10. mitgeteilt. Der Handelsregistereintrag hinsichtlich des Erlöschens der Prokura erfolgt am 28.10. Am 11.10. unterschreibt Herr Billig einen Kaufvertrag mit der RAND OHG über 20 000,00 €. Herr Richmann erkennt den Kaufvertrag nicht an. Beurteilen Sie die Rechtslage.

_____

_____

_____

_____

_____

Übung 2.2: Führungsstile und Führungstechniken

1. Die Wahl des Führungsstils hängt vom grundsätzlichen Verhältnis der Unternehmensleitung zu den Mitarbeitern ab. Das Führungsverhalten der Führenden zur Durchsetzung der Ziele der Unternehmung und der Motivation der Mitarbeiter kann in zwei Grundmuster eingeteilt werden: autoritärer und kooperativer Führungsstil. Vergleichen Sie die beiden Führungsstile, indem Sie die folgende Tabelle ausfüllen. Nennen Sie jeweils drei Aspekte je Spalte.

Führungsstil	Merkmale	Vorteile	Nachteile
Autoritärer Führungsstil			
Kooperativer Führungsstil			

2. Bei einer anonymen Mitarbeiterbefragung hinsichtlich des Führungsstils der/des Vorgesetzten in der RAND OHG tätigten die Mitarbeiter/-innen folgende Aussagen:

   a. „Mein Vorgesetzter kommt jeden Tag in unser Büro gestürmt und verteilt die Aufgaben. Er sagt uns genau, was zu tun ist. Wenn jemand anderer Meinung ist, wird er laut."

   b. „Unsere Vorgesetzte fragt uns eigentlich immer nach unserer Meinung. Bei ihr kann ich auch mal einen Gegenvorschlag bringen. Es ist auch schon passiert, dass wir uns für meinen Lösungsweg entschieden haben."

c. „Ihm ist es wichtig, dass wir ein gutes Team sind. Häufig darf sogar ich entscheiden, wann wir unsere neuen Produkte bewerben."

d. „Bei uns ist alles klar geregelt. Wehe, wenn ich mal etwas alleine entscheiden möchte. Dann ist der Teufel los. Meine Vorgesetzte mag es auch nicht, wenn man anderer Meinung ist."

Kreuzen Sie an, welcher Führungsstil in den einzelnen Äußerungen der Mitarbeiter/-innen der RAND OHG zum Vorschein kommt.

Beispiel	Autoritärer Führungsstil	Kooperativer Führungsstil
a.		
b.		
c.		
d.		

3. Beurteilen Sie, welcher Führungsstil besser geeignet ist, die folgenden Ziele in der RAND OHG zu erreichen. Kreuzen Sie an.

Ziel	Autoritärer Führungsstil	Kooperativer Führungsstil
hohe Mitarbeitermotivation		
klare Kompetenzverteilung		
schnelle, eindeutige Entscheidungen		
hohes Verantwortungsbewusstsein der Mitarbeiter/-innen		
Entlastung der Führungsebene		
geringer Abstimmungsaufwand		
Einbeziehung des Fachwissens der Mitarbeiter/-innen		

4. Verbinden Sie die folgenden Beschreibungen mit der jeweiligen Führungstechnik.

Beschreibung	Führungstechnik
Kompetenzen und Verantwortlichkeiten werden auf die Mitarbeiter übertragen. Entscheidungen werden innerhalb eines gesteckten Rahmens durch die Mitarbeiter getroffen.	Management by Exception
Grundsätzlich trifft der Mitarbeiter die Entscheidungen, die im Rahmen seines Aufgabengebietes anfallen, allein. In festgelegten Ausnahmefällen ist er jedoch auf Genehmigungen des Vorgesetzten angewiesen.	Management by Objectives
Mitarbeiter und Führungskräfte legen gemeinsam Ziele fest, welche der Mitarbeiter durch eigenes Entscheiden und Handeln in seinem Arbeitsbereich erreichen soll.	Management by Delegation

Lernfeld 2: Ein Unternehmen kontrollieren

Lernsituation 1: Sie erfassen und bewerten Unternehmensziele

Werner Krull ist aktuell in der Abteilung Verwaltung eingesetzt. Am heutigen Morgen findet die allwöchentliche Abteilungsleiterrunde statt. Der Geschäftsführer der RAND OHG, Herr Koch, berichtet von den aktuellen Vorhaben. *„Ziel ist es für uns, mehr für den Umweltschutz in der RAND OHG zu tun. Wir möchten die Beleuchtung im Unternehmen erneuern oder die Wärmeisolierung am letzten Gebäudeabschnitt durchführen“*, berichtet Herr Koch. Daraufhin fällt ihm die Abteilungsleiterin Verwaltung, Frau Schmitz, ins Wort: *„Wir müssen aber Kosten sparen! Das sind bestimmt hohe Investitionskosten. Unser Ziel sollte es lieber sein, Kosten zu sparen. Immer dieser Umweltschutz! Das kann ich gar nicht nachvollziehen. Also ich bin dagegen.“* Herr Koch reagiert sofort auf die Bedenken von Frau Schmitz, indem er entgegnet: *„Frau Schmitz, ich habe Ihnen weitere Informationen zu meinen Zielen zusammengestellt. Bitte setzen Sie sich mit den Projekten kritisch auseinander und unterbreiten Sie mir einen begründeten Vorschlag, ob eines der beiden Projekte durchgeführt werden soll. Der Auszubildende Herr Kroll wird Sie dabei unterstützen. Wir sehen dann nächste Woche bei der Abteilungsleiterrunde weiter.“*

Da Frau Schmitz zu einem Außentermin zum Steuerberater fahren muss, legt sie Werner Krull die unten aufgeführte Hausmitteilung nach der Abteilungsleiterrunde vor, mit der Bitte, sich mit den Projekten kritisch auseinanderzusetzen und ihr einen begründeten Vorschlag zu unterbreiten, ob eines der beiden Projekte durchgeführt werden soll.

Sehr geehrte Frau Schmitz,

bitte machen Sie sich bis zur nächsten Abteilungsleiterrunde Gedanken bezüglich der beiden Projekte, sodass wir dort eine Entscheidung treffen können. Ich habe Ihnen weitere Informationen zu beiden Projekten aufgeführt. Uns stehen 40 000,00 € für die Durchführung zur Verfügung.

Projekt 1: Erneuerung der Beleuchtung

Im Rahmen dieses Projektes würden in allen Büro- und Lagerräumen Neonröhren durch LED-Röhren ausgetauscht. Die Umsetzung dieses Projektes würde ca. 40 000,00 € betragen. Der Stromverbrauch der alten Neonröhren beläuft sich im Jahr auf 200 000 kW/h. Die neuen LED-Röhren hätten einen Verbrauch von 75 000 kW/h, bei gleichen Betriebsstunden. Eine kW/h kostet 0,20 €.

Projekt 2: Wärmeisolierung

Im Rahmen dieses Projektes würde die Wärmeisolierung am letzten Gebäudeabschnitt durchgeführt, dies spart Heizkosten. Auch diese Investition würde sich auf ca. 40 000,00 € belaufen. Ohne die Durchführung der Wärmeisolierung verbraucht die Heizung 50 000 l Heizöl pro Jahr, mit Wärmeisolierung würde der Verbrauch nur 40 000 l Heizöl pro Jahr betragen. Ein Liter Heizöl kostet 0,90 €.

Bitte beachten Sie bei Ihrer Entscheidung folgende Kriterien:

- Wie hoch ist die Kosteneinsparung, wenn das jeweilige Projekt durchgeführt wird?
- Wann hat sich die Investition des jeweiligen Projektes amortisiert?
- Wie hoch ist die CO_2-Einsparung/Senkung der Umweltbelastung bei Durchführung des jeweiligen Projektes? (Hinweis: 1 kW/h Strom = 0,59 kg CO_2, 1 l Heizöl = 3,2 kg CO_2)
- Welche Ziele werden verfolgt?

Mit freundlichem Gruß

Werner Koch

Analyse des Einstiegsszenarios

Der Geschäftsführer der RAND OHG, Herr Koch, und die Abteilungsleiterin Verwaltung, Frau Schmitz, haben unterschiedliche Ansichten bezüglich der im Unternehmen zu verfolgenden Ziele. Erläutern Sie die unterschiedlichen Zielvorstellungen.

_____

_____

_____

_____

_____

Planen, entscheiden und durchführen

Setzen Sie sich bitte mit den Projekten kritisch auseinander und unterbreiten Sie Frau Schmitz einen begründeten Vorschlag, ob eines der beiden Projekte durchgeführt werden soll. Nutzen Sie als Hilfestellung die aufgeführten Tabellen.

Nebenrechnung für das Projekt 1 „Erneuerung der Beleuchtung"

Amortisation = Investitionskosten/Kosteneinsparung

Kosteneinsparung:

Amortisation:

CO_2-Einsparung/
Senkung der Umweltbelastung:

Ziele des Projekts 1 „Erneuerung der Beleuchtung"		
Wirtschaftliche Ziele	**Ökologische Ziele**	**Soziale Ziele**
_____	_____	_____
_____	_____	_____

Nebenrechnung für das Projekt 2 „Wärmeisolierung"

Kosteneinsparung:

Amortisation:

CO_2-Einsparung/
Senkung der Umweltbelastung:

Ziele des Projekts 2 „Wärmeisolierung"		
Wirtschaftliche Ziele	**Ökologische Ziele**	**Soziale Ziele**
_____	_____	_____
_____	_____	_____
_____	_____	_____
_____	_____	_____
_____	_____	_____
_____	_____	_____

Ihr begründeter Vorschlag an Frau Schmitz:

_____

_____

_____

_____

_____

_____

_____

_____

_____

Bewerten und reflektieren

Überprüfen Sie die unten aufgeführten Aussagen hinsichtlich ihrer Richtigkeit und begründen Sie Ihre Stellungnahme.

> Verfolgt ein Unternehmen gleichzeitig ein wirtschaftliches und ein ökologisches Ziel, so führt dies immer zu einem Zielkonflikt.

Ihre Stellungnahme zu dieser Aussage:

_____

_____

_____

> Ökologische Ziele nehmen in Unternehmen einen immer höher werdenden Stellenwert ein.

Ihre Stellungnahme zu dieser Aussage:

_____

_____

_____

_____

_____

Vertiefen und Lernergebnisse sichern

Finden Sie drei weitere Ideen, welche zur Verbesserung des Umweltschutzes in der RAND OHG verfolgt werden können. Benennen Sie darüber hinaus je drei konkrete ökonomische und soziale Ziele für die RAND OHG. Manfred Krull hat bereits eine Idee notiert.

Ökonomische Ziele	Ökologische Ziele	Soziale Ziele

Führen Sie drei Maßnahmen auf, die Sie privat zur Verbesserung des Umweltschutzes treffen bzw. treffen könnten.

_____

_____

_____

Übung 1.1: Interessengruppen und ihre Ziele

Die RAND OHG und alle anderen Unternehmen sind von Interessengruppen umgeben, welche verschiedene Ziele verfolgen.

1. Überlegen Sie sich jeweils drei Ziele, welche die unten aufgeführten Interessengruppen bezogen auf die RAND OHG verfolgen könnten. Halten Sie Ihre Ergebnisse in der unten aufgeführten Tabelle fest.

Interessengruppen	Ziele der Interessengruppe
Frau Rand, Gesellschafterin/Eigenkapitalgeberin der RAND OHG	● hohe Rendite ● Erhalt des Unternehmens ● langfristige Gewinnausschüttung
Mitarbeiter der RAND OHG	

Interessengruppen	Ziele der Interessengruppe
Stadtsparkasse Düsseldorf, Fremdkapitalgeber der RAND OHG	
Tempelmann GmbH & Co. KG, Kunde der RAND OHG	
Robert Blusch GmbH Elektrogeräte, Lieferant der RAND OHG	

2. Formulieren Sie exemplarisch einen *möglichen* Interessenkonflikt, der zwischen den einzelnen Interessengruppen und der RAND OHG auftreten könnte.

_____

_____

_____

Übung 1.2: Zur Beurteilung von Unternehmenszielen Kennzahlen der Wirtschaftlichkeit ermitteln

Ein Mitarbeiter aus dem Bereich Rechnungswesen der RAND OHG, Herr Ferdinand Lunau, bittet den Auszubildenden Werner Krull, die Aussagekraft der Rentabilitätskennzahlen im Allgemeinen zu beschreiben und zum anderen die Rentabilitätskennziffern für die letzten beiden Jahre zu ermitteln sowie auszuwerten. Hierzu überlässt Herr Lunau Werner Krull folgende Zahlen:

Zahlen	Abrechnungsjahr	Vorjahr
Jahresüberschuss	246 000,00 €	220 000,00 €
Umsatzerlöse	3 491 500,00 €	3 000 000,00 €
Zinsen für Fremdkapital	14 000,00 €	16 000,00 €
Eigenkapital am Jahresanfang	870 000,00 €	950 000,00 €
Gesamtkapital am Jahresanfang	1 380 000,00 €	1 450 000,00 €

Aussagekraft der Rentabilitätskennzahlen (im Allgemeinen):

Eigenkapitalrentabilität:

_____

_____

_____

_____

Gesamtkapitalrentabilität:

_____

_____

_____

_____

_____

_____

Umsatzrentabilität:

_____

_____

_____

_____

_____

_____

Ermittlung der Rentabilitätskennzahlen der RAND OHG der letzten beiden Jahre:

Kennzahl	Formel	Abrechnungsjahr	Vorjahr
Eigenkapital-rentabilität			
Gesamtkapital-rentabilität			
Umsatz-rentabilität			

Auswertung der Rentabilitätskennzahlen der letzten beiden Jahre der RAND OHG:

_____

_____

_____

_____

_____

_____

_____

_____

_____

_____

Lernfeld 3: Güter disponieren und beschaffen

Lernsituation 1: Sie legen Bestellmengen und Bestellzeitpunkte fest

In der RAND OHG wird beschlossen, die Warengruppe „Spielwaren" um den Stoffhasen „Tommy" zu ergänzen. Dieses Produkt wird von einem Fair-Trade-Hersteller aus Sri Lanka geliefert und soll für die RAND OHG ein erster Schritt zur Erweiterung des Angebotes an ökologisch vertretbarer Ware sein. Frau Rand diskutiert mit Werner Krull, dem Auszubildenden der RAND OHG, über die Bestellmengen der neuen Ware.

Werner Krull: *„Das ist doch ganz einfach: Ich werde größere Mengen bestellen. Dadurch habe ich weniger Bestellvorgänge und meine Abteilung spart bei den Bestellkosten kräftig ein!"*

Frau Rand: *„Wenn das mal so einfach wäre. Und was ist dann mit den steigenden Lagerkosten? Wir werden eine Lösung finden müssen, bei der wir für niedrige Kosten in beiden Bereichen, d. h. bei den Lager- und Bestellkosten, sorgen."*

Werner Krull: *„Dann lassen Sie uns das mal am Beispiel der Bestellung für die Stoffhasen berechnen."*

Folgende Daten liegen vor:

geschätzter Jahresbedarf	9 000 Stück
Lagerkosten[1] je Stück	0,35 €
Kosten je Bestellung	85,00 €

Beschreibung und Analyse der Situation

Nennen Sie mögliche Gründe, warum die RAND OHG ihre Warengruppe „Spielwaren" um ein neues ökologisches Produkt erweitert.

_____

_____

_____

_____

Im folgenden Schaubild werden die grundlegenden Fragestellungen zur Ermittlung des Bedarfes an Ware dargestellt. Ergänzen Sie das Schaubild. Ordnen Sie dann die Diskussion über die Bestellmengen für den Stoffhasen „Tommy" einer Fragestellung zu.

[1] Bei den Lagerkosten wird angenommen, dass durchschnittlich nur die Hälfte der Bestellmenge auf Lager liegt.

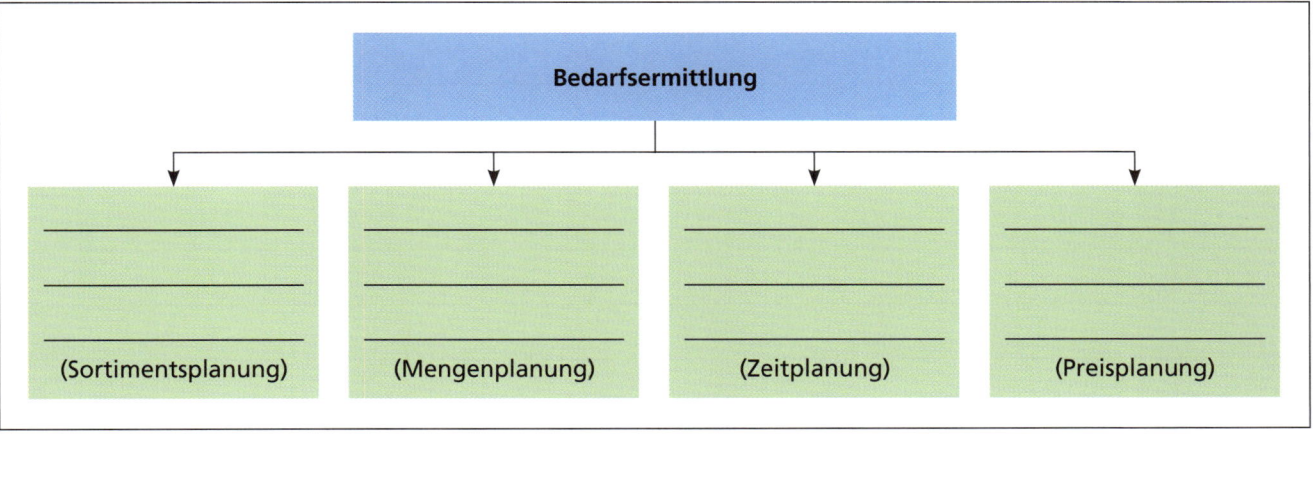

Bedarfsermittlung

| _____ | _____ | _____ | _____ |
| (Sortimentsplanung) | (Mengenplanung) | (Zeitplanung) | (Preisplanung) |

_____

_____

_____

Planen und durchführen

Erklären Sie, wie sich die Bestellmenge auf die Lager- und Bestellkosten auswirkt.

_____

_____

_____

_____

_____

_____

Bestimmen Sie die optimale Bestellmenge und die optimale Bestellhäufigkeit für den Stoffhasen „Tommy" in tabellarischer Form. Die Bestellhäufigkeit wird vorgegeben (1–8).

Tabellarische Bestimmung der optimalen Bestellmenge

Anzahl der Bestellungen	Bestellmenge in Stück	Lagerkosten in €	Bestellkosten in €	Gesamtkosten in €
1				
2				
3				
4				
5				
6				
7				
8				

Die optimale Bestellmenge liegt bei _____.

Erläutern Sie, ob es in der Praxis immer realisiert werden kann, die optimale Menge zu bestellen.

_____

_____

_____

_____

_____

_____

_____

Bewerten

Vergleichen Sie Ihre Ergebnisse mit den Ergebnissen eines anderen Paares. Ergänzen bzw. verbessern Sie Ihre Ergebnisse gegebenenfalls.

Vertiefen und Lernergebnisse sichern

Die Mengenplanung ist eine von vier grundlegenden Fragestellungen in der Beschaffungsplanung. Erläutern Sie diese kurz in der folgenden Übersicht und formulieren Sie jeweils ein Beispiel für die RAND OHG.

Sortimentsplanung	
Mengenplanung	
Zeitplanung	
Preisplanung	

Übung 1.1: Bezugsquellenanalyse

Die Erweiterung der Warengruppe „Spielwaren" um ökologisch vertretbare Ware wird ein großer Erfolg. Die RAND OHG überlegt, auch die Warengruppe „Schreibwaren" um neue „Öko-Ware" zu erweitern.

Sammeln Sie Möglichkeiten, wie neue Bezugsquellen für ökologische Produkte ermittelt werden können.

Informationsquellen innerhalb des Unternehmen (intern)	
Informationsquellen außerhalb des Unternehmens (extern)	

Übung 1.2: Anfragen erstellen

a. Bringen Sie folgende Bestandteile eines Geschäftsbriefes in die richtige Reihenfolge.

Absender – Anlagevermerk – Ausblick auf die Zukunft – Erläuterung des Anliegens – Betreff – Empfänger – Anrede – Einleitung – Bezugszeichen, Datum – Vortrag des Anliegens – Grußformel

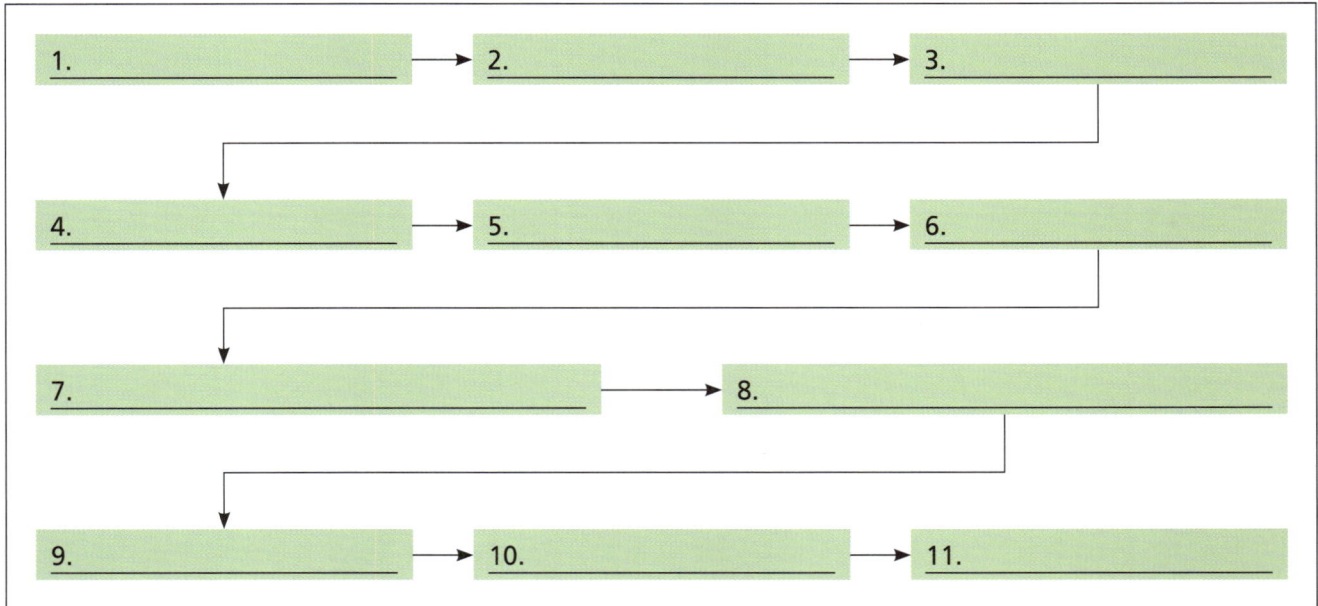

Großhandel für Randsortimente

RAND OHG · Völkinger Straße 49 · 40221 Düsseldorf

-
-
-
- Sportgeräte-Vertriebsgesellschaft mbH
- Maarstraße 18
- 54202 Trier
-
-
-

Ihr Ansprechpartner:	Renate Rand
Abteilung:	Geschäftsleitung
E-Mail:	r.rand@randohg.de
Anschrift:	Völkinger Straße 49
	40221 Düsseldorf
Telefon:	0211 40760-200
Telefax:	0211 407610
Ihr Zeichen,	te-ho
Ihre Nachricht:	25.02.20..
Unser Zeichen,	kö-de
unsere Nachricht:	05.03.20..
Datum:	10.03.20..

Sparkasse Düsseldorf
IBAN DE52300501100142016978, BIC DUSSDEDDXXX

Internet: www.rand.ohg.de

Amtsgericht Düsseldorf, HR A 593-0205
Steuernummer 103/1208/0123
USt-IdNr. DE110033654
Geschäftsführer: Renate Rand, Werner Koch

Arbeitsauftrag folgt auf der nächsten Seite!

b. Die RAND OHG möchte ihr Sortiment in der Warengruppe „Spielwaren" um Pokersets erweitern. Schreiben Sie eine Anfrage gemäß der DIN-Norm 5008 an den Lieferanten Spila GmbH aus
   Oldenburg über 500 Pokersets „Django".
   Verfassen Sie die Anfrage handschriftlich in der Vorlage auf der
   Seite 42 und übertragen Sie das Ergebnis anschließend mithilfe
   eines Textverarbeitungsprogrammes in ein digitales Format.

Übung 1.3: Inhalte des Angebotes

Im Kaufvertrag werden über die Bedingungen des Kaufes oft keine individuellen Vereinbarungen getroffen. In diesem Fall gelten die Regelungen nach dem HGB (für Kaufleute) bzw. dem BGB (für Privatpersonen).

Erarbeiten Sie für die aufgeführten Bestandteile des Kaufvertrages die Inhalte nach den entsprechenden gesetzlichen Regelungen im BGB.

Inhalt	Gesetzliche Regelung im BGB
Art und Güte der Ware	
Menge der Ware	
Lieferzeit	
Preis der Ware	
Zahlungsbedingungen	
Verpackungskosten	
Beförderungs-bedingungen	

Inhalt	Gesetzliche Regelung im BGB
Erfüllungsort und Gerichtsstand	

Übung 1.4: Prozentrechnen

Berechnen des Prozentsatzes

In der RAND OHG wird der Verkaufspreis für das Trikot der niederländischen Nationalmannschaft von 85,00 € auf 63,75 € reduziert.
Berechnen Sie, um wie viel Prozent das Trikot reduziert wurde.

Höhe der Preisreduzierung ➜ _____ – _____ = _____ €

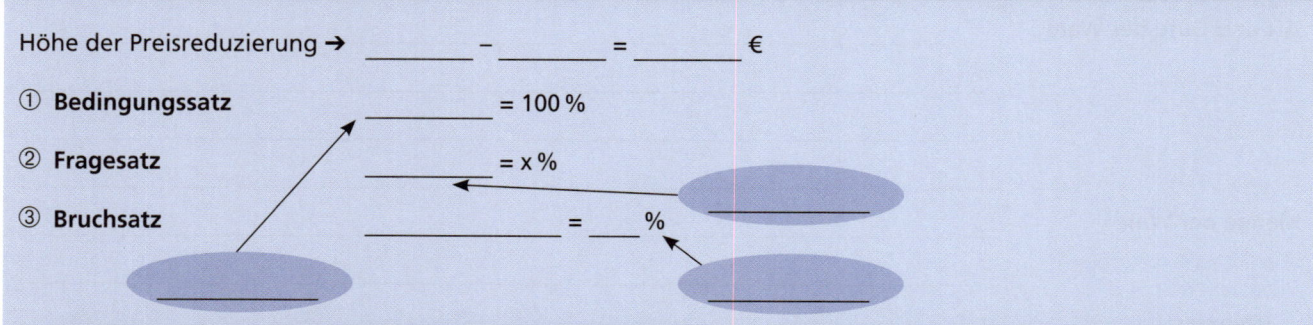

① Bedingungssatz _____ = 100 %

② Fragesatz _____ = x %

③ Bruchsatz _____ = ___ %

Berechnen des Prozentwertes

Bei einer Sonderaktion in der Elektroabteilung der Center Warenhaus GmbH erhalten Kunden beim Kauf eines TV-Gerätes 15 % Rabatt. Ein Mitarbeiter verkauft ein Sany-Fernsehgerät mit einem Auszeichnungspreis von 1 250,00 €.
Ermitteln Sie, wie viel Euro Rabatt der Kunde in der Rabattaktion erhält.

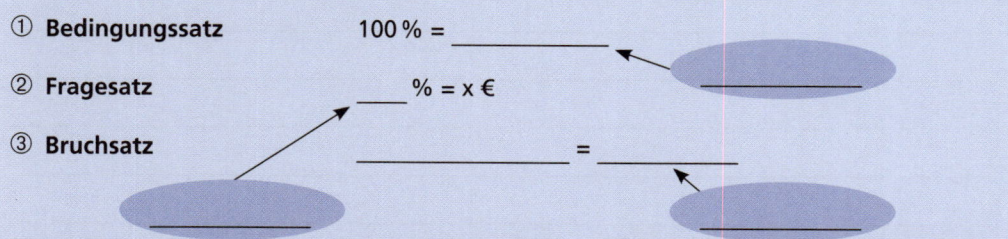

① Bedingungssatz 100 % = _____

② Fragesatz ___ % = x €

③ Bruchsatz _____ = _____

Berechnen des Grundwertes

Der Preis eines Kugelschreibers bei der RAND OHG ist um 0,18 € gesenkt worden. Das entspricht einer Reduzierung von 20 %.
Berechnen Sie den „alten" Preis des Kugelschreibers.

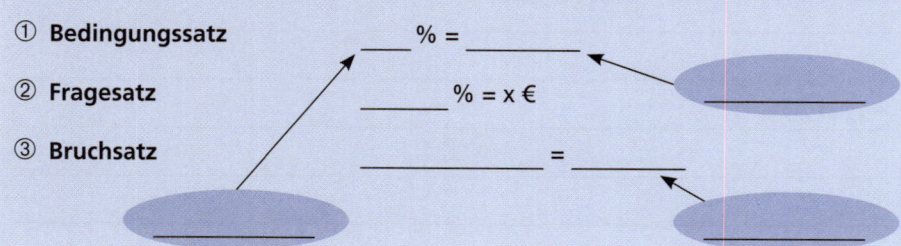

① Bedingungssatz ___ % = _____

② Fragesatz ___ % = x €

③ Bruchsatz _____ = _____

Übung 1.5: Einfache Bezugskalkulation

Die RAND OHG benötigt 150 Stoffbären „Fynn" aus Plüsch. Es liegt folgendes Angebot vom Lieferer Spila GmbH aus Oldenburg vor:

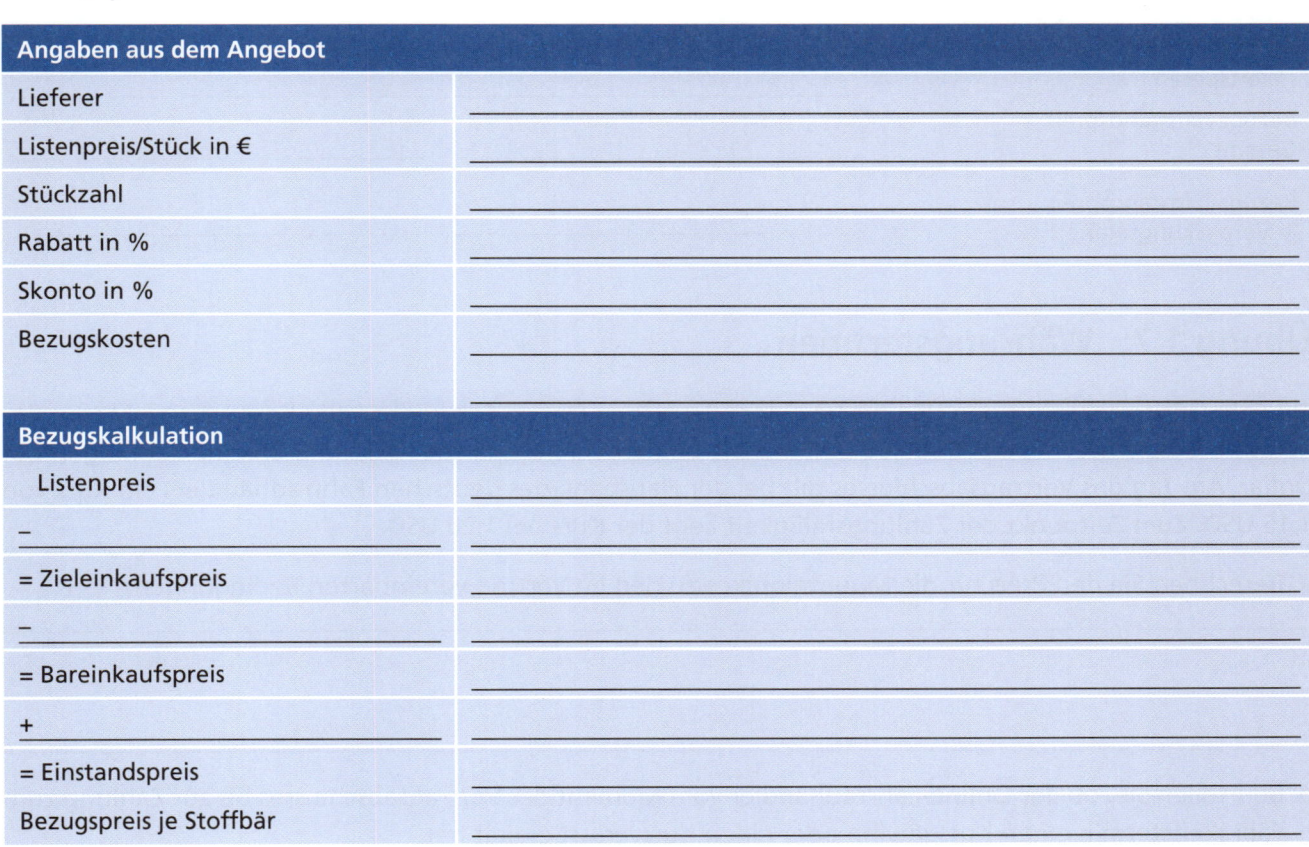

- Verpackungseinheit mit 6 Stück zu 11,40 €
- Mengenrabatt: 10 %
- Verpackung: 0,20 € pro Verpackungseinheit
- Fracht: 14,00 €
- Rollgeld: 6,00 €
- Lieferzeit: 2 Tage
- Zahlungsbedingung: 2 % Skonto bei Zahlung innerhalb von 10 Tagen oder 30 Tage netto Kasse

Ergänzen Sie die fehlenden Angaben in der Tabelle und berechnen Sie den Bezugspreis für einen Stoffbären „Fynn".

Angaben aus dem Angebot	
Lieferer	
Listenpreis/Stück in €	
Stückzahl	
Rabatt in %	
Skonto in %	
Bezugskosten	

Bezugskalkulation	
Listenpreis	
–	
= Zieleinkaufspreis	
–	
= Bareinkaufspreis	
+	
= Einstandspreis	
Bezugspreis je Stoffbär	

Übung 1.6: Zusammengesetzte Bezugskalkulation

Die Pullmann KG aus Essen liefert der RAND OHG zwei Artikel aus der Warengruppe „Haushaltswaren" in einer Sendung.

Ware	Bruttogewicht	Tara	Listeneinkaufspreis
A	210 kg	4 %	1 040,00 €
B	180 kg	4 %	960,00 €

Gewichtsspesen	169,00 €	Wertspesen	75,00 €

Die RAND OHG erhält für Bestellungen bei der Pullmann KG 10 % Rabatt und 2 % Skonto. Geliefert werden je 50 Verpackungseinheiten je Ware A und B.

Ermitteln Sie den Bezugs-/Einstandspreis für ein kg der Ware.

	Gewichtsspesen				Wertspesen			
	Brutto-gewicht in kg	Anteile	Wert je Anteil in €	Anteil insgesamt in €	Zielein-kaufspreis in €	Anteile	Wert je Anteil in €	Anteil insgesamt in €
Ware A	_____	_____	_____	_____	_____	_____	_____	_____
Ware B	_____	_____	_____	_____	_____	_____	_____	_____

	Artikel A	Artikel B
Listenpreis	_____	_____
– Rabatt 15 %	_____	_____
= Zieleinkaufspreis	_____	_____
– Skonto	_____	_____
= Bareinkaufspreis	_____	_____
+ Gewichtsspesen	_____	_____
· Wertspesen	_____	_____
Bezugs-/Einstandspreis Gesamt	_____	_____
Bezugs-/Einstandspreis je Verpackungseinheit	_____	_____

Übung 1.7: Währungsrechnen

Ein Fahrradhersteller aus den USA bietet einem deutschen Online-Fahrradhändler hochwertige Mountainbikes im Gesamtwert von 670 000,00 EUR an. Die beiden Vertragspartner vereinbaren eine Zahlung in US-Dollar. Am Tag des Vertragsabschlusses gilt bei der Hausbank des deutschen Fahrradhändlers ein Kurs von 1,15 USD. Zum Zeitpunkt der Zahlungsfälligkeit liegt der Kurs bei 1,20 USD.

a. Berechnen Sie den Preis für die Mountainbikes zu den im Vertrag vereinbarten Bedingungen.

b. Beurteilen Sie, ob der Online-Fahrradhändler vom Moment des Vertragsabschlusses bis zur Zahlung zum Fälligkeitstermin einen Kursgewinn oder einen Kursverlust erzielt hat.

c. Berechnen Sie, wie hoch die Differenz (USD) beim Vergleich der unterschiedlichen Kurse ist.

Lernsituation 2:   Sie stellen einen Angebotsvergleich strukturiert dar

Für die Beschaffung von 2000 Schreibtischlampen legt Kevin Reus aus der Einkaufsabteilung seiner Abteilungsleiterin Vera Meesters eine Übersicht zu den Angeboten verschiedener Lieferanten vor. Kevin würde gerne den Lieferanten wechseln, weil er in den vergangenen Monaten einige Schwierigkeiten mit dem aktuellen Lieferanten Hage AG hatte. Bei Reklamationen ist er immer von dem Mitarbeiter an der Hotline vertröstet worden und auch mit der termingerechten Lieferung hat es in letzter Zeit nicht gut geklappt. Er weiß aber, dass Frau Meesters nicht begeistert sein wird, weil sie seit vielen Jahren mit der Hage AG gut zusammenarbeitet und diese einen günstigen Preis für die benötigten Schreibtischlampen anbietet.

Angebotsvergleich			
Kalkulationsschema	**Hage AG**	**Robert Busch GmbH**	**Willms OHG**
Listenpreis a 1000 Stück	4 900,00 €	5 600,00 €	5 000,00 €
Rabatt	10 %	7,5 %	20 %
Skonto	2 %	3 %	4 %
Bezugskosten	62,00	53,50	–
Mindestabnahme	2 000 Stück	2 000 Stück	1 500 Stück
Recycelbare Materialien	ja	ja	ja
Lieferzeit	10 Tage	10 Tage	15 Tage
Qualität	Aluminium	Aluminium	Kunststoff

Beschreibung und Analyse der Situation

Begründen Sie, warum vor der Beschaffung ein Angebotsvergleich für die verschiedenen Lieferanten der Schreibtischlampe durchgeführt werden sollte.

_____

_____

_____

_____

_____

_____

Erläutern Sie die Standpunkte von Herrn Reus und Frau Meesters in Bezug auf die Auswahl des Lieferanten für die zu beschaffende Schreibtischlampe.

_____

_____

_____

_____

_____

_____

_____

_____

Planen

Sammeln Sie Kriterien für die Auswahl des Lieferanten und ordnen Sie die Kriterien den vorgegebenen Bereichen zu.

Beeinflusst den Einstandspreis direkt (quantitative Kriterien)	Beeinflusst den Einstandspreis nicht (direkt) (qualitative Kriterien)

Entscheiden Sie sich für jeweils zwei Kriterien aus dem quantitativen und qualitativen Bereich, die _für die RAND OHG von besonderer Bedeutung sind._ Begründen Sie Ihre Entscheidung.

Besonders wichtige quantitative Kriterien, weil ...	

Besonders wichtige qualitative Kriterien, weil ...	

Durchführen 1

Ermitteln Sie die Bezugs-/Einstandspreise für die Schreibtischlampen der verschiedenen Lieferanten mithilfe einer Tabellenkalkulationssoftware. Übernehmen Sie anschließend die Ergebnisse in das Arbeitsheft.

Angebotsvergleich			
Kalkulationsschema	Hage AG	Robert Busch GmbH	Willms OHG
Stückzahl (Mindestbestellmenge)			
Preis je Stück			
Listeneinkaufspreis Gesamt			
– Rabatt			
= Zieleinkaufspreis			
– Skonto			
= Bareinkaufspreis			
+ Bezugskosten			
Bezugs-/Einstandspreis insgesamt			
Bezugs-/Einstandspreis je Stück			

Bewerten 1

Entscheiden Sie sich aufgrund des vorliegenden „quantitativen" Angebotsvergleich für einen Lieferanten.

_____

_____

_____

_____

_____

_____

_____

_____

_____

Durchführen 2

Kevin Reus freut sich über das Ergebnis des Angebotsvergleiches. Er legt es sofort Frau Meesters vor. So kann doch dem gewünschten Lieferantenwechsel nichts mehr im Weg stehen. Doch Frau Meesters ist noch nicht überzeugt.

Frau Meesters: _„Herr Reus, nun haben wir zwar den günstigsten Anbieter für die Schreibtischlampe ermittelt, aber für eine Entscheidung zählen doch auch andere wichtige Kriterien. Ich habe vorsorglich Informationen zu den Lieferanten über die Qualität der Ware, die Lieferzeit, die Zuverlässigkeit, den Kundenservice und die ökologischen Aspekte in Stichworten zusammengefasst. Teilen Sie mir morgen bitte mit, ob Sie nach Berücksichtigung dieser Informationen immer noch bei der Willms OHG bestellen wollen."_

Informationen zur Hage AG

- gute Verarbeitung der Ware; es wird hochwertiges Aluminium verarbeitet
- modernes Design der Schreibtischlampe
- Lieferzeit liegt bei 10 Tagen, in den letzten Monaten oft 3–4 Tage Verspätung
- in letzter Zeit gab es mit der Freundlichkeit der Hotline-Mitarbeit in Reklamationsfällen Probleme
- insgesamt eine Reklamationsquote von unter 1 %
- erhielt im letzten Geschäftsjahr einen Ökologiepreis für die Entwicklung von Produkten komplett aus recycelten Materialien und engagiert sich auch sozial an asiatischen Produktionsstandorten
- arbeitet seit vielen Jahren vertrauensvoll mit der RAND OHG zusammen

Informationen zur Robert Busch GmbH

- Qualitätsprodukte aus hochwertigem Material (Aluminium)
- „normales" Design der Schreibtischlampe
- Lieferzeit liegt laut den Angaben aus dem Angebot bei 10 Tagen
- hat in der Branche den Ruf, sehr serviceorientiert zu sein
- über Reklamationsquoten liegen keine Erkenntnisse vor
- auf der Homepage finden sich Aussagen darüber, dass das Unternehmen sich zum Ziel gesetzt hat, die Produktion umweltschonender auszurichten
- bisher gab es noch keine Geschäftsbeziehungen zu diesem Unternehmen

Informationen zur Willms OHG

- produziert die Schreibtischlampen aus Kunststoff mit Metalloptik
- vom Design sehr dem Produkt von der Hage AG ähnlich
- Lieferzeit liegt laut dem Angebot bei 15 Tagen, weil sich das Logistikzentrum im Ausland befindet
- in Internetforen kommt es vermehrt zu Aussagen über die mangelhafte Verarbeitung
- zu einer ökologischen Ausrichtung des Unternehmens gibt es keine Informationen
- die Herstellung findet aktuell bei einem umstrittenen Partner in Asien statt
- bisher gab es noch keine Geschäftsbeziehungen zu diesem Unternehmen

Bewerten 2

Machen Sie einen Vorschlag, wie Kevin Reus sich bei der Auswahl des Lieferanten entscheiden soll. Berücksichtigen Sie dabei die vorliegenden Informationen zu den quantitativen **und** den qualitativen Kriterien.

_____

_____

_____

_____

_____

_____

_____

_____

_____

_____

_____

_____

Lernergebnisse sichern

Erstellen Sie eine Mindmap zu den Kriterien des Angebotsvergleiches.

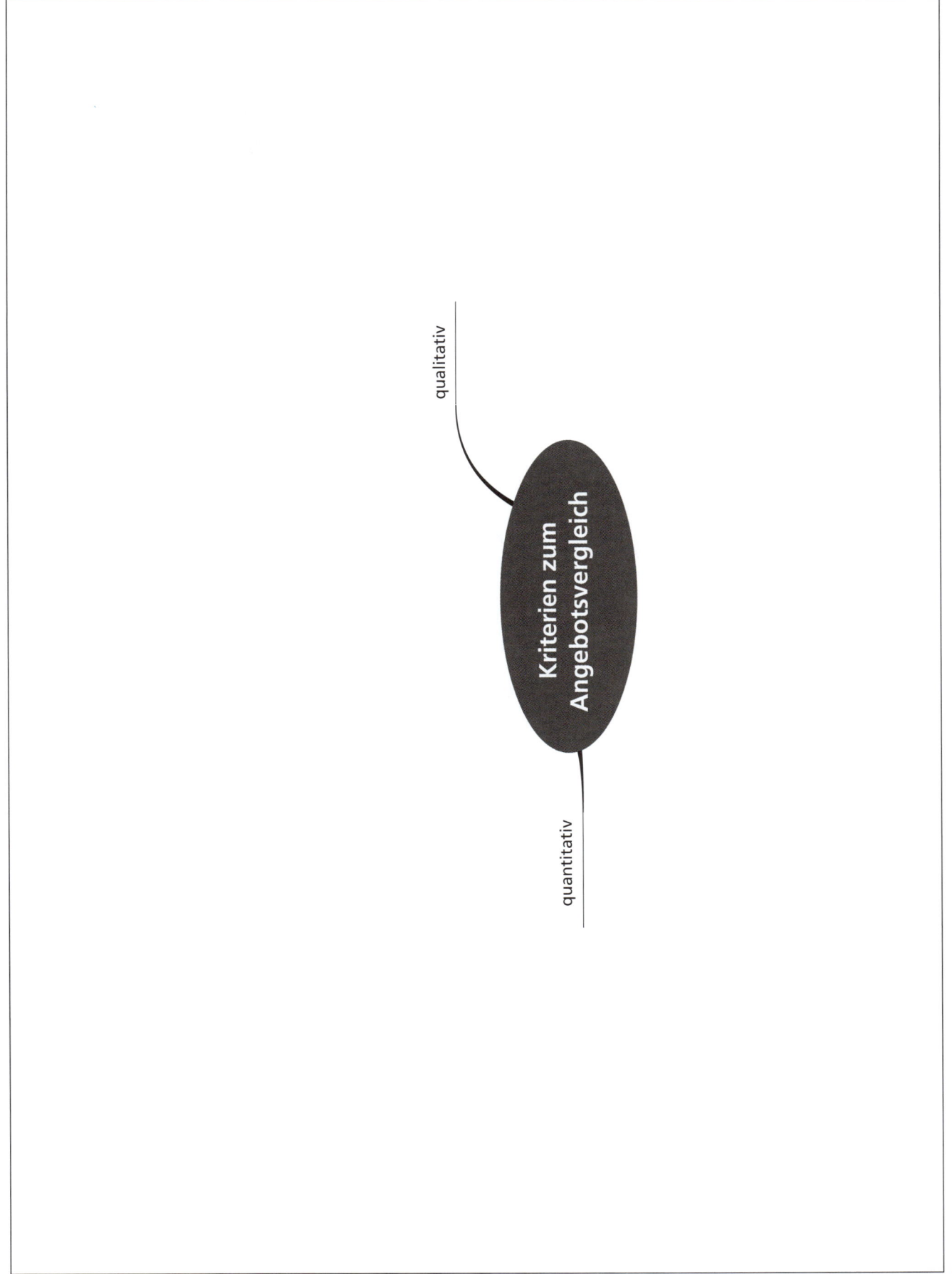

Lernsituation 3: Sie schließen Kaufverträge im Rahmen der Beschaffung ab

Werner Krull sitzt aufgeregt am Schreibtisch. Er hat einen potenziellen Lieferer für Kugelschreiber, die Scribo Pencil AG, ermittelt. Diese bietet Kugelschreiber für 0,30 €/Stück bei einer Mindestabnahme von 50 000 Stück an. Telefonisch vereinbart er mit dem zuständigen Disponenten der Scribo Pencil AG die Lieferung von 50 000 Kugelschreibern. *„Jetzt habe ich für die RAND OHG ein tolles Geschäft gemacht"*, sagt Werner zu Frau Rand, *„bisher mussten wir für Kugelschreiber 0,43 € pro Stück bezahlen. Ich habe gerade 50 000 Stück telefonisch*

bestellt." „Das darf doch nicht wahr sein", stöhnt Frau Rand. *„Wir haben doch bisher nur 30 000 Kugelschreiber pro Jahr verkauft, was sollen wir denn mit den 20 000 überzähligen Stiften machen?"* „Das ist doch kein Problem", entgegnet Werner, *„dann rufe ich schnell bei der Scribo Pencil AG an und sage denen, dass wir die Kugelschreiber nicht brauchen. Es ist ja ohnehin kein Kaufvertrag zustande gekommen, da ich noch nicht schriftlich bestellt habe."*

Beschreibung und Analyse der Situation

Nennen Sie Gründe, warum sich Werner Krull so „schnell" für den Kauf der Kugelschreiber bei der Scribo Pencil AG entschieden hat.

_____

_____

_____

_____

Erläutern Sie, welches Problem durch die Bestellung einer Menge von 50 000 Stück in der RAND OHG entsteht.

_____

_____

_____

_____

_____

_____

_____

_____

Planen und durchführen

Frau Rand ist sich im Klaren darüber, dass die Situation nicht so einfach zu klären ist, wie es sich der Auszubildende Werner Krull vorstellt. Sie erteilt ihm den Auftrag, die Rechtslage zu prüfen und ihr das Ergebnis in einem kurzen Memo mitzuteilen.

Klären Sie mithilfe des Schulbuches und des BGB, ob in der vorliegenden Situation ein Kaufvertrag zwischen der RAND OHG und der Scribo Pencil AG zustande gekommen ist. Ergänzen Sie dazu das folgende Schaubild.

Abschluss des Kaufvertrages

Rechtsgeschäfte wie der Kaufvertrag _____

_____

Willenserklärungen _____

Der Verkäufer macht den Antrag

1. Willenserklärung
_____

bei Übereinstimmung
=
_____

2. Willenserklärung
_____

_____ des Verkäufers   _____ des Kunden

Der Käufer macht den Antrag

1. Willenserklärung
_____

bei Übereinstimmung
=
_____

2. Willenserklärung
_____

_____ des Kunden   _____ des Verkäufers

daraus folgt:

Verpflichtungsgeschäft

Verkäuferpflichten	Käuferpflichten
_____	_____
_____	_____
_____	_____
_____	_____

Erfüllungsgeschäft

Verkäuferpflichten	Käuferpflichten
_____	_____
_____	_____

Fassen Sie Ihre Ergebnisse in einem Memo an die Geschäftsführerin Frau Rand zusammen. Schreiben Sie ganze Sätze, die möglichst präzise und verständlich sein sollen.

An:	r.rand@randohg.de
Kopie:	
Betreff:	Bestellung der Kugelschreiber bei der Scribo Pencil AG

Sehr geehrte Frau Rand,

Sie baten mich mich um ein kurzes Memo zur Rechtslage bei der Bestellung der 50 000 Kugelschreiber bei der Scribo Pencil AG.

Beurteilung der Rechtslage

_____

_____

_____

_____

_____

_____

_____

_____

Mit freundlichen Grüßen

Werner Krull

Frau Rand beauftragt Werner Krull, mit dem Lieferanten Scribo Pencil AG telefonisch Kontakt aufzunehmen, um mit diesem nach Möglichkeiten zu suchen, wie man sich auf eine Reduzierung der Auftragsmenge einigen könnte.

Machen Sie Vorschläge, mit welcher Verhandlungstaktik Werner in das Gespräch gehen könnte, um den Lieferanten davon zu überzeugen, sich auf eine geringere Bestellmenge einzulassen.

_____

_____

_____

_____

_____

_____

_____

Bewerten

Tauschen Sie Ihre Memos mit einem anderen Paar aus. Geben Sie sich eine konstruktive Rückmeldung zum Inhalt und zur Form der Texte.

Überarbeiten Sie nach der Rückmeldung Ihre Memos noch einmal.

Vertiefen und Lernergebnisse sichern

Entwickeln Sie je ein Beispiel für den Kaufvertrag als einseitigen und als zweiseitigen Handelskauf.

_____

_____

_____

_____

_____

_____

_____

_____

_____

Übung 3.1: Bestellungen und Auftragsbestätigungen bearbeiten

a. Die RAND OHG bestellt schriftlich 80 Puppen „Pia" für das Weihnachtsgeschäft bei dem Lieferanten Spila GmbH. Zwei Tage nach der Bestellung werden die Puppen geliefert. Erläutern Sie, wann der Kaufvertrag zustande gekommen ist.

_____

_____

_____

b. Entwickeln Sie drei Beispiele zum Ausgangsfall, bei denen eine Auftragsbestätigung erforderlich gewesen wäre, damit ein Kaufvertrag zustande kommt.

_____

_____

_____

_____

_____

_____

_____

_____

Übung 3.2: Allgemeine Geschäftsbedingungen

Ergänzen Sie folgende Übersicht zu den Allgemeinen Geschäftsbedingungen.

Die Allgemeinen Geschäftsbedingungen (AGB)	
Definition	
Ziele	
Vorteile	
Nachteile	

Übung 3.3: Allgemeine Geschäftsbedingungen untersuchen

Der Gesetzgeber hat gesetzliche Regelungen zur **„Gestaltung rechtsgeschäftlicher Schuldverhältnisse durch Allgemeine Geschäftsbedingungen"** getroffen, damit die Käufer durch die AGB nicht unangemessen benachteiligt werden.

Fassen Sie die wichtigsten Bestimmungen für ein- und zweiseitige Handelsgeschäfte zusammen.

Klauseln des BGB, die bei einseitigen und zweiseitigen Handelskäufen gelten:

Klausel	Inhalt	Rechtsquelle
Überraschende Klausel		
Vorrang von persönlichen Absprachen		
Rechtsfolgen bei Unwirksamkeit der AGB		
Generalklausel und Klausel-verbote		

Bedingung, die nur für einseitige Handelsgeschäfte gilt:

Bedingung	Inhalt	Rechtsquelle
Einbeziehung in den Vertrag = Wirksamkeit		

Weitere verbotene und damit unwirksame Klauseln in Kaufverträgen mit Privatkunden (einseitige Handelsgeschäfte) sind:

Klausel	Inhalt	Rechtsquelle
Verbotene und unwirksame Klauseln	_____ _____ _____ _____ _____	_____ _____

Erläutern Sie die Absicht des Gesetzgebers bei den Regelungen **„Gestaltung rechtsgeschäftlicher Schuldverhältnisse durch Allgemeine Geschäftsbedingungen"**.

_____

_____

_____

_____

Lernsituation 4:   Sie führen eine Wareneingangskontrolle durch

Der Auszubildende Werner Krull wird in der RAND OHG seit einer Woche in der Warenannahme im Lager eingesetzt. Kurz vor Ladenschluss kommt ein Frachtführer des Lieferers Hage AG und liefert drei Paletten mit Elektrogeräten. Damit Werner rechtzeitig nach Hause kommt, wirft er lediglich einen flüchtigen Blick auf die Paletten und Kartons, quittiert dem Frachtführer den Empfang der Ware und stellt die drei Paletten in eine Ecke des Lagers. Am nächsten Morgen hat er die Warenlieferung schon vergessen. Zwei Tage später sieht Kevin Reus, der Gruppenleiter Elektro, die Kartons. Er fordert Werner auf, die Artikel unverzüglich auszupacken und zu überprüfen. Bei der Überprüfung stellt sich heraus, dass in drei Kartons mehrere Artikel beschädigt sind und sich in einem Karton nicht bestellte Artikel befinden. Herr Reus ist wütend auf Werner: *„Einem zukünftigen Kaufmann für Büromanagement darf so etwas nicht passieren."* Werner entschuldigt sich damit, dass er wegen der Arbeitsbelastung noch nicht dazu gekommen ist, die Kartons zu prüfen. Außerdem könnten die festgestellten Mängel jetzt doch auch noch beim Lieferer gerügt werden.

Beschreibung und Analyse der Situation

Beschreiben Sie die Situation, in der sich der Auszubildende Werner Krull im Moment der Warenlieferung befand, und nehmen Sie zu seinem Verhalten Stellung.

_____

_____

_____
_____
_____
_____

Erläutern Sie mögliche Konsequenzen, die sich durch verspätete oder mangelhafte Prüfung von Warensendungen für die RAND OHG ergeben können.

_____
_____
_____
_____
_____
_____
_____
_____
_____
_____

Klären Sie den Unterschied zwischen den Schlüsselworten „sofort" und „unverzüglich" im Zusammenhang mit der dargestellten Situation. Was wird beim Wareneingang „sofort" und was wird „unverzüglich" gemacht?

Bedeutung von „sofort":

_____
_____
_____
_____
_____
_____

Bedeutung von „unverzüglich":

_____
_____
_____
_____
_____

Planen

Erstellen Sie in der Gruppe eine allgemeingültige Checkliste für die Aufgaben beim Wareneingang – von der Ankunft der Lieferung bis zur Lagerung der Ware. Die Ergebnisse Ihrer Arbeit sollen Sie später bei der Demonstration einer vorbildlichen Warenannahme nutzen.

Checkliste: Aufgaben beim Wareneingang		
Schritt	**Aufgabe**	☑ ☒
_____	_____	
_____	_____	
_____	_____	
_____	_____	
_____	_____	
_____	_____	
_____	_____	
_____	_____	
_____	_____	
_____	_____	
_____	_____	
_____	_____	
_____	_____	
_____	_____	
_____	_____	
_____	_____	
_____	_____	

Vergleichen Sie die Checklisten der einzelnen Gruppen miteinander und führen Sie die einzelnen Ergebnisse zu einer gemeinsamen Checkliste zusammen, mit der im weiteren Verlauf des Unterrichts einheitlich gearbeitet wird.

Durchführen und bewerten

Demonstrieren Sie in Rollenspielen – zunächst in der Kleingruppe, später vor der Klasse – ein vorbildliches Verhalten beim Wareneingang. Wählen Sie als Beispiel eine beliebige Warenlieferung. Als Rollenspieler brauchen Sie einen Frachtführer und mindestens eine Person in der Warenannahme. Diese sollte alle Tätigkeiten, die Sie durchführt, erklären.

Die Beobachter des Rollenspiels prüfen mittels der Checkliste, ob alle erforderlichen Aufgaben durchgeführt werden.

Ein Tipp: Legen Sie sich ausreichend Papier bereit, sodass Sie die Nutzung der unterschiedlichen Dokumente (z. B. Bestellung, Lieferschein, Rechnung) und Formulare (z. B. Schadensprotokoll) auch darstellen können.

Lernergebnisse sichern

Erstellen Sie eine Mindmap zu den Aufgaben beim Wareneingang. Die Hauptäste sind bereits vorgegeben. Nutzen Sie die bisherigen Ergebnisse und ihr Lehrbuch.

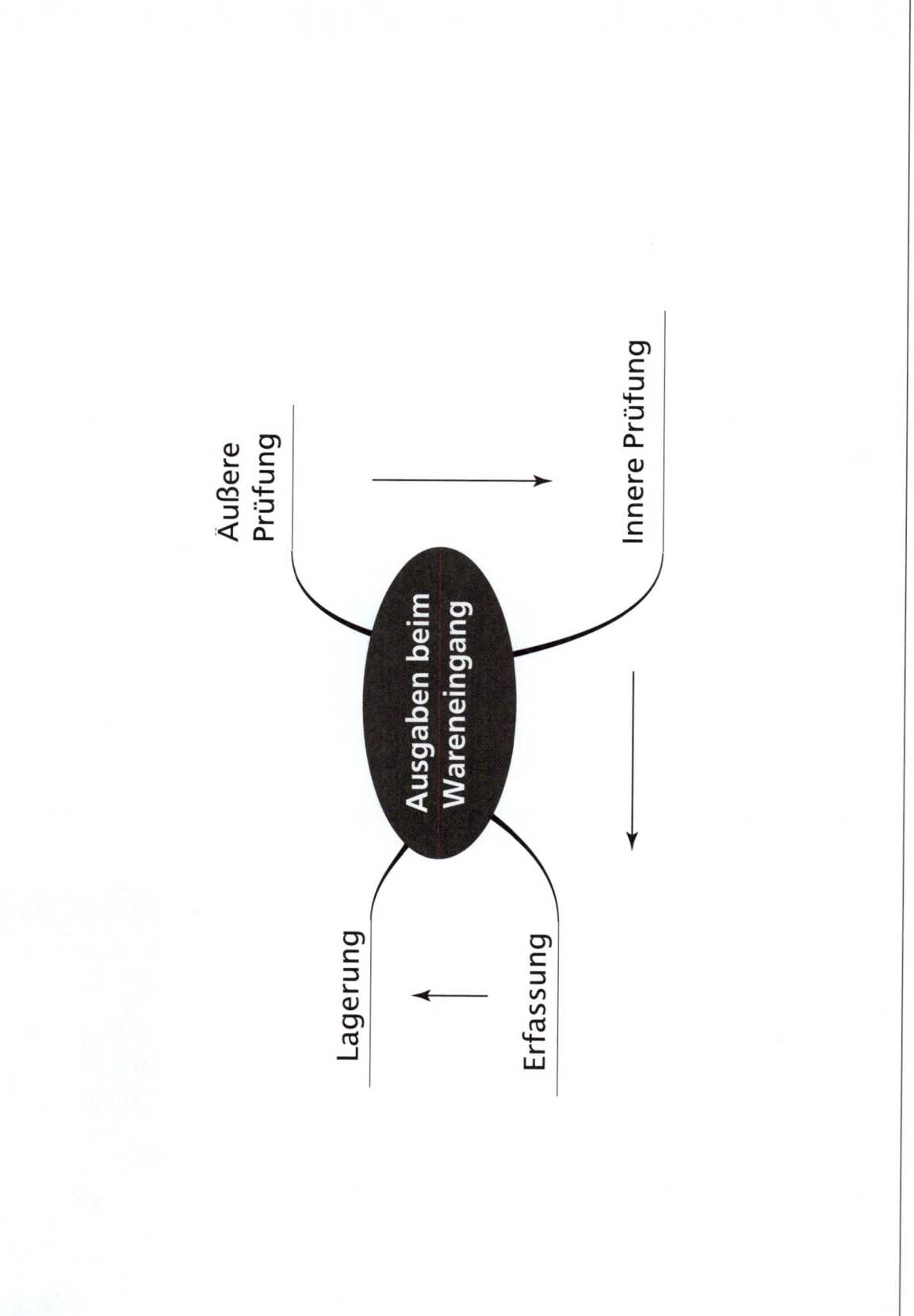

Übung 4.1: Den Mindest- und Meldebestand ermitteln

Die RAND OHG verkauft täglich 20 Trainingsanzüge des Modells „Team Spirit". Die Beschaffungszeit beträgt fünf Tage und der Mindestbestand liegt bei 80 Trainingsanzügen.

Ermitteln Sie den Meldebestand.

In vielen Handelsunternehmen wird die Bestellung der Ware automatisch über entsprechende EDV-Systeme erzeugt. Das geschieht dann, wenn im Lager die Anzahl der Artikel unter den Meldebestand sinkt.

Begründen Sie, warum die RAND OHG trotzdem einen Mindestbestand festlegt.

_____

_____

_____

Bei dem Lieferanten für Trainingsanzüge kommt es zu einer unerwarteten Lieferungsverzögerung von drei Tagen. Berechnen Sie, ob die RAND OHG mit dem Mindestbestand ihre Verkaufsbereitschaft sichern kann.

Übung 4.2: Einfache Lagerkennziffern interpretieren

Berechnen Sie die durchschnittlichen Lagerbestände (DLB) bei Jahres-, Quartals- und Monatsinventur für den Artikel „Kugelschreiber".

Folgende Zahlen liegen vor:

Jahresanfangsbestand	12 450 Stück

Monatsendbestände (Stück)							
Januar	6 806	April	6 000	Juli	9 408	Oktober	13 703
Februar	5 500	Mai	3 565	August	9 200	November	9 094
März	7 607	Juni	4 700	September	10 412	Dezember	5 100

Durchschnittlicher Lagerbestand (DLB) bei Jahresinventur:

Durchschnittlicher Lagerbestand (DLB) bei Quartalsinventur:

Durchschnittlicher Lagerbestand (DLB) bei Monatsinventur:

Beurteilen Sie, welche der Kennziffern zu den durchschnittlichen Lagerbeständen die höchste Aussagekraft für die Auswertung der Lagerbestände hat.

_____

_____

_____

_____

_____

_____

Übung 4.3: Barzahlung

Der Auszubildende Werner Krull bezahlt beim Buchhändler Detlef Reuter die monatlich bestellte Fachzeit-schrift „Großhandel aktuell" für Frau Rand. Er bittet den Verkäufer, ihm eine Quittung auszustellen. Benennen Sie die Bestandteile des Quittungsvordruckes.

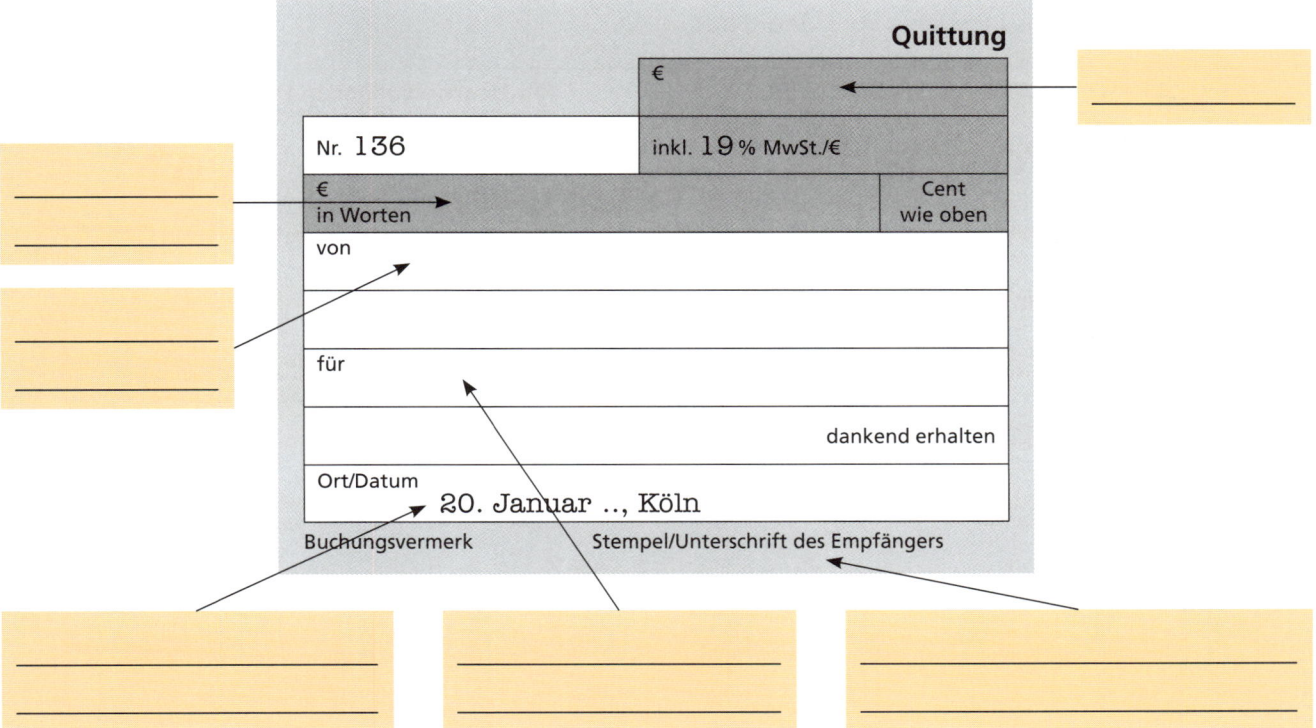

Übung 4.4: Entwicklung der Zahlungsmethoden

Beschreiben Sie die im folgenden Schaubild dargestellte Entwicklung der Zahlungsmethoden in Europa.

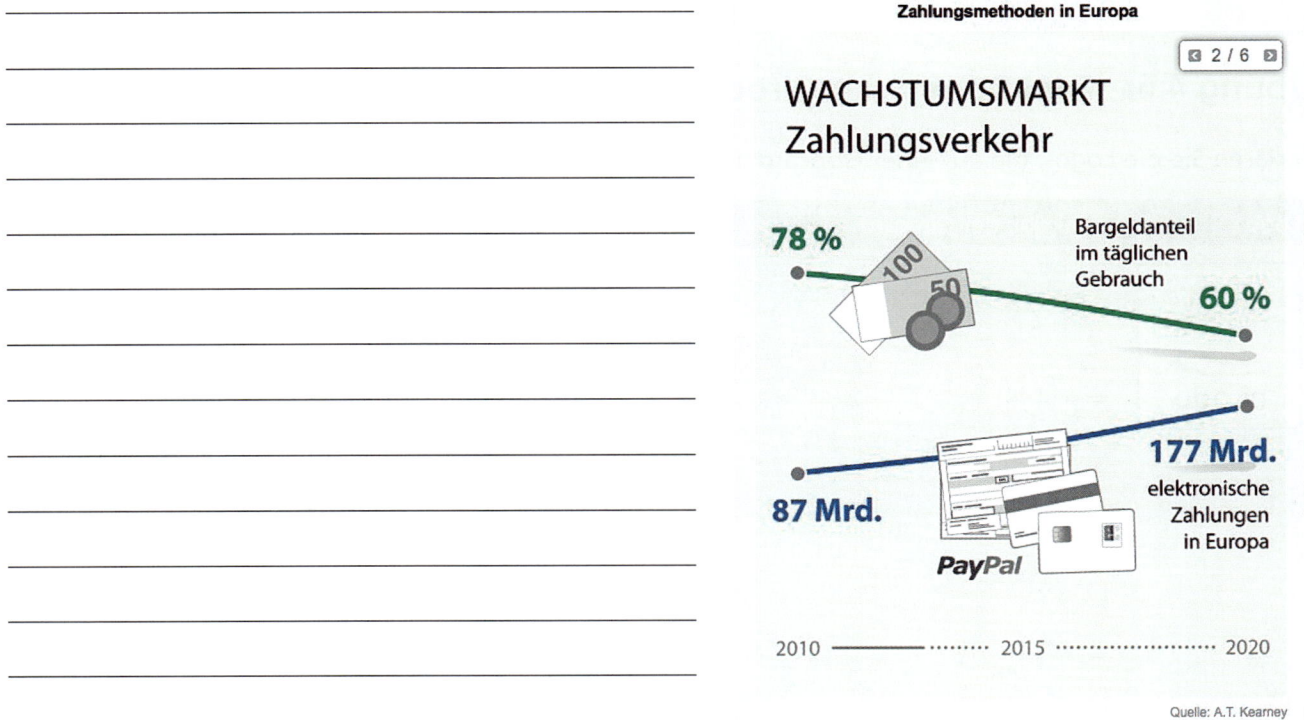

Übung 4.5: Überweisung

Die RAND OHG überweist am 08.01.20.. der Drupa AG den ausstehenden Rechnungsbetrag über 5 700,00 €, Rechnungsnummer 4213/01, Rechnungsdatum 04.01.20... Der Lieferer hat ein Konto bei der Postbank, IBAN DE84500100600811857823, BIC PBNKDEFFXXX.

Füllen sie den Überweisungsbeleg vollständig aus.

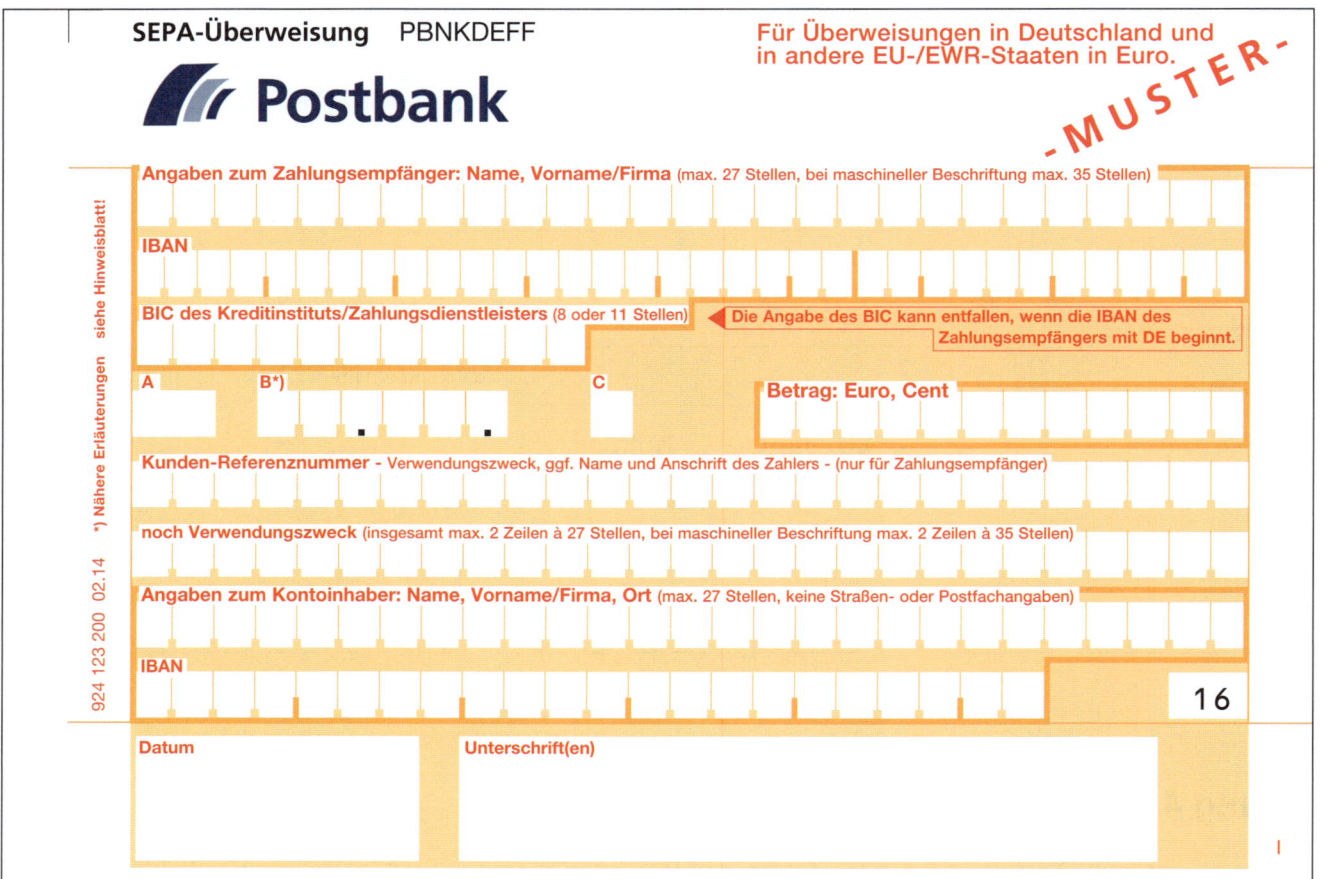

Übung 4.6: Funktionen der Girocard

Erklären Sie die Logos, die auf einer Girocard abgedruckt sein können.

Logo	Funktion der Girocard	
girogo		

Logo	Funktion der Girocard
girocard	_____ _____ _____ _____ _____ _____
Maestro	_____ _____
GeldKarte	_____ _____ _____ _____

Übung 4.7:   Moderne Online-Zahlungssysteme[1]

Bei der Beschaffung von Waren über das Internet mit teilweise unbekannten Handelspartnern ist es von großer Bedeutung, jederzeit auf ein sicheres Zahlungsverfahren zugreifen zu können. Bei Online-Zahlungssystemen, wie z. B. Traxpay, werden Zahlungen auch im Beschaffungsprozess von Unternehmen über einen vertrauenswürdigen Dritten abgewickelt. Gelder werden gemäß der Anweisungen von Käufer und Verkäufer von einem Zahlungssystemanbieter entgegengenommen, verwaltet und ausgezahlt. So schafft man es, das Betrugs- und Verlustrisiko deutlich zu reduzieren.

Bringen Sie die fünf Schritte des dargestellten Online-Zahlungsablaufes bei der Beschaffung von Handelsware über einen Internetanbieter in die richtige Reihenfolge.

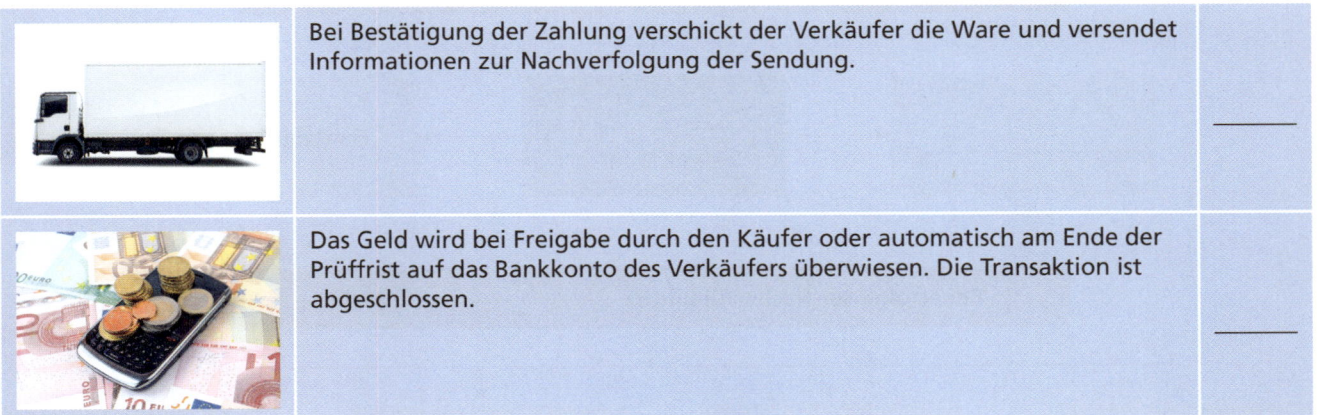

	Bei Bestätigung der Zahlung verschickt der Verkäufer die Ware und versendet Informationen zur Nachverfolgung der Sendung.	____
	Das Geld wird bei Freigabe durch den Käufer oder automatisch am Ende der Prüffrist auf das Bankkonto des Verkäufers überwiesen. Die Transaktion ist abgeschlossen.	____

[1] Quelle: www.traxpay.com (Abruf 09.10.2013)

 Der Käufer erhält die Waren und prüft diese. Der Käufer hat eine vorher festgelegte Anzahl von Tagen Zeit, um die Zahlung freizugeben (oder Klärung zu fordern, falls die Waren nicht vertragsgemäß geliefert wurden).

_____

 Der Käufer leistet die Zahlung auf ein sicheres Onlinebankkonto des Zahlungssystemanbieters.
● Der Käufer versendet die Zahlung genauso wie bei allen elektronischen Standardzahlungen einfach direkt von seiner Bank.
● Der Zahlungssystemanbieter ordnet die Zahlung der Bestellung zu und bestätigt diese dem Verkäufer und dem Käufer.

_____

 Der Verkäufer und der Käufer vereinbaren die Bedingungen, einschließlich einer Beschreibung des Produktes, des Verkaufspreises und aller Versandanweisungen.

_____

Übung 4.8: Käuferrechte bei einer Schlechtleistung (mangelhafte Lieferung)

Ergänzen Sie das folgende Schaubild zur mangelhaften Lieferung mit den fehlenden Begriffen.

mangelhafter – Wahlrecht – vorrangiges – Nachbesserung – Aufwendungen – nachrangiges – Minderung – Vertrag – Schadensersatz – oder

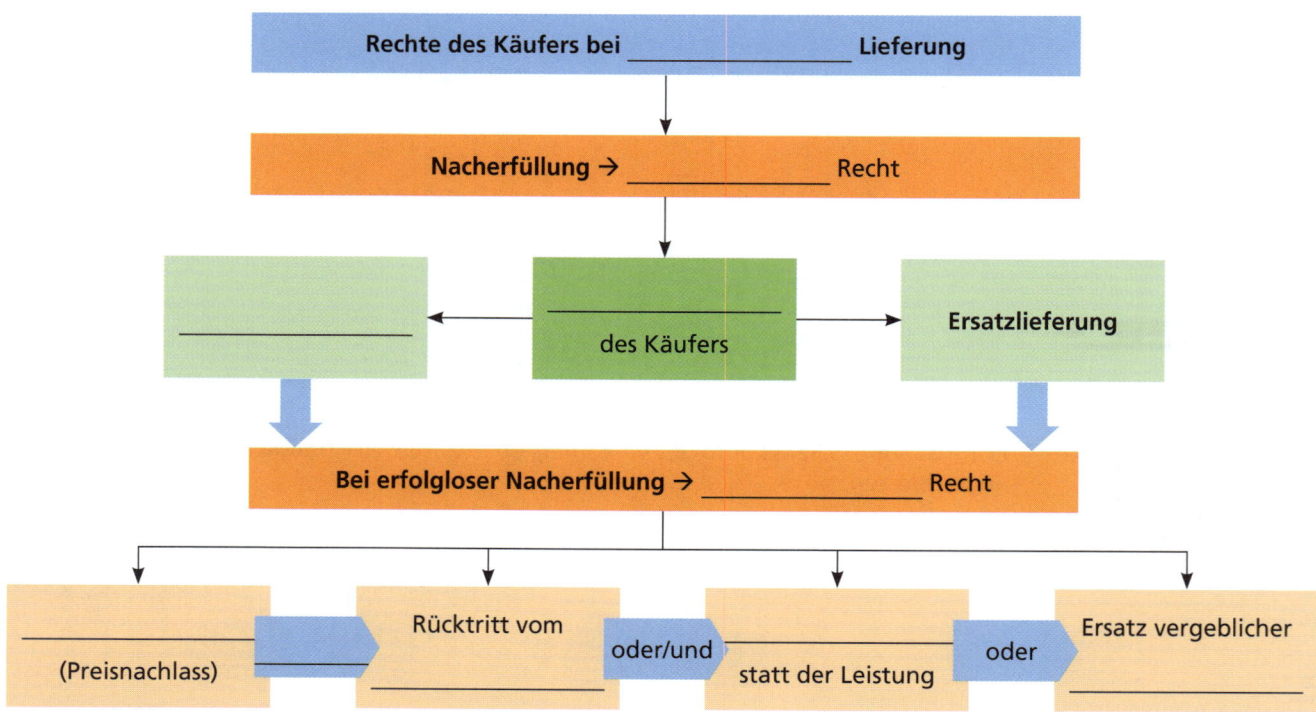

Übung 4.9: Schlechtleistung (mangelhafte Lieferung)

Bearbeiten Sie folgende Fälle zur Schlechtleistung (mangelhaften Lieferung). Klären Sie die jeweilige Rechtslage.

a. Frau Rand kauft für die RAND OHG einen neuen Firmenwagen. Das Fahrzeug wird in der Werbung mit einem Benzinverbrauch von 4 l/100 km als besonders sparsam angepriesen. Nach einigen Wochen Nutzung stellt sie fest, dass der durchschnittliche Verbrauch bei 7 l/100km liegt.

b. Der Auszubildende Werner Krull kauft sich ein Ergometer der Marke „Adochris". Aufgrund einer fehlerhaften Montageanleitung baut er das Fitnessrad falsch zusammen, sodass es unbrauchbar wird.

c. Frau Rand kauft zehn neue Notebooks für die Mitarbeiter der RAND OHG. Bei der Wareneingangskontrolle der Geräte wird festgestellt, dass vier Geräte kleine Farbfehler aufweisen.

d. Herr Koch, der Geschäftsführer der RAND OHG, kauft seiner Frau als Geburtstagsgeschenk einen Kaffeevollautomaten. Zwei Monate nach dem Kauf funktioniert das Mahlwerk nicht mehr einwandfrei.

Lernsituation 5: Sie bearbeiten eine Nicht-Rechtzeitig-Lieferung

Die RAND OHG hat am 10.10.20.. bei der Spila GmbH 2 000 Stoffbären „Fynn" zum Bestellwert von 4 522,00 € bestellt. Als Liefertermin wurde vier Wochen nach Eingang der Bestellung vereinbart. Am 14.11.20.. stellt die RAND OHG fest, dass die bestellten Stoffbären noch nicht eingetroffen sind. Bei der telefonischen Rückfrage bei der Spila GmbH erfährt Oliver Rand, der zuständige Einkäufer der RAND OHG, dass die Stoffbären erst in drei Wochen geliefert werden können. Oliver Rand besteht auf der sofortigen Lieferung und teilt dies der Spila GmbH telefonisch und schriftlich mit. Frau Grell, die Gruppenleiterin der Auftragsbearbeitung bei der Spila GmbH, verspricht Herrn Rand, sich unverzüglich um die Angelegenheit zu kümmern und sich zeitnah bei ihm zu melden.

Beschreibung und Analyse der Situation

Erläutern Sie die Interessen der RAND OHG bei der Erfüllung des Kaufvertrages durch die Spila GmbH.

_____

_____

_____

_____

_____

_____

_____

_____

Stellen Sie dar, in welch problematischer Situation sich die Spila GmbH befindet.

_____

_____

_____

_____

_____

_____

_____

_____

Großhandel für Randsortimente

RAND OHG · Völkinger Straße 49 · 40221 Düsseldorf

Ihr Ansprechpartner:	Renate Rand
Abteilung:	Geschäftsleitung
E-Mail:	r.rand@randohg.de
Anschrift:	Völkinger Straße 49
	40221 Düsseldorf
Telefon:	0211 40760-200
Telefax:	0211 407610
Ihr Zeichen,	ge
Ihre Nachricht:	10.11.20..
Unser Zeichen,	ora
unsere Nachricht:	08.11.20..
Datum:	14.11.20..

Spila GmbH
Neuer Weg 27
26135 Oldenburg

Bestellung 342 vom 10.10.20../
Nicht-Rechtzeitig-Lieferung

Sehr geehrte Damen und Herren,

am 10.10.20.. haben wir bei Ihnen 2 000 Stoffbären *Fynn* bestellt. In Ihrer Auftragsbestätigung vom 12.10.20.. haben Sie uns die Lieferung zum 12.11.20.. zugesagt.
Leider haben wir bisher keine Lieferung von Ihnen erhalten.

Wir benötigen einen Großteil der Stoffbären dringend für einen Kunden, der zum
Weihnachtsgeschäft eine weitere Spielwarenfiliale eröffnet. Wir fordern Sie daher
auf, uns die Stoffbären bis spätestens zum 24.11.20.. zu liefern. Wir haben keine
Möglichkeit, auf die von Ihnen angekündigte Warenlieferung am 04.12.20.. zu
warten.

Sollten Sie unserer Forderung nicht nachkommen, sehen wir uns gezwungen, den
Auftrag an ein anderes Unternehmen zu vergeben. Einen möglicherweise höheren
Einkaufspreis werden wir Ihnen bei Vornahme eines Deckungskaufes in Rechnung
stellen.

Wir hoffen, dass Sie Ihrer Lieferverpflichtung nachkommen werden.

Mit freundlichen Grüßen

RAND OHG

Oliver Rand

Oliver Rand

Sparkasse Düsseldorf
IBAN DE52300501100142016978, BIC DUSSDEDDXXX

Internet: www.rand.ohg.de

Amtsgericht Düsseldorf, HR A 593-0205
Steuernummer 103/1208/0123
USt-IdNr. DE110033654
Geschäftsführer: Renate Rand, Werner Koch

Planen

Oliver Rand, der Einkäufer für Spielwaren, zeigt dem Auszubildenden Werner Krull das Schreiben an die Spila GmbH und erläutert ihm die Problemlage, in der sich die RAND OHG befindet.

„Die Stoffbären sind für einen umsatzstarken Kunden, den wir nicht verlieren dürfen. Die Spila GmbH muss schnell liefern, damit wir den Kunden zufriedenstellen können. Du könntest die Rechtslage prüfen, um unseren Handlungsspielraum festlegen zu können."

Klären Sie die rechtlichen Voraussetzungen für die Nicht-Rechtzeitig-Lieferung. Ergänzen Sie dazu das folgende Schaubild.

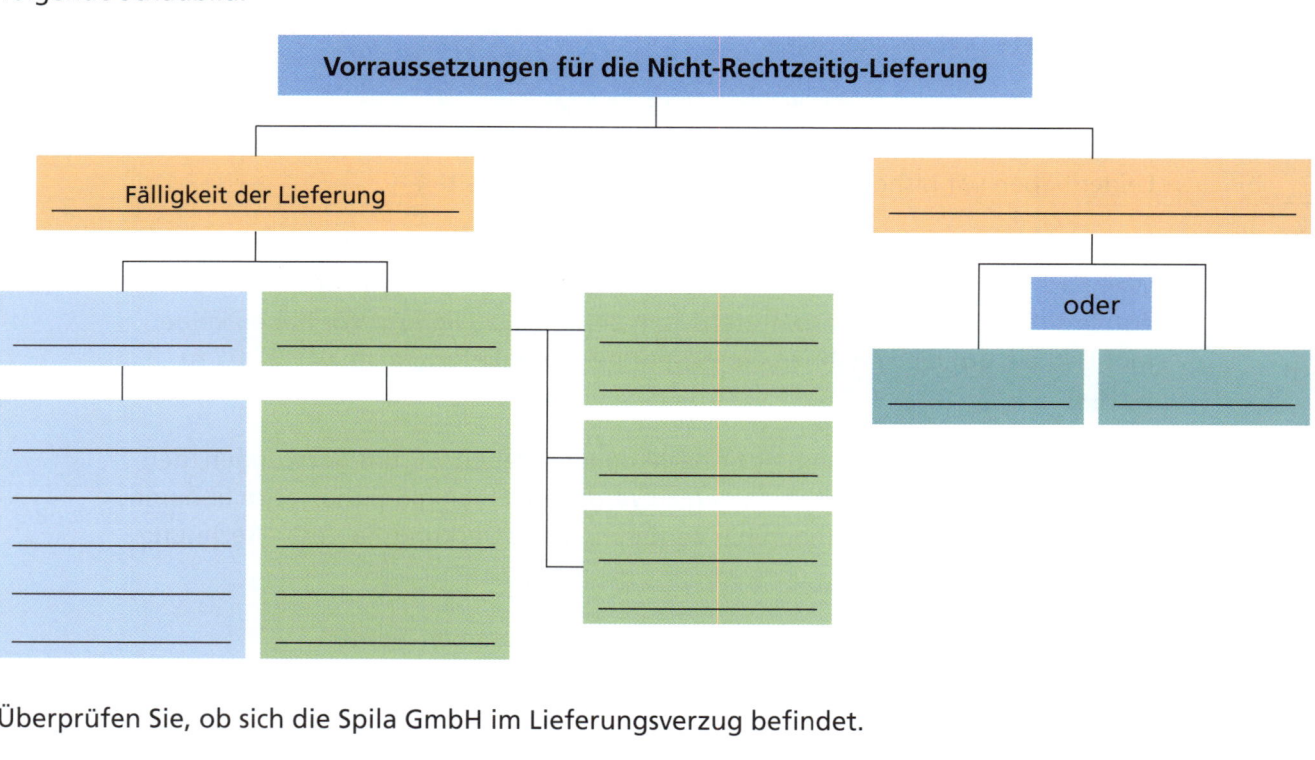

Überprüfen Sie, ob sich die Spila GmbH im Lieferungsverzug befindet.

_____

_____

_____

_____

Erarbeiten Sie, welche Rechte die RAND OHG gegenüber der Spila GmbH wahrnehmen könnte.

Rechte ohne Nachfristsetzung

_____

_____

_____

_____

Rechte mit Nachfristsetzung

_____

_____

_____

_____

_____

Nachfristsetzung entfällt

_____

_____

_____

_____

Vergleichen Sie Ihre Ergebnisse mit der schriftlichen Mahnung der RAND OHG. Beurteilen Sie die in dem Schreiben gestellten Forderungen an die Spila GmbH.

_____

_____

_____

_____

_____

_____

_____

_____

Durchführen und bewerten

Teilen Sie Ihre Klasse in Gruppen ein. Mindestens je zwei Gruppen sollen aus der Perspektive der RAND OHG bzw. der Spila GmbH einen begründeten Vorschlag zur Lösung der Situation entwickeln. Lesen Sie zuvor aufmerksam Ihre Rollenkarte.

Rollenkarte für Frau Grell von der Spila GmbH

Ihnen ist erst seit dem Telefonat mit Herrn Rand bewusst, dass die bestellten Stoffbären dringend für die neue Spielwarenfiliale eines Kunden der RAND OHG gebraucht werden. Ihnen ist es sehr wichtig, die RAND OHG als Kunden zufriedenzustellen. Es wäre Ihnen durch zusätzliche kostenintensive Produktionszeiten möglich, einen Großteil der Bestellung bis zum 25.11.20.. zu realisieren. Noch fehlende Bestellmengen könnten mit dem Lagerbestand eines hochwertigeren Produktes ersetzt werden. Diese Lösung wäre sehr aufwendig und kostenintensiv. Am liebsten würden Sie aber den Auftrag ohne zusätzliche Kosten realisieren.

Rollenkarte für Herrn Rand von der RAND OHG

Sie benötigen die Stoffbären dringend für einen Kunden, der seine Spielwarenfiliale zum Weihnachtsgeschäft eröffnen möchte. Sie haben keine Möglichkeit, die Zeit bis zum angekündigten Liefertermin mit eigener Lagerware zu überbrücken. Sie sind über die Lieferproblematik verärgert, schätzen die Spila GmbH jedoch als zuverlässigen und leistungsstarken Partner. Sie bestehen auf der Lieferung und sind bereit, rechtliche Konsequenzen einzuleiten, falls die Lieferung bis zum 25.11.20.. nicht realisiert wird. Ihnen ist bewusst, dass Sie ein wichtiger Kunde der Spila GmbH sind. Sie erwarten, dass der Spielwarenhersteller eine akzeptable Lösung findet.

Unser Vorschlag aus der Perspektive von _____

_____

_____

_____

_____

_____

_____

Unsere Begründung:

_____

_____

_____

_____

_____

_____

Führen Sie die telefonische Verhandlung in zwei Rollenspielen durch. Jede Gruppe bestimmt eine Person, die ihre Position vertritt. Da es sich um ein Telefonat handelt, ist es günstig, wenn die Rollenspieler keinen Blickkontakt haben. Als Beobachter machen Sie sich nach jedem Rollenspiel zunächst einige Notizen, die Ihnen als Grundlage für ein konstruktives Feedback dienen.

Beobachtungsbogen zu den Rollenspielen

Rolle	Herr Rand	Frau Grell
Beobachtungsmerkmal:	**Die Vorschläge wurden klar und verständlich vorgetragen.**	
Kurzbewertung:	☹ ☺ ☺	☹ ☺ ☺
Kommentar:	_____	_____
Beobachtungsmerkmal:	**Die Vorschläge wurden nachvollziehbar begründet.**	
Kurzbewertung:	☹ ☺ ☺	☹ ☺ ☺
Kommentar:	_____	_____
Beobachtungsmerkmal:	**Es wurde auf den Gesprächspartner eingegangen.**	
Kurzbewertung:	☹ ☺ ☺	☹ ☺ ☺
Kommentar:	_____	_____
Beobachtungsmerkmal:	**Die Bereitschaft zu einem Kompromiss war erkennbar.**	
Kurzbewertung:	☹ ☺ ☺	☹ ☺ ☺
Kommentar:	_____	_____
Beobachtungsmerkmal:	**Das Gespräch ergab klare Ergebnisse.**	
Kurzbewertung:	☹ ☺ ☺	☹ ☺ ☺
Kommentar:	_____	_____

Vertiefen und Lernergebnisse sichern

Die Spila GmbH ist im vorliegenden Fall erst durch den Anruf und den Brief der RAND OHG am 14.11.20.. auf die Lieferschwierigkeiten aufmerksam geworden. Die Lieferung wurde allerdings bereits für den 12.11.20.. zugesagt. Machen Sie Vorschläge, wie die Spila GmbH in Zukunft ähnliche Problemsituationen vermeiden kann.

_____

_____

_____

_____

_____

Fassen Sie die wichtigsten Ergebnisse aus den beobachteten Verhandlungen zusammen. Welche Verhandlungsstrategie hat sich bewährt?

_____

_____

_____

_____

_____

Lernfeld 4: Leistungsprogramm planen und entwickeln

Lernsituation 1: Sie beschreiben die Sortimentspolitik in einem Unternehmen

Die Geschäftsleitung der RAND OHG hat beschlossen, sich auf die Warengruppen „Spielwaren", „Schreibwaren" und „Haushalt/Elektro" zu spezialisieren. Die bisherigen Artikel dieser Gruppen sollen weiterhin angeboten werden, jedoch sollen zusätzlich neue Artikel ins Sortiment aufgenommen werden, die ökologischen Anforderungen besonders entsprechen. Damit soll dem steigenden Umweltbewusstsein der Kunden entgegengekommen werden. Herr Koch sagt: *„Wir werden unser Sortiment noch weiter auf unsere Kunden zuschneiden, denn nur so können wir zukünftig mit unserem Warenangebot erfolgreich sein!"*

Beschreibung und Analyse der Situation

Fassen Sie kurz zusammen, welche grundsätzliche Veränderung die RAND OHG zukünftig in ihrem Warenangebot plant.

_____

_____

_____

_____

_____

Erklären Sie Herrn Kochs Aussage *„Wir werden unser Sortiment noch weiter auf unsere Kunden zuschneiden, denn nur so können wir zukünftig mit unserem Warenangebot erfolgreich sein!"*.

_____

_____

_____

_____

_____

_____

Planen und durchführen

Nennen Sie Möglichkeiten, wie man den Erfolg eines Sortimentes beurteilen kann.

_____

_____

_____

_____

_____

_____

_____

_____

Beschreiben Sie weitere Faktoren, die Einfluss auf das Sortiment der RAND OHG nehmen.

_____

_____

_____

_____

_____

_____

_____

_____

Um das Sortiment den veränderten Marktbedingungen anzupassen und/oder um Konsequenzen aus der Erfolgskontrolle des Sortimentes zu ziehen, stehen dem Großhändler im Rahmen der Sortimentspolitik folgende Maßnahmen zur Verfügung.

Ergänzen Sie das folgende Schaubild mithilfe Ihres Schulbuches.

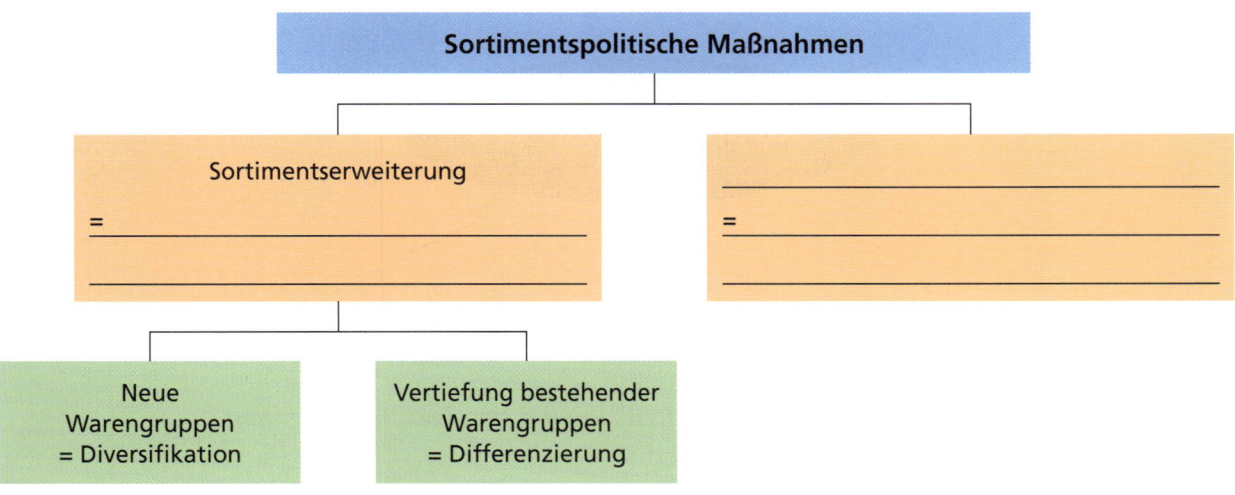

Ordnen Sie die sortimentspolitischen Entscheidungen aus der Einstiegssituation den in dem Schaubild dargestellten Maßnahmen zu und begründen Sie Ihre Zuordnung kurz.

_____

_____

_____
_____
_____
_____
_____
_____
_____
_____
_____
_____
_____
_____
_____

Bewerten

Vergleichen Sie Ihre Ergebnisse mit denen eines anderen Paares. Ergänzen und/oder verbessern Sie Ihre Unterlagen gegebenenfalls.

Vertiefen und Lernergebnisse sichern

Die sortimentspolitischen Entscheidungen der RAND OHG bezüglich der Streichung der Warengruppe „Textil" und der Vertiefung der verbleibenden Warengruppen führen zu einer Veränderung im sogenannten Sortimentsumfang. Ergänzen Sie die folgende „kleine" Mindmap mit den fehlenden Begriffen.

Sortimentsumfang

Beschreiben Sie das Warenangebot der RAND OHG in Bezug auf den Sortimentsumfang.

_____
_____
_____
_____

Lernsituation 2: Sie planen eine ansprechende Warenpräsentation und Verkaufsraumgestaltung

Oliver Rand hat sein Vorhaben, ein eigenes Einzelhandelsunternehmen zu gründen, in die Zukunft verschoben. Er möchte erst einmal Praxiserfahrung im Einzelhandel sammeln und hat das Angebot angenommen, die Leitung der Unterabteilung „Elektro/Haushaltswaren" in der Center Warenhaus GmbH zu übernehmen. Dort arbeitet er seit einigen Monaten mit viel Engagement und Erfolg. Die Geschäftsführung ist sehr zufrieden mit seiner Arbeit und beauftragt ihn zunehmend mit verantwortungsvollen Aufgaben. Oliver Rand und der Geschäftsleiter Herr Becker unterhalten sich in einem Mitarbeitergespräch über zukünftige Aufgabenbereiche.

Herr Becker: *„Herr Rand, wir möchten in einigen Wochen mit der Erweiterung und Modernisierung der Verkaufsfläche in Ihrer Elektroabteilung beginnen. Dafür müssten Vorschläge für die Verkaufsraumgestaltung sowie die Warenpräsentation entwickelt werden. Diese sollen Ende nächster Woche der Geschäftsleitung und den Abteilungsleitern präsentiert werden. Wir würden Ihnen gerne diese Aufgabe übertragen, die 25 · 20 m² große Verkaufsfläche neu zu gestalten."*

Oliver Rand ist begeistert und stolz, dass die Geschäftsleitung ihm eine derart wichtige Aufgabe anvertraut. Schließlich ist ihm klar, dass seine Vorschläge für den Erfolg der zukünftig modernisierten und vergrößerten Elektroabteilung von großer Bedeutung sind. Er nimmt die Aufgabe gerne an und macht sich sofort an die Arbeit.

Beschreibung und Analyse der Situation

Finden Sie Gründe, warum es für die Center Warenhaus GmbH wichtig ist, ihre Verkaufsfläche modern zu gestalten und die Ware „optimal" zu platzieren bzw. zu präsentieren.

_____

_____

_____

_____

_____

_____

_____

_____

Sammeln Sie in Stichworten, welche grundsätzlichen Überlegungen Oliver Rand bei der Planung für die Verkaufsraumgestaltung und die Warenpräsentation anstellen muss.

_____

_____

_____

_____

_____

_____

_____

Planen und durchführen

Erarbeiten Sie die Inhalte folgender Merkmale für eine erfolgreiche Warenpräsentation und Verkaufsraumgestaltung in der „neuen" Elektroabteilung der Center Warenhaus GmbH.

Anpassung an die Vertriebs- und Verkaufsform **CENTER Warenhaus GmbH**	
Übersichtlichkeit Rasierer	
Kundenlauf-/-leitsysteme	

**Weitere Platzierungs-
strategien**

_____
_____
_____
_____
_____
_____
_____
_____
_____
_____

Arenaprinzip

_____
_____
_____
_____
_____
_____
_____

Anordnung der Warenträger

_____
_____
_____
_____
_____
_____
_____
_____

Entwickeln Sie einen Vorschlag zur Gestaltung der neuen Verkaufsfläche in der Center Warenhaus GmbH. Wählen Sie dazu einen Warenbereich aus der Elektroabteilung und gestalten Sie für diesen Bereich auf 20 m² den Verkaufsraum und die Warenpräsentation. Berücksichtigen Sie die von Ihnen erarbeiteten Merkmale.

Bezüglich des Budgets für die Umsetzung gibt es keine Einschränkung von der Geschäftsführung, bleiben Sie jedoch realistisch.

Tipp!

Besuchen Sie mit Ihrer Klasse ein Einzelhandelsgeschäft aus der Elektronikbranche. Verschaffen Sie sich dabei einen Überblick z. B. über die Art der Warenträger, die Höhe der Regale, die Kundenführung. Lassen Sie Ihre Eindrücke mit in die Ideensammlung in der Gruppe einfließen.

Schritt 1: Sammeln Sie in Ihrer Gruppe Ideen zur Gestaltung der 20 m² großen Verkaufsfläche.

Meine Ideen:

_____

_____

_____

_____

_____

_____

_____

_____

_____

_____

_____

Schritt 2: Prüfen Sie, welche Vorschläge umsetzbar sind und einigen Sie sich auf einen gemeinsamen Vorschlag bzw. setzen Sie gute Teile aus verschiedenen Vorschlägen zusammen.

Schritt 3: Stellen Sie auf einem Plakat dar, wie Sie als Gruppe Ihre Idee in der Center Warenhaus GmbH umsetzen würden. Übertragen Sie die Inhalte des Plakates in das Arbeitsheft.

Schritt 4: Präsentieren Sie Ihr Ergebnis vor einer anderen Gruppe

Bewerten

Geben Sie der präsentierenden Gruppe eine Rückmeldung zu ihrer Präsentation. Beziehen Sie sich dabei auf die von Ihnen erarbeiteten Merkmale zur Verkaufsraumgestaltung und Warenpräsentation.

Bewertungsbogen		
Merkmale	Ergebnis	Begründung
Anpassung an die Verkaufsform	+ 0 −	
Übersichtlichkeit	+ 0 −	
Kundenlauf/ -leitsysteme	+ 0 −	
Platzierungsstrategien	+ 0 −	
Arenaprinzip	+ 0 −	
Anordnung der Warenträger	+ 0 −	

Lernergebnisse sichern

Überarbeiten Sie Ihre Ergebnisse zur Verkaufsraumgestaltung und Warenpräsentation, indem Sie die Rückmeldungen Ihrer Mitschüler/-innen aufgreifen und umsetzen.

Notizen

_____

_____

_____

_____

Übung 2.1: Platzierungsstrategien

Insbesondere in den Supermärkten der Lebensmittelbranche spielen Strategien zur Aufwertung verkaufsschwacher Zonen und zur Nutzung verkaufsintensiver Zonen eine wichtige Rolle.

Markieren Sie in dem folgenden Grundriss verkaufsstarke und verkaufsschwache Zonen in einem „typischen" Supermarkt.

Wählen Sie drei verkaufsschwache Zonen für den dargestellten Supermarkt aus und schlagen Sie Maßnahmen zur Aufwertung vor.

_____

_____

_____

Verkaufsschwache Zonen	Maßnahmen zur Aufwertung
_____	_____
	_____
_____	_____
	_____
	_____
_____	_____
	_____
	_____
	_____
	_____

Wählen Sie drei verkaufsstarke Zonen für den dargestellten Supermarkt aus und schlagen Sie Maßnahmen zur gewinnbringenden Nutzung vor.

Verkaufsstarke Zonen	Maßnahmen zur optimalen Nutzung
_____	_____
	_____
	_____
_____	_____
	_____
_____	_____
	_____

Übung 2.2: Platzierung im Warenträger

a. Informieren Sie sich in Ihrem Schulbuch über die Bedeutung der Regalzonen für die Verkaufshäufigkeit von Ware im Einzelhandel.

Bückzone

Reckzone

Griffzone

Sichtzone

Regalzone	Höhe	Wertigkeit	Beispiele	Platz
_____	_____	_____	_____	___
_____	_____	_____	_____	___
_____	_____	_____	_____	___
_____	_____	_____	_____	___

b. Erläutern Sie die im folgenden Schaubild dargestellten Auswirkungen der Veränderungen der Regal-position einer Ware im Einzelhandel.

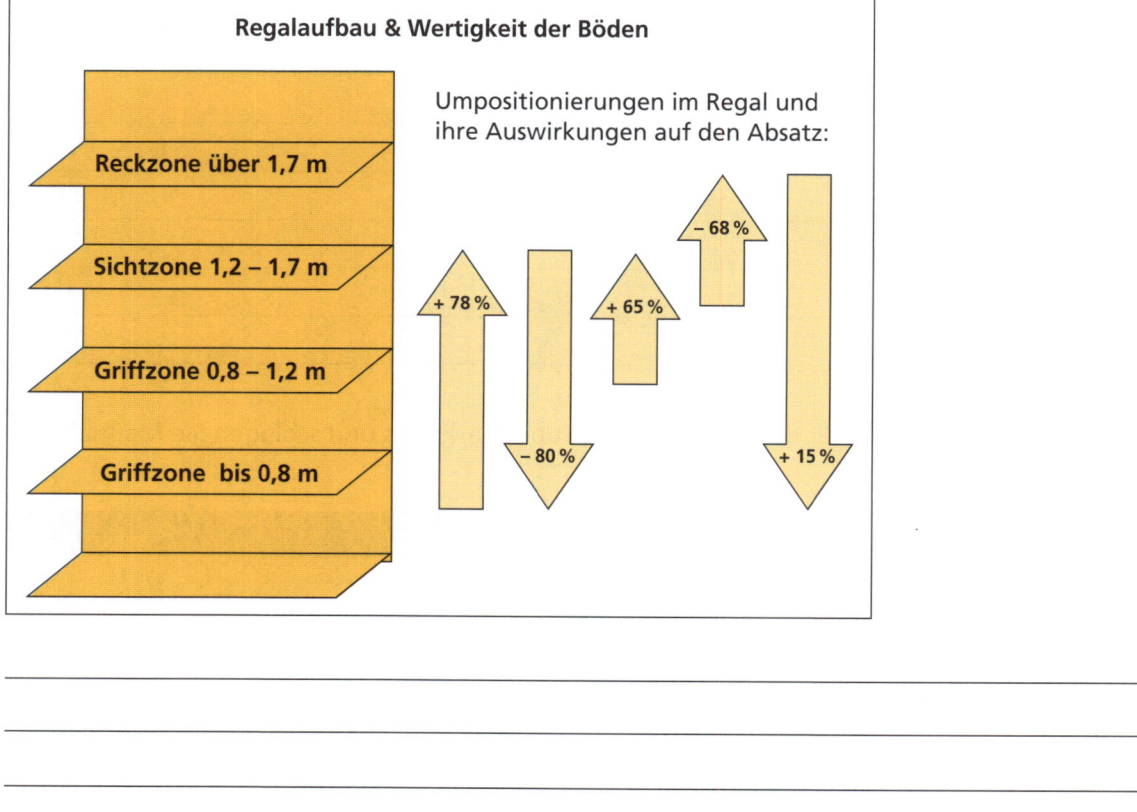

Regalaufbau & Wertigkeit der Böden

Reckzone über 1,7 m

Sichtzone 1,2 – 1,7 m

Griffzone 0,8 – 1,2 m

Griffzone bis 0,8 m

Umpositionierungen im Regal und ihre Auswirkungen auf den Absatz:

+ 78 %   – 80 %   + 65 %   – 68 %   + 15 %

_____

_____

_____

_____

_____

_____

_____

_____

_____

c. Ergänzen Sie das folgende Schaubild zum horizontalen Blickverhalten des Kunden im Regal.

Regalbereich	_____ Regalseite	Regal _____	_____ Regalseite
horizontale Wertigkeit	Platz: ___ _____ Zone	Platz: ___ _____ Zone	Platz: ___ _____ Zone

Lernsituation 3:   Sie kalkulieren den Verkaufspreis eines Artikels

Oliver Rand, Abteilungsleiter in der Elektroabteilung der Center Warenhaus GmbH, erhält von einem asiatischen Hersteller einen aktuellen Katalog mit E-Book-Readern, die er als preiswerte Alternativen zu den Markengeräten anderer Hersteller mit in sein Sortiment aufnehmen möchte. Über besonders preiswerte Geräte erhofft er neue Kunden für diese Artikel zu gewinnen. Ferner beabsichtigt er, sich über einen niedrigen Preis positiv von seinen Mitbewerbern absetzen zu können. Er entschließt sich, 200 Geräte zu bestellen. Oliver Rand fragt sich nun, welchen Ladenverkaufspreis er festlegen soll. Der Bezugs-/Einstandspreis für den E-Book-Reader liegt laut Katalog bei 23,00 €. Vergleichbare E-Book-Reader hat Oliver Rand bei der Konkurrenz bereits gesehen. Bei einem Fachmarkt in der Nähe kostet ein vergleichbarer Artikel 59,90 €. Oliver Rand arbeitet in der Elektroabteilung der Center Warenhaus GmbH normalerweise mit einem Handlungskostenzuschlag von 80 % und einem Gewinnzuschlag von 20 %.

Beschreibung und Analyse der Situation

1. Beschreiben Sie, welche Aspekte Oliver Rand in seinen Preisüberlegungen berücksichtigt.

_____

_____

_____

_____

_____

_____

_____

_____

2. Welche weiteren Aspekte könnte zudem die Preiskalkulation beeinflussen?

_____

_____

_____

_____

_____

_____

_____

_____

_____

_____

3. Klären Sie mithilfe Ihres Lehrbuches die folgenden Begriffe zur Kalkulation.[1]

Handlungskostenzuschlagssatz (HKZ):

_____

_____

_____

_____

_____

_____

Formel zur Berechnung: HKZ = _____

Gewinnzuschlag (GWZ):

_____

_____

_____

_____

_____

Planen und durchführen 1

Kalkulieren Sie nun den Preis für die E-Book-Reader und verwenden Sie dazu bitte zunächst die üblichen Zuschlagssätze.

E-Book-Reader	Prozentsatz	Betrag in €	Rechenweg
= Bezugspreis		23,00	
+ Handlungskosten	80 %	_____	100 % = 23,00 €
= Selbstkostenpreis		_____	80 % = x € x =
+ Gewinn	_____	_____	_____
= Listenverkaufspreis (Nettoverkaufspreis)		_____	_____
+ Umsatzsteuer	_____	_____	_____
= Bruttoverkaufspreis		_____	_____
Gerundeter Auszeichnungspreis		_____	

---

[1] Hinweis: Es geht an dieser Stelle lediglich um ein erstes Begriffsverständnis dieser Kalkulationsgrößen – nicht um deren Berechnung.

Bewerten 1

Vergleichen Sie in Ihrer Gruppe zunächst Ihren berechneten Bruttoverkaufspreis und beurteilen Sie, welche Konsequenzen sich ergeben, wenn Oliver Rand sich entscheiden würde, den E-Book-Reader zu diesem Preis auszuzeichnen.

_____

_____

_____

_____

_____

Planen und durchführen 2

Für Oliver Rand ist es wichtig, dass er mit diesem Artikel preiswerter ist als seine direkten Mitbewerber. Bestimmen Sie daher in Ihrer Gruppe einen angemessenen Auszeichnungspreis und kalkulieren Sie, welche Konsequenzen sich daraus für den Gewinnzuschlagssatz ergeben.

E-Book-Reader	Prozentsatz	Betrag in €	Rechenweg
= Bezugspreis		_____	
+ Handlungskosten	_____	_____	_____
= Selbstkostenpreis		_____	_____
+ Gewinn	_____	_____	_____
= Listenverkaufspreis (Nettoverkaufspreis)		_____	_____
+ Umsatzsteuer	_____	_____	_____
= Bruttoverkaufspreis		_____	_____

Bewerten 2

Überprüfen Sie in Ihrer Gruppe zunächst Ihre Rechenwege und begründen Sie anschließend, warum Sie sich für den von Ihnen gewählten Bruttoverkaufspreis entscheiden.

_____

_____

_____

_____

_____

Lernergebnisse sichern

Erstellen Sie im Arbeitsheft eine Mindmap mit den Kriterien, die ein Einzelhandelsunternehmen bei der Preisfestlegung der Verkaufspreise berücksichtigen sollte.

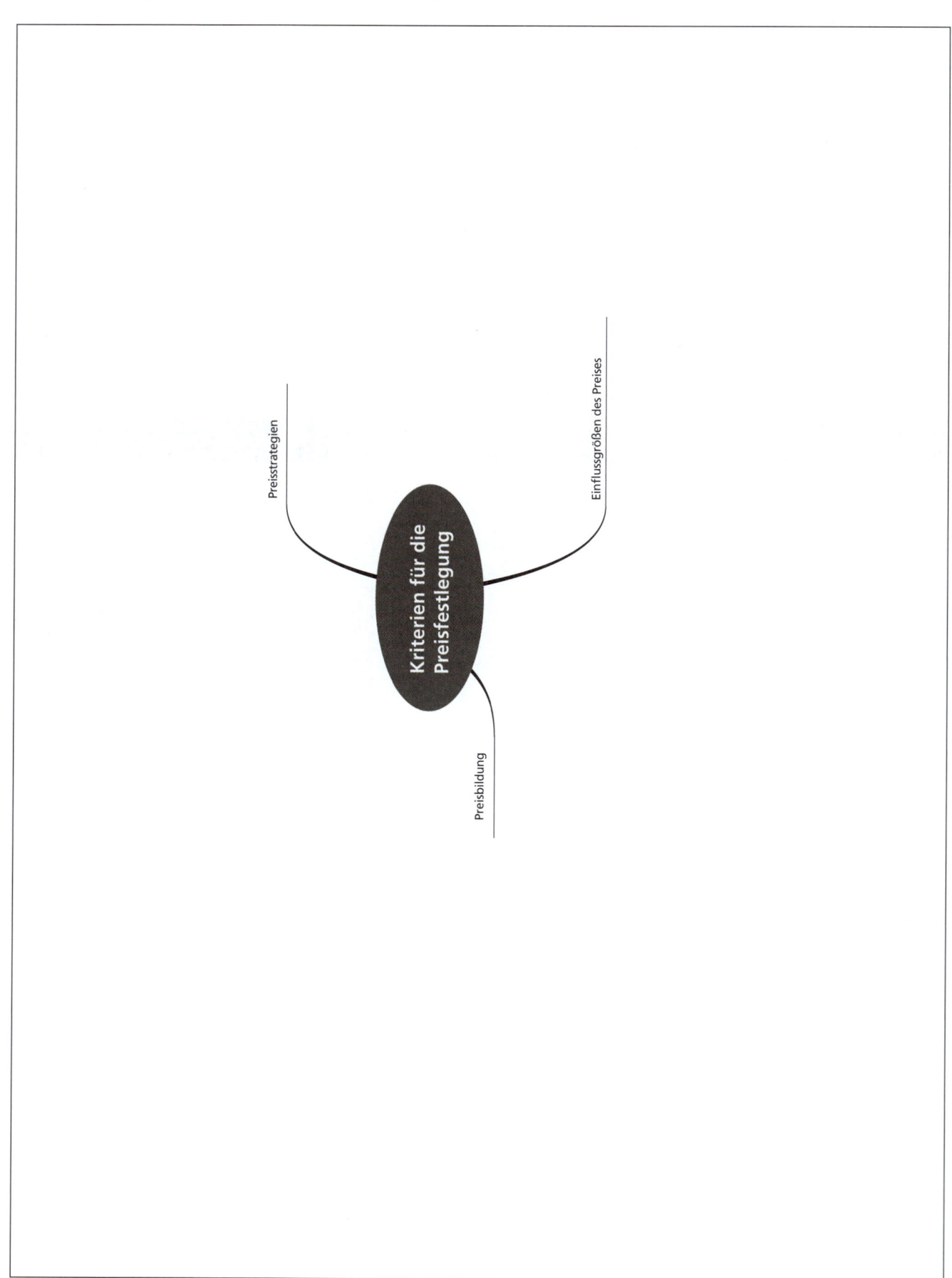

Übung 3.1: Möglichkeiten der Preisdifferenzierung

Entscheiden Sie, um welche Art der Preisdifferenzierung (zeitliche, räumliche, personelle, mengenmäßige) es sich bei den Beispielen handelt.

Beispiel	Preisdifferenzierung
Ein Möbelhändler bietet in seinem Restaurant Speisen und Getränke von 9.00 bis 11.30 Uhr mit einem Rabatt von 20 % zum „After-Breakfast-Preis" an.	
Ein Kino bietet für Auszubildende und Schüler reduzierte Eintrittspreise an.	
Ein Schokoriegel kostet an einer Autobahnraststätte 35 % mehr als in einem Supermarkt.	
Die RAND OHG bietet einen Büroordner zu einem Preis von 1,53 € an. Bei einer Abnahme von mindestens 25 Ordnern kostet ein Ordner nur noch 1,39 €.	
Tankstellen im Grenzgebiet zu den Niederlanden verkaufen Benzin günstiger als in anderen Gebieten Deutschlands.	
Ein Unternehmen gewährt seinen Mitarbeitern beim Einkauf einen Personalrabatt von 25 %.	
Ein Einzelhändler bietet seinen Kunden beim Kauf von drei gleichen Artikeln an: „Drei kaufen, zwei bezahlen!"	

Übung 3.2: Die Berechnung des Handlungskostenzuschlagssatzes

Die Handlungskosten eines Unternehmens müssen in der Kalkulation berücksichtigt werden. Dazu liefert die Finanzbuchführung die folgenden Zahlen:

Wareneinsatz	3 800 000,00
Personalkosten	1 550 000,00
Mietaufwand	250 000,00
Energieaufwand	170 000,00
Betriebliche Steuern	300 000,00
Werbung	200 000,00

a. Berechnen Sie die Handlungskosten in Euro.

Handlungskosten =

b. Berechnen Sie die Selbstkosten.

Selbstkosten =

c. Berechnen Sie den Handlungskostenzuschlagsatz.

HKZ =

Übung 3.3: Sie kalkulieren verschiedene Verkaufspreise

Berechnen Sie die Auszeichnungspreise der folgenden Artikel der Center Warenhaus GmbH. Runden Sie auf zwei Stellen nach dem Komma.

	Listenein-kaufspreis in € je Stück	Lieferer-rabatt in %	Lieferer-skonto in %	Bezugs-kosten in € je Stück	Handlungs-kostenzu-schlagssatz in %	Gewinnzu-schlagssatz in %	USt. in %
a.	1,25	–	3,00	0,05	20,00	10,00	7,00
b.	14,70	10,00	3,00	0,10	35,00	12,00	19,00
c.	75,00	15,00	2,00	1,00	45,00	10,00	19,00
d.	240,00	5,00	3,00	1,33	40,00	12,00	19,00

	a.		b.		c.		d.	
	%	€	%	€	%	€	%	€
Listeneinkaufspreis								
– Liefererrabatt								
= Zieleinkaufspreis								
– Liefererskonto								
= Bareinkaufspreis								
+ Bezugskosten								
= Bezugspreis								
+ Handlungskosten								
= Selbstkostenpreis								
+ Gewinn								
= Listenverkaufspreis Nettoverkaufspreis								
+ Umsatzsteuer								
= Bruttoverkaufspreis/ Auszeichnungspreis								

Übung 3.4: Kalkulationsvereinfachungsverfahren

Nach einem langen Tag in der Schule geht Werner Krull mit Herrn Lunau noch mal die Verfahren durch, mit denen sich Großhändler die Kalkulation vereinfachen.

„Das Grundschema ist für uns immer:

Bezugspreis + Gesamter Preisaufschlag = Listenverkaufspreis

sagt Herr Lunau und zeichnet die drei Begriffe auf ein Blatt Papier. *„Sie erinnern sich doch daran, wie der ‚gesamte Preisaufschlag' zustande kommt? Er setzt sich zusammen aus den anteiligen Handlungskosten und dem Gewinn. Bei einem Bezugspreis von 10 € und einem gesamten Preisaufschlag von 7 € müssten wir also zu einem Listenverkaufspreis von 17 € anbieten. Tja, Werner, und nun setzen Sie mal diese drei Begriffe miteinander in Beziehung, um griffige Kennzahlen zu bekommen."*

a. Welche Berechnung ist in den zwei Schaubildern dargestellt? Tragen Sie in die Schreiblinien rechts die Begriffe „Kalkulationszuschlag" und „Kalkulationsfaktor" ein.

1.

_____

2.
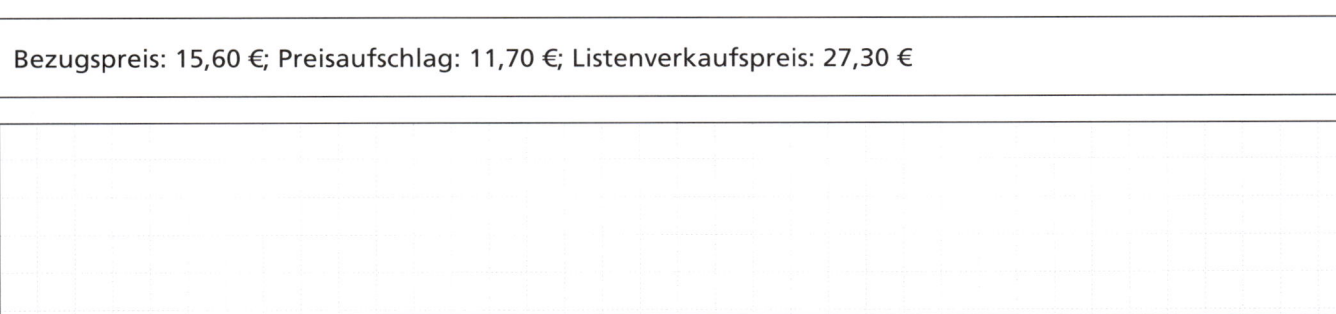

_____

b. Ermitteln Sie mit den Formeln aus Teil a. den Kalkulationszuschlag und den Kalkulationsfaktor, wenn die folgenden Daten vorliegen:

Bezugspreis: 15,60 €; Preisaufschlag: 11,70 €; Listenverkaufspreis: 27,30 €

c. **Kalkulationsvereinfachungsverfahren:** Berechnen Sie bitte die gesuchten Werte.

	Gegeben	Gesucht	Rechnung
1	Bezugspreis 20 000,00 € Listenverkaufspreis 70 000,00 EUR€	Kalkulations- faktor	_____
2	Preisaufschlag 2,50 € Bezugspreis 12,00 €	Kalkulations- zuschlag	_____
3	Bezugspreis 20,00 € Kalkulationsfaktor 1,9	Listenverkaufs- preis	_____
4	Kalkulationsfaktor 1,5 Bezugspreis 900,00 €	Kalkulations- zuschlag	_____ _____ _____

Übung 3.5: Verkaufspreise richtig auszeichnen

a. Nachdem es in der Center Warenhaus GmbH immer wieder zu Kundenbeschwerden und Problemen wegen der Preisauszeichnung kam, soll eine Checkliste erstellt werden, die in Zukunft helfen soll, Fehler zu vermeiden. Erstellen Sie bitte diese Checkliste. Sie soll sowohl die gesetzlichen als auch die freiwilligen Angaben enthalten. Die dazu nötigen Informationen finden Sie in den Auszügen der Preisangabenverordnung sowie in Ihrem Schulbuch.

Auszug aus der Preisangabenverordnung (PAngV)

§ 1 Grundvorschriften

(1) Wer Letztverbrauchern [...] Waren oder Leistungen anbietet oder als Anbieter von Waren oder Leistungen gegenüber Letztverbrauchern unter Angabe von Preisen wirbt, hat die Preise anzugeben, die einschließlich der Umsatzsteuer und sonstiger Preisbestandteile zu zahlen sind (Endpreise). Soweit es der allgemeinen Verkehrsauffassung entspricht, sind auch die Verkaufs- oder Leistungseinheit und die Gütebezeichnung anzugeben, auf die sich die Preise beziehen. [...]

(6) Die Angaben nach dieser Verordnung müssen der allgemeinen Verkehrsauffassung und den Grundsätzen von Preisklarheit und Preiswahrheit entsprechen. Wer zu Angaben nach dieser Verordnung verpflichtet ist, hat diese dem Angebot oder der Werbung eindeutig zuzuordnen sowie leicht erkennbar und deutlich lesbar oder sonst gut wahrnehmbar zu machen. Bei der Aufgliederung von Preisen sind die Endpreise hervorzuheben.

§ 2 Grundpreis

(1) Wer Letztverbrauchern [...] Waren in Fertigpackungen, offenen Packungen oder als Verkaufseinheiten ohne Umhüllung nach Gewicht, Volumen, Länge oder Fläche anbietet, hat neben dem Endpreis auch den Preis je Mengeneinheit einschließlich der Umsatzsteuer und sonstiger Preisbestandteile (Grundpreis) in unmittelbarer Nähe des Endpreises [...] anzugeben. [...] Auf die Angabe des Grundpreises kann verzichtet werden, wenn dieser mit dem Endpreis identisch ist.

(2) Wer Letztverbrauchern [...] unverpackte Waren, die in deren Anwesenheit oder auf deren Veranlassung abgemessen werden (lose Ware), nach Gewicht, Volumen, Länge oder Fläche anbietet oder als Anbieter dieser Waren gegenüber Letztverbrauchern unter Angabe von Preisen wirbt, hat lediglich den Grundpreis gemäß Absatz 3 anzugeben.

(3) Die Mengeneinheit für den Grundpreis ist jeweils 1 Kilogramm, 1 Liter, 1 Kubikmeter, 1 Meter oder 1 Quadratmeter der Ware. [...]

Checkliste zur Erstellung eines Preisschildes		
Gesetzliche Vorgaben:	**Erfüllt**	**Nicht Erfüllt**

Checkliste zur Erstellung eines Preisschildes		
Freiwillige Angaben	**Erfüllt**	**Nicht Erfüllt**
_____		
_____		
_____		
_____		

b. Überprüfen Sie die Preisauszeichnungen der folgenden Artikel auf ihre Richtigkeit. Nutzen Sie dazu bitte Ihre Checkliste. Notieren Sie Verstöße gegen die Preisangabenverordnung und sonstige Fehler, die Ihnen auffallen.

 NR 678234-41	 **Ravioli**	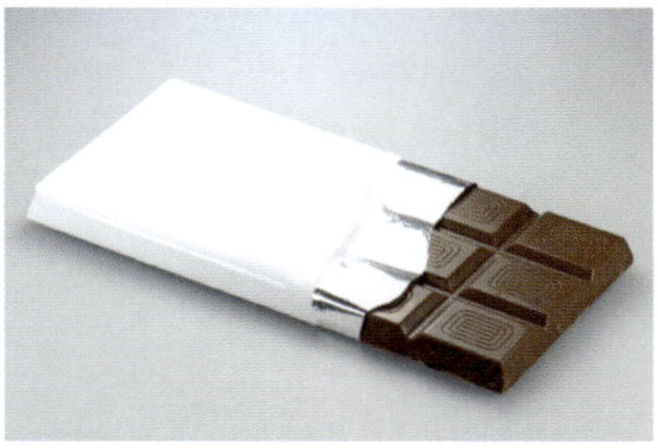
Herrenhemd (schwarz)	je 750-g-Dose	Smili Schokolade
	1,80 €	**1,10 €**
	Grundpreis: 1 kg = 2,20 €	Artikel-Nr.: 99027758
9 783540 345329		
Größe: Preis: 41 33,53 €	4 001057 906112	
zzgl. 19 % Umsatzsteuer		
Überprüfung: _____ _____ _____ _____	Überprüfung: _____ _____ _____ _____	Überprüfung: _____ _____ _____ _____

c. Stellen Sie das Preisschild abschließend bitte in einer korrekten Form dar

Lernfeld 5:   Für Kundenaufträge innerbetriebliche Leistungen und Logistik erbringen

Lernsituation 1: Sie prüfen die Wareneingänge und erfassen den Warenfluss mit Belegen

Oliver Rand hat veranlasst, dass in der Haushalts-/Elektroabteilung der Center Warenhaus GmbH Hi-Fi-Anlagen auf dem vorgesehenen Lagerplatz abgestellt werden. Danach legt er den Lieferschein des Spediteurs in den Ablagekorb auf seinen Schreibtisch. Zwei Stunden später erscheint Herr Berger und fragt: *„Warum haben Sie noch nicht veranlasst, dass die Daten des Lieferscheins in den Rechner eingegeben werden?"* Oliver, der aufgrund einer vorigen Kritik von Herrn Berger noch ein bisschen verunsichert ist, antwortet: *„Das hat mir keiner gesagt, aber ich werde es gleich nachholen."* Gleichzeitig denkt er: *„Woher weiß der Berger, dass ich das noch nicht gemacht habe?"*

Oliver beschließt, sofort ein Wareneingangsprotokoll auszudrucken und es Herrn Berger auf den Schreibtisch zu legen. *„Dann hat der Berger es ‚schwarz auf weiß' und ist hoffentlich zufrieden!"*, denkt er sich.

Beschreibung und Analyse der Situation

a. Vor der Lagerung der Hi-Fi-Anlagen wurde der Wareneingang geprüft. Beschreiben Sie, welche Arbeiten dabei zu erledigen sind. Als Hilfestellung können Sie auf die Checkliste (Seite 59) aus Lernfeld 3 zurückgreifen.

_____

_____

_____

_____

_____

_____

b. Begründen Sie, wie Herr Berger das Versäumnis von Oliver feststellen konnte.

_____

_____

_____

_____

c. Erläutern Sie, welche Arbeiten bei einem computergestützten Warenwirtschaftsystem beim Eingang von Waren erledigt werden müssen.

_____

_____

_____

_____

_____

d. Beschreiben Sie die Informationen, die auf einem Wareneingangsprotokoll vermerkt werden.

_____

_____

_____

_____

_____

_____

Planen und durchführen

Oliver Rand macht sich an die Arbeit und ruft das Warenwirtschaftssystem auf. Folgende Maske erscheint zunächst:

a. Begründen Sie, in welchen Teilbereich des Programms Oliver nun wechseln muss, um den Wareneingang zu erfassen.

_____

_____

_____

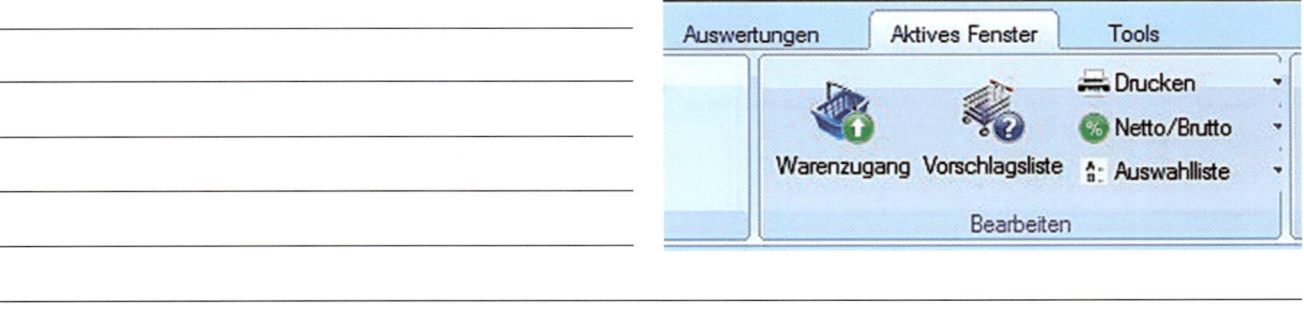

_____

_____

_____

_____

b. Nachdem Oliver den Zugang von 20 Hi-Fi-Anlagen erfasst hat, ruft er die „Vorschlagsliste" auf. Überlegen Sie gemeinsam, welche Informationen diese Liste enthält und wie sie entsteht.

```
Bestellvorschlagsliste vom 28.10.20..                          Seite: 1
-keine Sortierung-:

Artikel-Nr.    Bezeichnung              Lieferanten-Nr. bestellt      Bestand
Warengruppe    Zusatz                   Lief.-Art. Nr.        am      Vorschlag
6005670182104  CD-Rohlinge              5670                           11.00
3              Evasion                  0182104                        19.00
Bestellvorschlag unter Berücksichtigung der Verpackungseinheit         20.00
9350230768593  Autoradio Acapulco       5023                            2.00
2              MP52                     0768593                         5.00
Bestellvorschlag unter Berücksichtigung der Verpackungseinheit          5.00
9350231003913  CD-Player                5023                            0.00
2              Star                     1003013                        12.00
Bestellvorschlag unter Berücksichtigung der Verpackungseinheit         12.00
```

_____

c. Oliver möchte als nächstes das Wareneingangsprotokoll für die 20 Hi-Fi-Anlagen drucken. Dazu wechselt er in die Lagerverwaltung, in der alle Artikel aufgelistet werden:

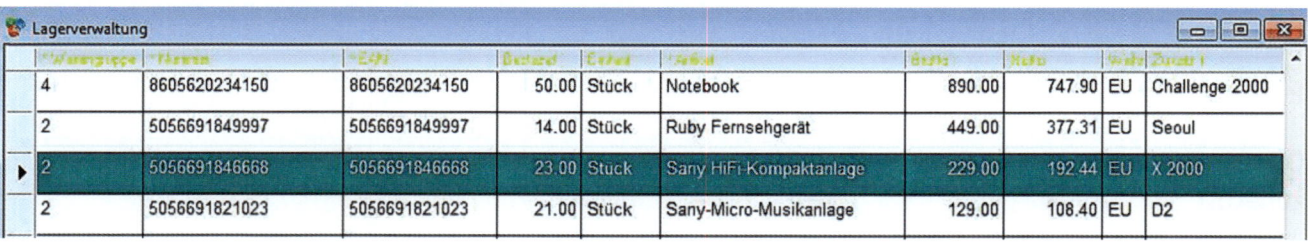

Um zu prüfen, ob die Bestellung hier bereits erfasst wurde, ruft er die Artikeldatei zu der Hi-Fi-Anlage auf:

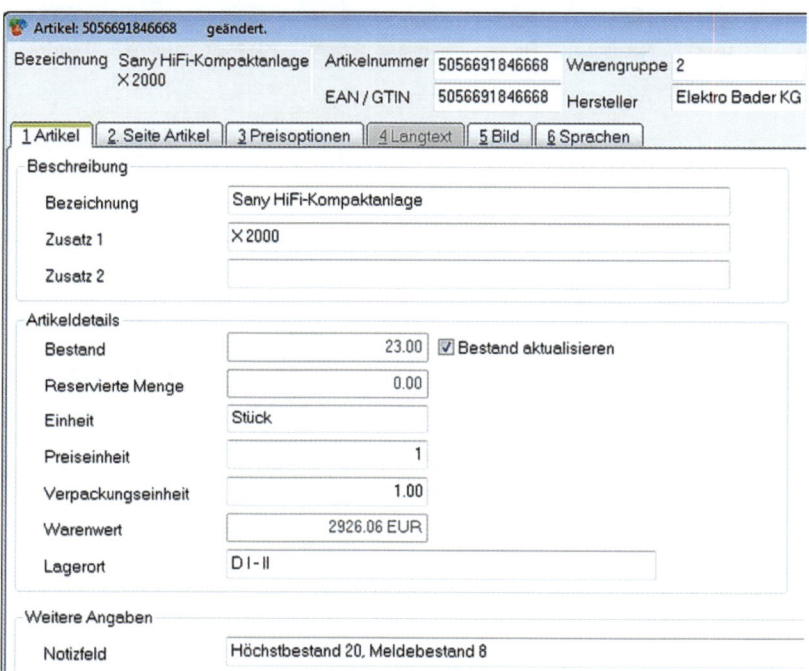

Begründen Sie, ob der Bestand nun im Lager noch aktualisiert werden muss. Beschreiben Sie dann, welche weitere Informationen zu dem Artikel dem Ausschnitt zu entnehmen sind.

_____

d. Oliver Rand druckt schließlich das Wareneingangsprotokoll:

Datei   Seite

Factor: 1

Date: 28.10.20.., Time: 14:19:16

Wareneingangsprotokoll

Eing.-Datum	Art.-Nr.	Anzahl	EK-Gesamt	Währung	Art.-Bez.
28.10.2013	5056691846668	20.000	2544.40	EUR	Sany HiFi-Kompaktanlage

Fortsetzung der Einstiegssituation:

Mit dem Protokoll in der Hand macht sich Oliver zufrieden auf dem Weg zu Herrn Berger. Auf einmal kommt er ins Grübeln: *„Hab' ich jetzt wirklich alles erledigt oder laufe ich Gefahr, den nächsten Anpfiff zu bekommen? Am besten mache ich mir mal eine Übersicht ....“*

In dem nachstehenden Schaubild wird der Warenfluss vom Wareneingang bis zum Verkauf an den Kunden übersichtlich dargestellt. Daneben ist ein Informationsfluss abgebildet, in dem die wesentlichen Informationen an den einzelnen Stationen abgefragt werden. Halten Sie in der Übersicht fest, was an den einzelnen Stellen zu erledigen ist und welche Belege erstellt werden.

Warenfluss:	Informationsfluss:	To-do-Liste/Belege
Die Waren werden körperlich (physisch) innerhalb des Unternehmens transportiert.	Die Informationen zur Ware müssen möglichst zeitgleich erfasst werden und für die Mitarbeiter zugänglich sein.	● Was ist (mit dem WWS) zu erledigen? ● Welche Belege sind zu erstellen?
Wareneingangs-kontrolle	Ist die Ware in der bestellten Menge, Art und Güte geliefert worden? Wie viel Ware ist jetzt auf dem Lager?	
Lager	Wo wird die Ware gelagert?	
Verkaufsraum	Wie hoch soll der Verkaufspreis der Ware sein? Wo wird die Ware platziert? Wann wird wie viel von der Ware verkauft? Wann müssen wir wie viel Ware nachbestellen?	

Bewerten und sichern

Vergleichen Sie Ihre To-do-Listen mit einem anderen Paar. Halten Sie Ergänzungen in Ihrer eigener Übersicht oder hier fest.

_____

_____

_____

_____

Lernergebnisse vertiefen

a. Die Bestellvorschlagsliste haben Sie bereits kennengelernt. Klären Sie, was unter einer Bestellrückstandsliste zu verstehen ist, die ebenfalls mithilfe eines WWS leicht erstellt werden kann.

_____

_____

_____

_____

b. Das WWS ist für das Bestellwesen und auch für das Lagerwesen ein zentrales Instrument. Es erfasst die Ware artikelgenau. Listen Sie die Vorteile einer artikelgenauen Lagerbestandsführung mithilfe eines WWS auf.

_____

_____

_____

_____

_____

_____

_____

_____

_____

_____

Übung 1.1: Sachgerechte Lagerung und Pflege im Lager

1. **Warengerechte Lagerung:** Oft kommt es im Lagerbereich zu erheblichen Qualitätsverlusten, weil die Ware nicht artgemäß gelagert wird. Bestimmte äußere Bedingungen können die Warenqualität beeinflussen. Nennen Sie sechs Umwelteinflüsse, vor denen entsprechende Waren geschützt werden müssen.

_____

_____

_____

_____

_____

_____

_____

2. **Übersichtlichkeit im Lager:** Oft können durch unübersichtliche Lagerung der Ware Störungen entstehen. Nennen Sie vier Möglichkeiten, Übersichtlichkeit im Lager herzustellen.

_____

_____

_____

_____

_____

_____

3. **Sachgerechte Einrichtung von Lagern:** Eine grundlegende Aufgabe des Lagers besteht darin, alle Artikel so aufzubewahren, dass sie nicht beschädigt werden und dass alle Tätigkeiten reibungslos sowie wirtschaftlich ausgeführt werden können. Zu diesem Zweck sollte jedes Lager mit verschiedenen Einrichtungen ausgestattet sein. Nennen Sie fünf Lagereinrichtungen und Hilfsgeräte, die einen wirtschaftlichen Ablauf ermöglichen.

_____

_____

_____

_____

_____

_____

4. **Warenpflege:** Zur Warenpflege gehören alle Aufgaben, welche die Waren erhalten und in einen verkaufsfähigen Zustand versetzen. Nennen Sie vier Maßnahmen, die im Rahmen der Warenpflege vorgenommen werden können.

_____

_____

_____

_____

_____

Übung 1.2: Rechtliche Vorschriften für den Arbeits- und Gesundheitsschutz beachten

Die Unfallverhütungsvorschriften sind in Deutschland Sache der Berufsgenossenschaften. Diese verpflichten Unternehmer und Arbeitnehmer zur Beachtung von Vorschriften, die Unfälle und Gesundheitsschädigungen vermeiden sollen. Die Kenntnis von Sicherheitskennzeichen im eigenen Arbeitsbereich gehört zu diesen Verpflichtungen und kann im Ernstfall Leben retten.

Man unterscheidet bei den Sicherheitszeichen folgende Kategorien:

– Verbotszeichen	– Warnzeichen	– Brandschutzzeichen
– Gebotszeichen	– Rettungszeichen	

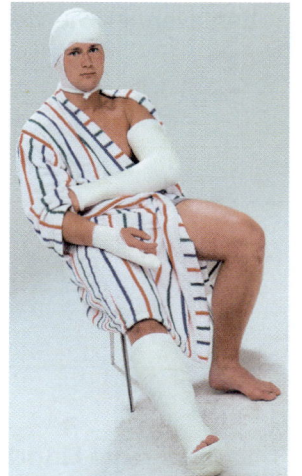

Arbeitsauftrag

Klären Sie, welche Bedeutung die jeweiligen Zeichen haben (mittlere Spalte) und welcher Kategorie von Sicherheitszeichen sie zuzuordnen sind (rechte Spalte).

Weiter unten finden Sie die jeweiligen Bedeutungen.

Zeichen	Bedeutung	Kategorie	Zeichen	Bedeutung	Kategorie

Bedeutungen: Notruftelefon / Hände waschen / Für Rollstuhlfahrer / Allgemeine Gefahrenstelle / Mobilfunkverbot / Feuerlöscher / Notausgang links / Brandmeldetelefon / Mit Wasser löschen verboten / Rutschgefahr

Übung 1.3: Umweltschutz im Lager

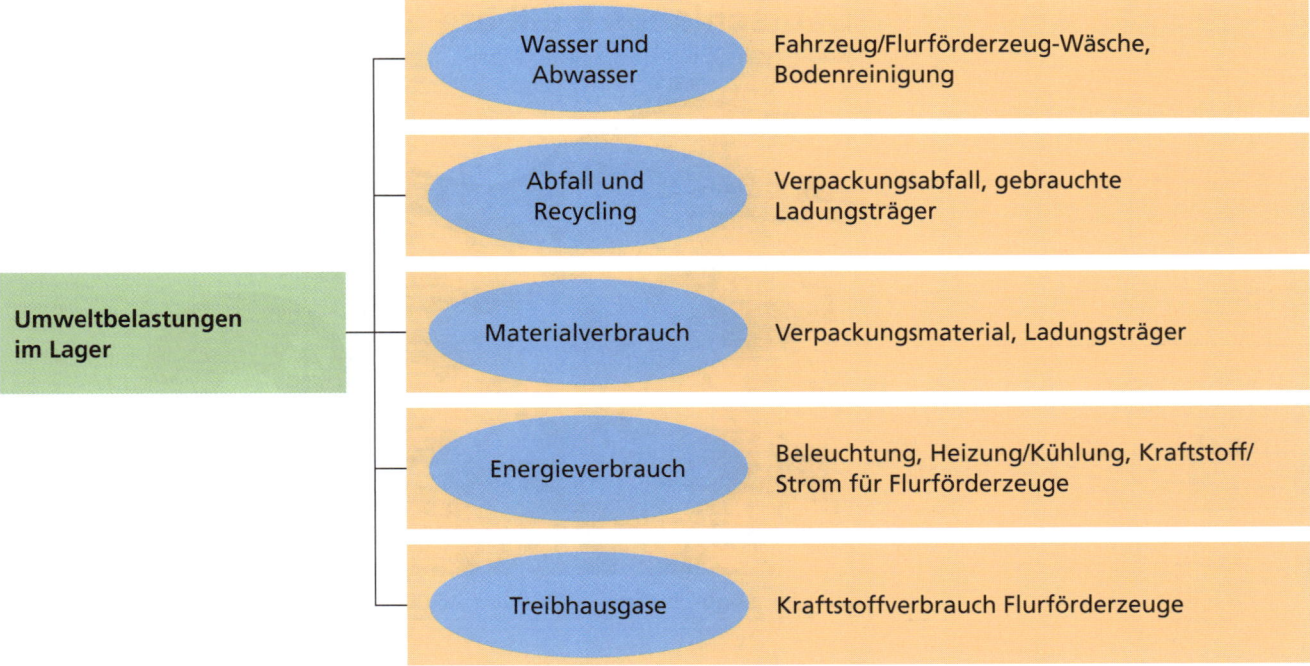

a. Sammeln Sie mithilfe der Übersicht zu den Umweltbelastungen im Lager Ideen zum Umweltschutz.

Wasser und Abwasser	
Abfall und Recycling	
Material-Verbrauch	
Energie-verbrauch	
Treibhaus-gase	

b. Erläutern Sie den Grundsatz im Umweltschutz. Beim Abfall gilt:

> **VERMEIDEN** geht vor **VERWERTUNG**
>
> **VERWERTUNG** geht vor **BESEITUNG**

c. Beschreiben Sie die Aussagen der Grafik

_____

_____

_____

_____

_____

_____

_____

_____

_____

_____

Deutschlands Müllberg Abfallaufkommen* in Millionen Tonnen

1996	1998	2000	2003	2005	2007	2009	2011**
385,3	396,1	406,7	366,4	331,9	351,1	322,3	342,8

davon wurden:

22,9 % beseitigt

18,3 — auf einer Deponie gelagert

3,3 — verbrannt

1,3 — zur Beseitigung behandelt

5,8 — verbrannt zur Energiegewinnung

71,3 stofflich verwertet (recycelt)

77,1 % verwertet

Quelle: Stat. Bundesamt   *Nettoaufkommen, ohne Abfälle aus Abfallbehandlungsanlagen   **vorl. Angaben   © **Globus** 5714

_____

_____

_____

_____

d. Listen Sie auf, was Sie selbst für den Umweltschutz machen bzw. was Sie noch zusätzlich unternehmen können. Gleichen Sie Ihre Ergebnisse mit Ihrer Tischnachbarin/Ihrem Tischnachbarn ab.

_____

_____

_____

_____

_____

_____

_____

_____

_____

_____

_____

_____

Absatz

Lernfeld 6: Käuferverhalten analysieren und einfache Marketingmaßnahmen entwickeln

Lernsituation 1: Sie verstehen Kunden- und Wettbewerbsorientierung als Grundlage des Marketings und kennen Methoden der Marktforschung

Frau Rand ist bei der IHK zu einer Fachtagung eingeladen. Sie soll dort einen Vortrag über die Entwicklung im Groß- und Außenhandel bis zum Jahre 2015 halten. Sie bittet Werner Krull, an dieser Tagung teilzunehmen. Vorher erhält dieser das Manuskript der Rede von Frau Rand, um sich vorzubereiten. Dabei fällt ihm auf, dass sehr häufig der Begriff „Marketing" auftaucht. Unter anderem liest er:

„Wir sind froh, dass wir uns seit Beginn der Siebzigerjahre des 20. Jahrhunderts konsequent mit den Grundsätzen des Marketings beschäftigt haben. Marketing bedeutet, dass ein Unternehmen ‚vom Markt her' geführt wird, d.h., dass alle Maßnahmen und Entscheidungen des Unternehmens vom Markt geschehen und von Marktdaten bestimmt werden. Zur Erreichung unserer Ziele bedienen wir uns der Instrumente im Marketing-Mix, ohne die betriebswirtschaftliches Arbeiten nicht mehr möglich ist: …" Werner ist wegen der vielen neuen Begriffe verwirrt:
„Marketing habe ich ja schon mal gehört, aber ‚Marktdaten' – was soll das denn sein?" Als er Frau Rand darauf anspricht, sagt diese: *„Marktdaten sind die Informationen, die wir benötigen, um Entscheidungen zu treffen. Wir überlegen z.B., was wir in der Warengruppe ‚Spielwaren' unternehmen können, denn die Umsatzzahlen haben sich verschlechtert. Sie, Herr Krull, können jetzt einmal überlegen, wie wir der Sache auf den Grund gehen können – also welche Informationen wir brauchen und wie wir an diese Informationen herankommen. Schreiben Sie mir doch dazu eine kurze Zusammenfassung Ihrer Ergebnisse."*

Beschreibung und Analyse der Situation

a. Den Begriff „Marketing" haben Sie sicher schon einmal gehört. Tauschen Sie sich mit Ihrer Tischnachbarin/Ihrem Tischnachbarn kurz darüber aus. Halten Sie Ihr Ergebnis fest, indem Sie den folgenden Satzanfang aufnehmen und einen oder zwei Sätze daraus formulieren.

Marketing ist…

_____

_____

_____

_____

b. Sammeln Sie Beispiele, wie sich das Handeln der RAND OHG am Kunden und an der Konkurrenz (= Wettbewerbsorientierung) orientieren könnte. Halten Sie Ihre Ergebnisse in der nachstehenden Tabelle fest.

Marktorientierung in der RAND OHG	
Kundenorientierung	**Wettbewerbsorientierung**

d. Frau Rand beklagt, dass der Umsatz in der Warengruppe „Spielwaren" rückgängig ist. Sammeln Sie mögliche Ursachen hierfür.

_____

_____

_____

_____

_____

_____

_____

_____

_____

Planen

Werner Krull soll einen Vorschlag machen, welche Informationen jetzt benötigt werden, um dem Problem auf den Grund zu gehen.

a. Sammeln Sie Ideen, welche Informationen nützlich sein können. Ordnen Sie Ihre Ideen in die folgende Tabelle ein.

Zielgerichtet neue Informationen einholen (= Primärerhebung)	

Informationen nutzen, die schon vorhanden sind (= Sekundärerhebung)	
aus internen Quellen	**aus externen Quellen**

b. Werner Krull findet es zu aufwendig, neue Daten zu erheben. Er wertet daher zunächst Informationen aus, die schon vorhanden sind. Interne Daten bekommt er aus dem Warenwirtschaftssystem der RAND OHG. Dabei vergleicht er unter anderem die Absatzzahlen der Artikel aus der Warengruppe „Spielwaren" im vergangenen Jahr:

RAND OHG
Großhandel für Randsortimente

Absatzentwicklung in der Warengruppe "Spielwaren" im Jahr 20..

Artikel	1. Quartal	2. Quartal	3. Quartal	4. Quartal
Spielesammlung "Klassiker"	2.500	2.400	2.350	1.950
Stoffbär "Fynn"	400	380	280	160
Puppe "Pia"	800	600	700	750
Modellautos "Hot Motors"	1.800	2.100	1.800	2.200
Summe	5.500	5.480	5.130	5.060

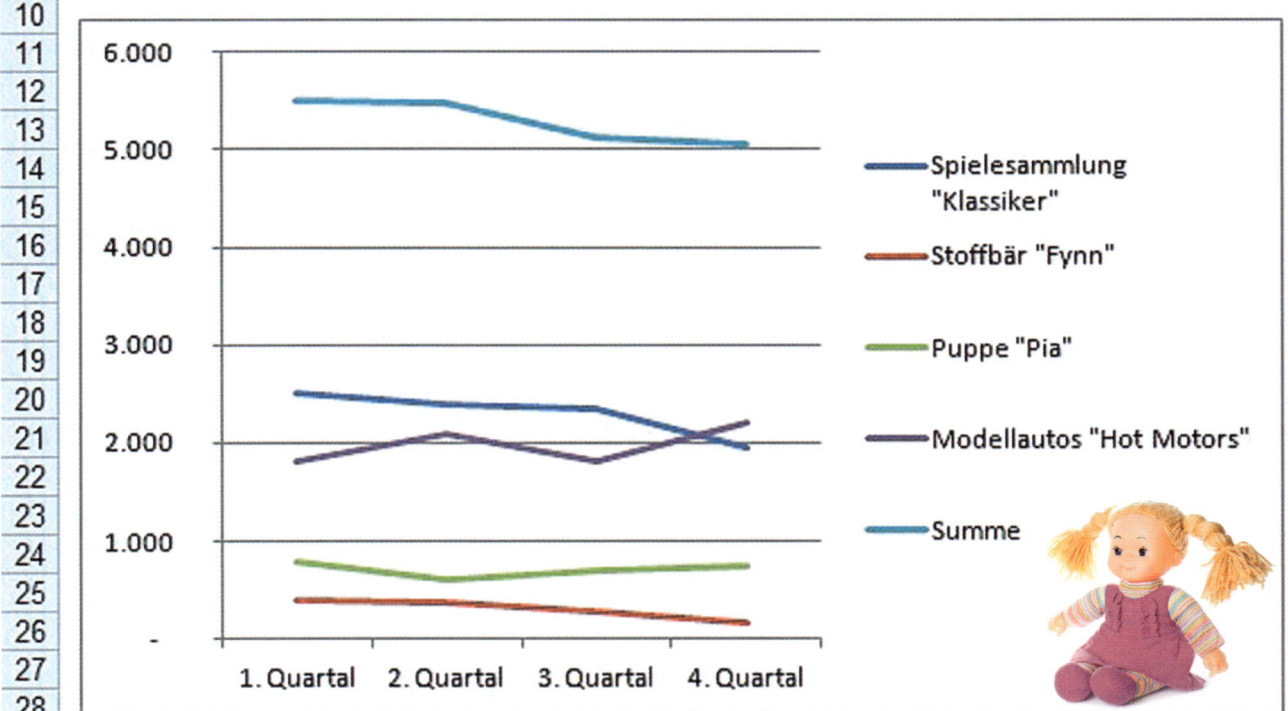

ba. Halten Sie die zentralen Informationen fest, die Sie der Übersicht entnehmen können.

_____

_____

_____

_____

_____

bb. Erläutern Sie, warum die dargestellte Auswertung keine große Aussagekraft hat, um die Umsatzrückgänge in der Warengruppe zu erklären.

_____

_____

_____

_____

_____

_____

_____

_____

_____

c. Um mehr Marktinformationen über Spielwaren zu erhalten, führt Werner auch eine Recherche im Internet durch. Dabei wird er auf die nachfolgende Pressemitteilung aufmerksam.

Presseinformation

Köln, 17. Februar 20..

Das Weihnachtsgeschäft ist ausgewertet; die Branche ist zufrieden. Im Vergleich zum Vorjahr konnte der Umsatz noch einmal
leicht um rund 5 % gesteigert werden und lag am Jahresende
bei rund 2,7 Milliarden €. Dabei zeigten sich einige deutliche
Trends:

Kuscheln und Spielen – Qualität setzt sich durch

Meldungen über menschenunwürdige Arbeitsbedingungen in
asiatischen Spielwarenfabriken und von gesundheitsgefähr-
denden Weichmachern in Billigspielzeug haben die Nachfrage
nach qualitativ hochwertigen Spielwaren ansteigen lassen. Dies
gilt insbesondere für jene Artikel, die von Kleinkindern zum Kuscheln und Spielen genutzt werden und auch schon mal mit ins
Kinderbett genommen werden. Hier wollen Eltern kein Risiko
eingehen und setzen auf Qualität. Die Großhändler melden,
dass billige Kuscheltiere, wie sie gerne in Discountern oder in
Randsortimenten an Tankstellen usw. geführt werden, kaum
noch nachgefragt werden. Die Markenhersteller mit hohen Qualitätsstandards konnten dagegen
ihren Absatz durchschnittlich um rund 10 % steigern.

DSpV

Presseinformation

DSpV Deutscher
Spielwarenverband e. V.

Landsberger Weg 6
50678 Köln

Pressesprecherin:
Dörthe Schlüter

www.dspv.de
presse@dspv.de

Interaktion ist gefragt

Zahlreiche Spielangebote für Computer und Spielkonsolen, bei denen die Spieler in Rollen schlüpfen und in aufregenden Welten unterwegs sind, machen es dem klassischen Spielzeug schwer, sich auf dem Markt zu behaupten. So finden klassische Brettspiele bei Jugendlichen kaum noch Absatz und finden sich am ehesten noch bei Spieleabenden der älteren Generation sowie bei Kleinkindern. Für die letztgenannte Zielgruppe sind zudem Puppen und Figuren weiterhin hoch im Kurs. Aber auch hier zeigt sich eine klare Entwicklung hin zur Interaktion. So konnten z.B. hochwertige Puppen, die sprechen, essen, trinken und auch weinen können, wesentlich besser abgesetzt werden als ihre „stummen" Brüder und Schwestern. Insgesamt wuchs hier der Absatz um 15 % im Vergleich zum Vorjahr.

ca. Fassen Sie die zentralen Aussagen der Pressemitteilung mit eigenen Worten zusammen.

_____

_____

_____

_____

_____

_____

_____

_____

_____

_____

cb. Erläutern Sie den Zusammenhang zwischen den Aussagen aus der Pressemitteilung und den Ergebnissen der Absatzentwicklung der RAND OHG.

_____

_____

_____

_____

_____

_____

Durchführen

Sehen Sie sich nochmals die Ergebnisse Ihrer bisherigen Marktforschung (Absatzstatistik, Pressemitteilung) an. Schreiben Sie sich dazu wichtige Stichworte auf. Erstellen Sie dann anstelle von Werner Krull (auf einem separaten Blatt) einen ca. einseitigen Text für Frau Rand, in dem Sie erklären, ob diese Informationen ausreichen, um

● den Umsatzrückgang in der Warengruppe „Spielwaren" zu erklären und
● Maßnahmen abzuleiten, die wieder zu einer Umsatzsteigerung führen.

Empfehlen Sie abschließend weitere Maßnahmen, um an relevante Informationen zur Erklärung und Lösung des Problems „Umsatzrückgang" zu gelangen.

_____

_____

_____

_____

_____

_____

_____

_____

_____

_____

_____

_____

_____

_____

_____

_____

_____

_____

_____

_____

Bewerten

a. Tauschen Sie Ihre Texte mit einem anderen Paar aus. Geben Sie sich eine konstruktive Rückmeldung zum Inhalt (z. B.: Ist die Empfehlung gut begründet?) und zur Form (z. B.: Ist der Text verständlich? Sind Rechtschreibung und Zeichensetzung korrekt? Gibt es einen sinnvollen Aufbau und eine entsprechende Absatzbildung?).

b. Überarbeiten Sie nach der Rückmeldung Ihre eigenen Texte noch einmal.

c. Einzelne Schüler/-innen sollten Ihren Text in der Klasse vortragen.

Vertiefen und Lernergebnisse sichern

Vervollständigen Sie die folgende Übersicht zu Formen der Marktforschung mit den folgenden Begriffen.

Marktanalyse – Sekundärerhebung – Marktprognose – Beobachtung – Marktforschung – Panel – Befragung – interne Quellen – Sekundärerhebung – Marktsituation – Marketingziele – Primärerhebung – externe Quellen – Sekundärerhebung – Experiment – Marktforschung

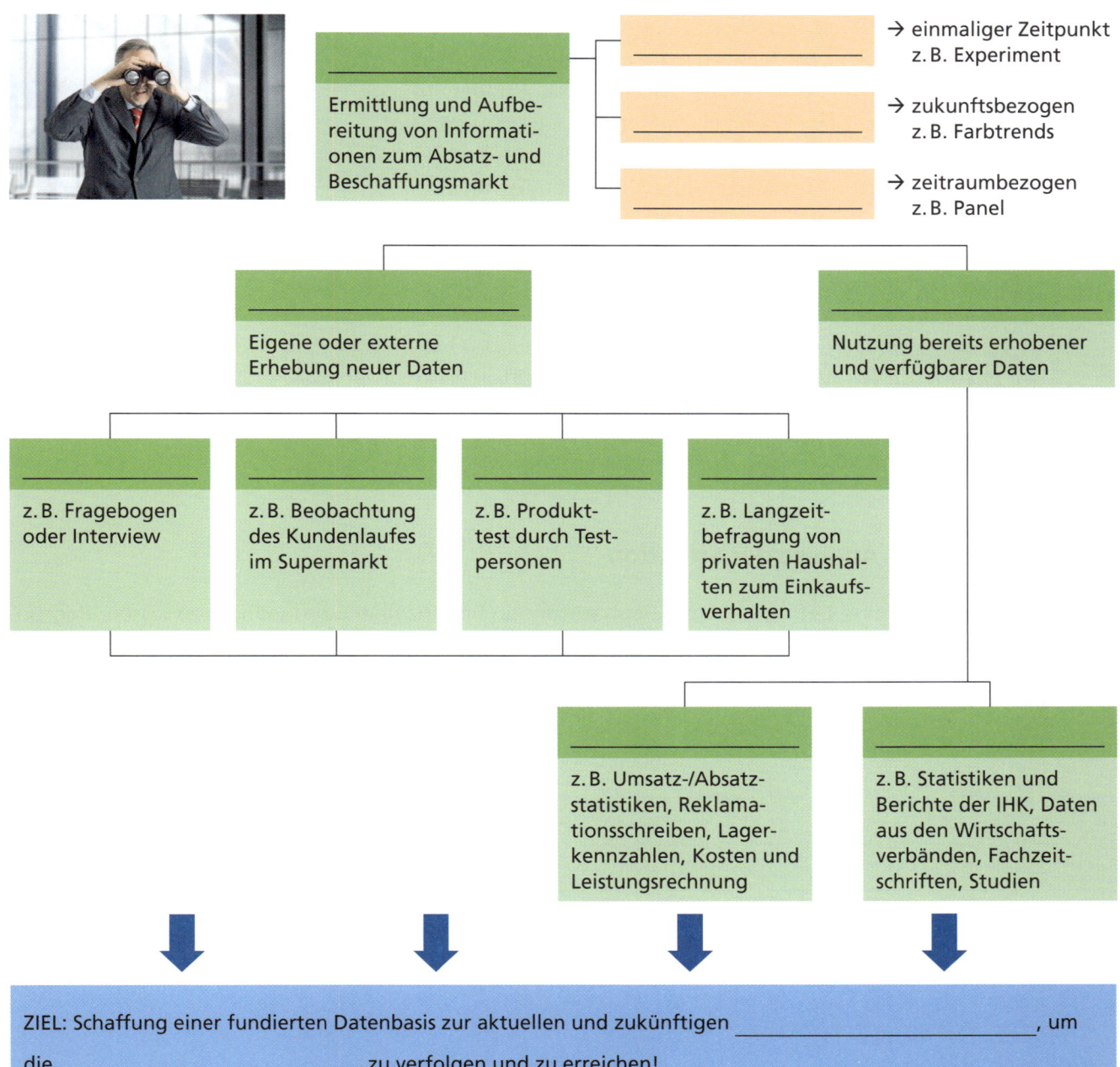

→ einmaliger Zeitpunkt z. B. Experiment

→ zukunftsbezogen z. B. Farbtrends

→ zeitraumbezogen z. B. Panel

Ermittlung und Aufbereitung von Informationen zum Absatz- und Beschaffungsmarkt

Eigene oder externe Erhebung neuer Daten

Nutzung bereits erhobener und verfügbarer Daten

z. B. Fragebogen oder Interview

z. B. Beobachtung des Kundenlaufes im Supermarkt

z. B. Produkttest durch Testpersonen

z. B. Langzeitbefragung von privaten Haushalten zum Einkaufsverhalten

z. B. Umsatz-/Absatzstatistiken, Reklamationsschreiben, Lagerkennzahlen, Kosten und Leistungsrechnung

z. B. Statistiken und Berichte der IHK, Daten aus den Wirtschaftsverbänden, Fachzeitschriften, Studien

ZIEL: Schaffung einer fundierten Datenbasis zur aktuellen und zukünftigen _____, um die _____ zu verfolgen und zu erreichen!

Lernsituation 2: Sie führen ein kleines Marktforschungsprojekt durch

Frau Rand ist überzeugt, dass die Umsatzrückgänge in der Warengruppe „Spielwaren" eine zielgerichtete Marktanalyse erfordern. Zu diesem Zweck sollen bei den Einzelhändlern, die durch die RAND OHG beliefert werden, Befragungen der Einzelhändler selbst und von deren Kunden durchgeführt werden. Zudem sollen Beobachtungen des Kundenverhaltens Aufschluss darüber geben, ob die Artikel von den Kunden im Einzelhandel überhaupt wahrgenommen werden. Frau Rand beauftragt die Marketing-Abteilung mit dieser Aufgabe. Der Auszubildende Werner Krull soll unterstützend mitwirken.

Oliver Hermeier, der im Marketing zuständig ist, schlägt vor, ein professionelles Marktforschungsunternehmen für die Befragungen und Beobachtungen zu beauftragen. *„Nun bleiben Sie mal auf dem Teppich"*, entgegnet Frau Rand, *„unser Kundenkreis ist überschaubar und ich möchte auch keine riesige Untersuchung. Auch hier sollte das KISS-Prinzip gelten: Keep it small and simple!"* „Ok", erwidert Herr Hermeier, *„wir machen daraus ein kleines Projekt: Zunächst müssen wir klären, was wir genau wissen wollen und wie wir das herausfinden können. Dann brauchen wir noch ein paar Leute für die Durchführung. Vielleicht können wir ja einige Schüler aus dem Berufskolleg von Herrn Krull dafür gewinnen. Dann hätten die mal einen ganz interessanten Einblick in die Praxis und könnten sich ein paar Euro dazuverdienen."*

Beschreibung und Analyse der Situation

a. Frau Rand möchte eine Befragung bzw. Beobachtungen im Einzelhandel durchführen lassen. Begründen Sie diese Entscheidung. Gehen Sie dabei auch auf die Ergebnisse der letzten Lernsituation ein.

_____

_____

_____

_____

_____

b. Herr Hermeier spricht sich zunächst für die Beauftragung eines Marktforschungsunternehmens aus. Erläutern Sie, was für und was gegen diesen Vorschlag spricht.

_____

_____

_____

_____

_____

_____

c. Herr Hermeier macht bereits einige Bemerkungen zum weiteren Vorgehen. Bringen Sie nachfolgende Schritte in eine sinnvolle Reihenfolge.

Beschreibung der Schritte	Schritt Nr.	Beispiel in der RAND OHG
Präsentation der Befragung/Beobachtung und deren Ergebnisse	_____	Präsentation der Ergebnisse vor Frau Rand und Herrn Koch
Durchführung der Befragung/Beobachtung	_____	Werner Krull und sieben weitere Schülerinnen und Schüler in zwei Teams
Festlegung des genauen Ziels der Befragung/Beobachtung: Was genau wollen wir herausfinden?	_____	Wie werden die Spielwaren der RAND OHG vom Endkunden wahrgenommen?
Zusammenfassung der Ergebnisse der Befragung/Beobachtung	_____	Werner Krull erledigt das mit Unterstützung von Herrn Hermeier.
Festlegung der Methode: Wer soll wie (schriftlich, mündlich) befragt oder beobachtet werden?	_____	jeweils dreistündige Beobachtung bei zwei Einzelhändlern (Tempelmann GmbH, Karlstadt AG)
Detailplanung und **Aufgabenverteilung**: Wer macht was, wann, womit (Personen/Teilaufgaben/Zeiten/Hilfsmittel etc.)?	_____	Hierzu wird ein genauer Tätigkeitskatalog angefertigt.
Einen kleinen, überschaubaren **Frage- oder Beobachtungsbogen** erstellen	_____	Beobachtung: Wie viele Kunden a. gehen an dem Artikel vorbei, ohne ihn zu sehen, b. sehen sich den Artikel an, c. nehmen den Artikel in die Hand, d. kaufen den Artikel?
Besprechung des Vorhabens mit den Einzelhändlern, bei denen die Befragung/Beobachtung stattfinden soll	_____	Werner Krull bespricht das Vorhaben mit den Marktleitungen. Er holt sich die Erlaubnis und auch Tipps ein.

Planen und durchführen

Planen Sie in Sechser-Gruppen ein kleines eigenes **Marktforschungsprojekt** in Form einer Befragung oder Beobachtung im Einzelhandel (Schulkiosk oder örtlicher Einzelhandel). Führen Sie diese anschließend durch und präsentieren Sie abschließend die Ergebnisse in der Klasse.

Schritt 1 – Zielfestlegung: Wählen Sie in Ihrer Gruppe eine Fragestellung, der Sie nachgehen wollen.

Vorschläge für Fragestellungen:

a. *Wie zufrieden sind die Schüler mit dem Sortiment des Schulkiosks?*
b. *Verkaufszonen: Wie ist der Kundenlauf in einem Discounter?*
c. *Verkaufszonen: Wie viele Verkäufe gibt es in der Kassenzone?*
d. *Platzierungsstrategien: Wie gestaltet die Marktleitung Zweitplatzierungen?*
e. *Platzierung im Regal: Ist die Sichtzone wirklich die beste?*
f. *Wie zufrieden sind Kunden in Bezug auf die Freundlichkeit in einem Supermarkt?*
g. *... → Ihre eigenen Ideen*

Unsere Fragestellung:

_____

Nutzen Sie nachstehende Tabelle als Planungsgrundlage für die nächsten Schritte und arbeiten Sie diese in der Gruppe nach und nach ab. Setzen Sie ein Häkchen, wenn sie den Schritt erledigt haben.

Beschreibung des Schritts	Unsere Umsetzung	(✓)
1. Festlegung des Ziels	_____	____
2. _____ _____	_____	____
3. Detailplanung	Erstellen eines Tätigkeitskatalog (siehe unten)	____

Zur genaueren Planung und Aufgabenverteilung werden die Schritte 4–8 in einem Tätigkeitskatalog festgehalten:

Tätigkeitskatalog					
Schritt	Aufgabe Was ist zu erledigen?	Zuständigkeit Wer? Mit wem?	Frist Bis wann?	✓	Schwierigkeiten
4					
5					
6					
7					
8					

zu Schritt 5: Erstellen Sie auf einem separaten Blatt einen Frage- bzw. Beobachtungsbogen, den Sie einsetzen. Halten Sie auch hier die Fragen fest, denen Sie nachgehen wollen.

_____

_____

_____

_____

_____

_____

zu Schritt 8: Präsentieren Sie Ihre Marktforschungsprojekte. Stellen Sie neben den Ergebnissen auch dar, wie Sie vorgegangen sind. Berichten Sie zudem, welche Schwierigkeiten auftraten und wie Sie diese überwunden haben.

Bewerten

Stellen Sie sich gegenseitig Ihre Marktforschungsprojekte vor.

Als Beobachter machen Sie sich nach jeder Präsentation zunächst einige Notizen. Mit diesen Notizen wird es Ihnen leicht fallen, Ihren Mitschülerinnen und Mitschülern ein konstruktives Feedback zu geben.

Gruppe	Das hat mir gut gefallen	Mein Tipp für das nächste Projekt
1		
2		
3		
4		

Vertiefen und Lernergebnisse sichern

a. Sie waren an der Planung, Durchführung und Präsentation eines kleinen Projektes beteiligt. Wo sehen Sie rückblickend Ihre Stärken und was wollen Sie besser machen, wenn Sie das nächste Mal vor eine derartige Aufgabe gestellt werden?

Projekt-phasen	Meine Stärken	Was ich beim nächsten Mal besser machen möchte
Planung		
Durch-führung		
Präsen-tation		

b. Sie haben bereits in Lernfeld 4 und zudem durch die vorgestellten Projekte einiges zu den Verkaufsstrategien im Einzelhandel gelernt und Marketing-Maßnahmen kennengelernt. All diese Maßnahmen haben den Zweck, den Verkauf anzukurbeln und den Konsumenten zu Mehrkäufen anzuregen.

Beispiele:

- gezielte Beeinflussung des Kundenlaufes, um die Verweildauer im Geschäft zu erhöhen
- Aufwertung verkaufsschwacher Zonen im Verkaufsraum
- Nutzung der Kassenzone, um Impulskäufe anzuregen
- gezielte Platzierung von Artikeln im Verkaufsregal, um deren Absatz zu fördern
- Sonder- und Zweitplatzierung, damit der Kunde neue Kaufideen bekommt

Beschreiben Sie, wie Sie als Konsument mit diesen Maßnahmen umgehen und sich davor schützen, mehr oder teurere Artikel einzukaufen, als dies für Sie vernünftig ist.

_____

_____

_____

_____

_____

_____

_____

_____

_____

Übung 2.1: Konditionen- und Servicepolitik gestalten

Ergänzen Sie das Schaubild zur Konditionen- und Servicepolitik mit folgenden Begriffen:

Kulanz – Beförderungskosten – Lieferbedingungen – Rabatten – Marketing – Skonto – Kaufanreize – unentgeltliche Leistungen – technischer Support – Zahlungszielen – Konditionen – Vereinbarungen – Konkurrenz

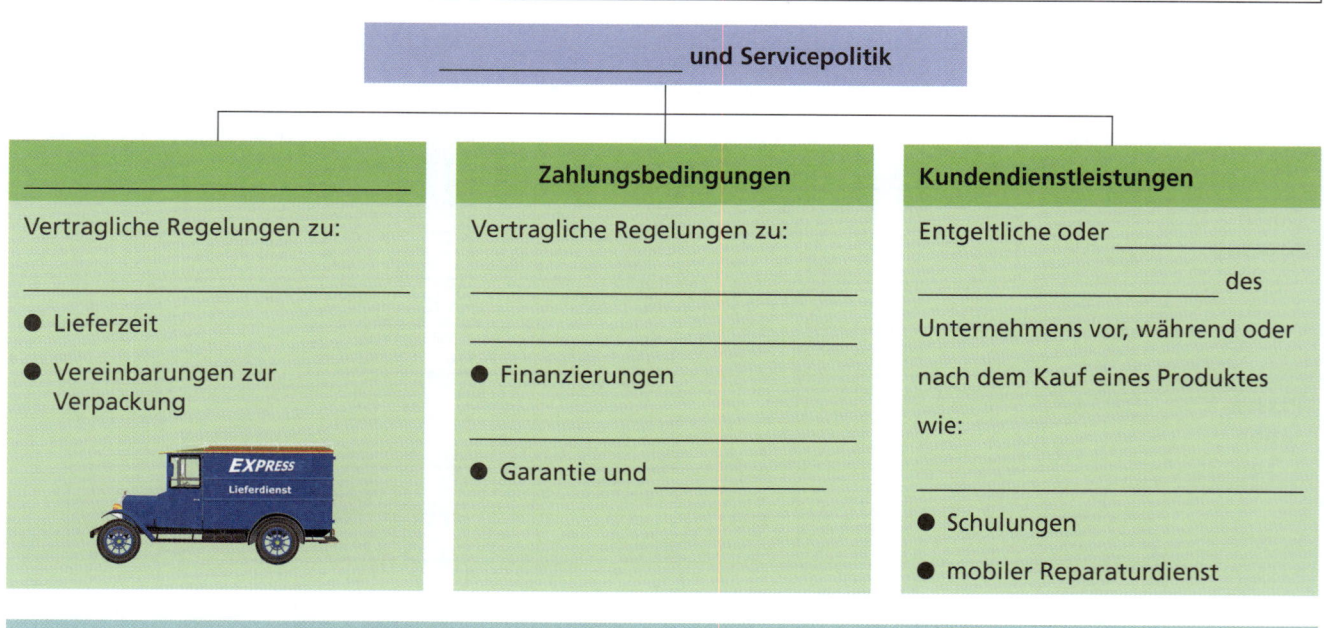

_____ und Servicepolitik

_____	Zahlungsbedingungen	Kundendienstleistungen
Vertragliche Regelungen zu: _____ ● Lieferzeit ● Vereinbarungen zur Verpackung	Vertragliche Regelungen zu: _____ _____ ● Finanzierungen _____ ● Garantie und _____	Entgeltliche oder _____ _____ des Unternehmens vor, während oder nach dem Kauf eines Produktes wie: ● Schulungen ● mobiler Reparaturdienst

Die Gestaltung der Konditionen und des Services wird im _____ so abgestimmt, dass für den Kunden _____ entstehen und eine positive Abgrenzung zur _____ besteht.

Übung 2.2: Distributionspolitik – Absatzwege vergleichen

Die RAND OHG kauft Waren von Herstellern und verkauft sie unter anderem an den Einzelhandel. In diesem Fall spricht man von einem indirekten Absatzweg der Waren.

a. Stellen Sie einen indirekten Absatzweg in einem Schaubild mit Pfeilen und den treffenden Bezeichnungen dar.

b. Stellen Sie im gleichen Schaubild dar, wie ein direkter Absatz des Herstellers aussehen würde.

Das Schaubild ist in seinen Grundzügen schon vorgezeichnet. In diesem Beispiel geht es um den Absatzweg der Kaffeemaschine „Milano", die von der Hage AG hergestellt wird.

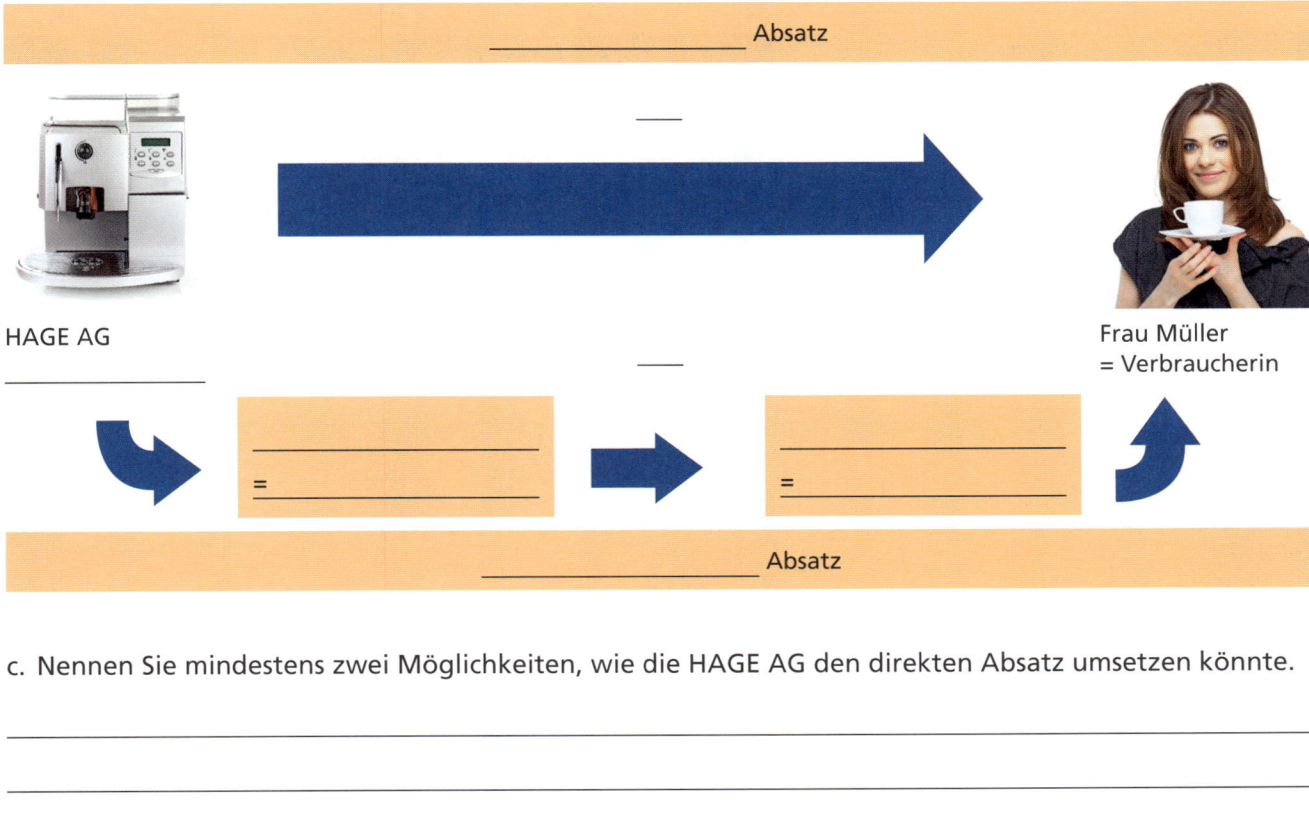

c. Nennen Sie mindestens zwei Möglichkeiten, wie die HAGE AG den direkten Absatz umsetzen könnte.

_____

_____

_____

Übung 2.3: Die Grundsätze der Werbung beachten und einen Werbeplan erstellen

In der Center Warenhaus GmbH, die sich im Einkaufszentrum (EKZ) Rheinpark befindet, geht folgende Meldung per E-Mail ein:

Wir, das Center-Management des EKZ Rheinpark, haben beschlossen, einen Wettbewerb für die Auszubildenden der Berufsbilder Verkäufer/Kaufleute im Einzelhandel aller im EKZ vorhandenen Betriebe durchzuführen.

„Azubis werben für das EKZ!"

Bilden Sie Teams, die gemeinsam ein Werbekonzept für unser EKZ erstellen! Es steht Ihnen ein Werbebudget von 15 000,00 € zur Verfügung. Ziel soll sein, weitere Kunden aus dem Umland zu gewinnen und so die Wettbewerbsfähigkeit unseres EKZ am Standort langfristig zu sichern.

Die Auszubildenden des Warenhauses, unter anderem Marc Cremer und Nicole Höver, sind sehr interessiert und möchten mitmachen. Oliver Lehnert, der Abteilungsleiter „Marketing" unterstützt sie dabei: *„Das ist eine sogenannte Sammel- oder Verbundwerbung, da ja alle Unternehmen des EKZ beteiligt sein sollen. Am besten wird es sein, Sie erstellen einen Werbeplan. Dieser sollte die Grundsätze der Werbung beachten. Bei den Werbemitteln und Trägern sollten Sie die AIDA-Formel beachten!" „ Hört sich kompliziert an"*, meint Marc. *„Ach was, das klären wir jetzt Schritt für Schritt und machen dann einen Plan, der sich sehen lassen kann"*, erwidert Nicole.

a. In der nachfolgenden Tabelle sind die Grundsätze der Werbung beschrieben: **Wahrheit, Klarheit, Wirksamkeit, Wirtschaftlichkeit, Stetigkeit, Einheitlichkeit, Einprägsamkeit**. Ordnen Sie den Beschreibungen die passenden Grundsätze zu und übertragen Sie den Grundsatz auf die EKZ-Werbung.

Beschreibung	Werbegrundsatz	Übertragung auf die EKZ-Werbung
Der Zweck bzw. das Ziel der Werbung muss deutlich herausgestellt werden.	Klarheit	Es muss deutlich werden, dass das ganze EKZ mit all seinen Geschäften die Kunden umwirbt.
Die Kosten der Werbung müssen zu dem erwarteten Erfolg in einem angemessenen Verhältnis stehen.		
Werbung darf zwar durch nicht zu überprüfende Behauptungen die Gefühle ansprechen; es darf jedoch nicht gelogen werden.		
Die Werbung sollte nicht dauernd im Stil wechseln, sodass sich der Verbraucher diese gut merken kann.		
Die Werbung muss das vorher zu bestimmende Werbeziel klar ansteuern und zu dessen Erreichen beitragen.		

b. AIDA hat insbesondere mit dem letztgenannten Werbegrundsatz zu tun. Klären Sie mithilfe des Lehrbuchs, was genau sich dahinter verbirgt, und übertragen Sie die AIDA-Formel auf die EKZ-Werbung.

A	
I	
D	
A	

c. Erstellen Sie einen Werbeplan für das EKZ Rheinpark. Nehmen Sie dazu Ihr Lehrbuch zur Hilfe. Einige Teile des Werbeplans (1, 3) sind durch die obige Meldung (Aufruf zum Wettbewerb) vorgegeben. Bei den Elementen 2 sowie 4 bis 8 sollen Sie sinnvolle Vorschläge machen. Der Werbeplan soll im ersten Jahresquartal (Kalenderwoche 1 bis 13) umgesetzt werden.

Arbeiten Sie in Dreier-Gruppen zusammen und tauschen Sie Ihre Ergebnisse mit einer anderen Gruppe aus.

Werbeplan für das EKZ Rheinpark				
1. Werbeziel/Werbebotschaft: Was soll mit der Werbung erreicht werden?			**3. Werbeobjekt: Wofür** soll geworben werden?	

2. Streukreis/Zielgruppe: Wer soll umworben werden?	**4. Streugebiet: Wo** soll geworben werden?

Einsatz von Werbemitteln und Werbeträgern				
5. Streuzeit (Kalender- woche/n von – bis)	**6. Werbemittel**	**7. Werbeträger**	**8. geschätzte Kosten in €**	**Begründung für die Auswahl**
Summe (= gesamtes Werbebudget)			15 000,00	

Lernsituation 3: Sie kombinieren die Marketingmaßnahmen (Marketing-Mix)

In der Berufsschule von Werner Krull sollen die Auszubildenden in Gruppen den Marketing-Mix einiger Ausbildungsbetriebe in der Klasse präsentieren und miteinander vergleichen. Die Gruppen werden per Los gebildet. In Werners Gruppe wird zunächst diskutiert, welcher Ausbildungsbetrieb denn jetzt genauer untersucht werden soll. Die Entscheidung fällt schließlich auf die RAND OHG. Werner wendet sich noch am gleichen Tag an Oliver Hermeier, der für das Marketing zuständig ist, und bittet ihn um Hilfe: *„Wir sollen unseren Marketing-Mix präsentieren. Leider wissen wir weder ge-*

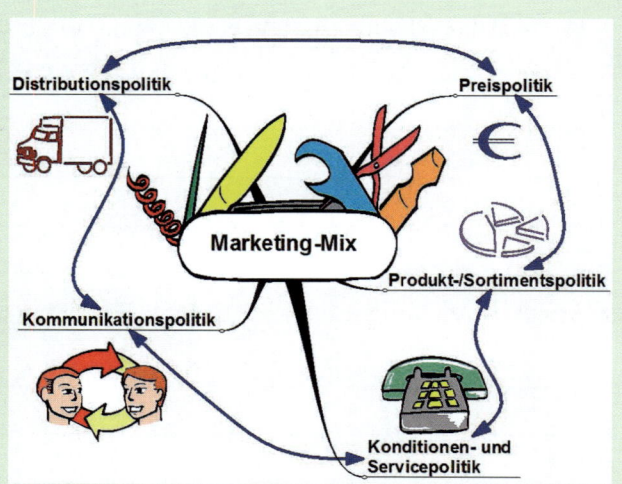

nau, was da jetzt alles dazu gehört, noch haben wir eine gute Idee für die Darstellung." Herr Hermeier wundert sich: *„Aber Sie haben doch in der Schule schon alle Marketing-Instrumente durchgenommen. Und der Marketing-Mix beschreibt nichts anderes als eine stimmige Kombination dieser Instrumente."*

„Hm", meint Werner *„da müssen wir uns die einzelnen Instrumente wohl noch einmal ansehen und dann prüfen, wie das hier in der RAND OHG umgesetzt wurde. Haben Sie denn auch noch einen Tipp für mich, wie wir das Ganze darstellen können?"*

„Na ja, in einem Marketing-Mix sind die einzelnen Instrumente miteinander vernetzt; daher bietet sich auch eine vernetzte Darstellung an. Ich selbst arbeite gerne mit Mindmaps und zum Marketing-Mix habe ich auch ein Grundgerüst auf meinem Notebook", erklärt Herr Hermeier und zeigt Werner die Mindmap.

„Vielen Dank, Herr Hermeier, das hilft mir schon weiter. Ob wir auch so eine Mindmap für die Präsentation des Marketing-Mix der RAND OHG erstellen, muss ich in meiner Gruppe klären." Werner verabschiedet sich und verlässt Herrn Hermeiers Büro.

Beschreibung und Analyse der Situation

a. Erläutern Sie, warum es wichtig ist, die Marketinginstrumente aufeinander abzustimmen bzw. sinnvoll zu kombinieren.

_____

_____

_____

_____

_____

_____

_____

_____

b. Die Berufsschulklasse von Werner Krull soll die Marketing-Instrumente wiederholen und darstellen, wie diese in einem Unternehmen zu einem Marketing-Mix verknüpft werden. Dazu sollen zufallsgemischte Gruppen gebildet werden. Beschreiben Sie die Vorteile eines solchen Vorgehens.

_____

_____

_____

_____

_____

_____

Planen und durchführen

Erarbeiten Sie (am besten in Fünfer-Gruppen) den Marketing-Mix eines Unternehmens Ihrer Wahl. Das kann z. B. ein großes, bekanntes Unternehmen sein oder auch ein weniger bekanntes aus Ihrem regionalen Umfeld.

Schritt 1: Arbeitsteilige Einzelarbeit – Wiederholung der Marketing-Instrumente

Teilen Sie Ihre Gruppe auf. Jedes Mitglied sollte anhand des Lehrbuches ein bis max. zwei Marketing-Instrumente wiederholen. Beachten Sie, dass die Marketing-Instrumente in unterschiedlichen Lernfeldern beschrieben werden (nutzen Sie das Sachwortverzeichnis). Machen Sie sich zu „Ihrem" Marketing-Instrument hier Notizen.

Schritt 2: Austausch in der Gruppe zu den fünf Marketing-Instrumenten

Schritt 3: Analyse eines ausgewählten Unternehmens im Hinblick auf dessen Marketing-Mix

Schritt 4: Ergebnisse festhalten – entweder in der nachstehenden Tabelle oder in einer Mindmap (Mindmap auf einem großen Papierbogen erstellen, als Grundgerüst können Sie die Mindmap der Einstiegssituation verwenden. In die Mitte käme dann das von Ihnen analysierte Unternehmen.)

Der Marketing-Mix des Unternehmens: _____

Sortimentspolitik	
Preispolitik	
Konditionen- und Servicepolitik	
Kommunikationspolitik	
Distributionspolitik	
Sonstiges (z. B. im Einzelhandel: Verkaufsstellenpolitik)	

Schritt 5: Ergebnisse präsentieren. Übertragen Sie dazu – wenn Sie keine Mindmap erstellt haben – Ihre Ergebnisse auf eine Folie oder ein Plakat. Sie können die Präsentation in Form eines Vortrages gestalten oder die Plakate als eine Art „Markt der Möglichkeiten" im Klassenraum aufhängen. Ihre Mitschüler/-innen können sich dann direkt an den Plakaten informieren.

Bewerten

Geben Sie den einzelnen Gruppen ein konstruktives Feedback zu Ihren Ergebnissen.

Mögliche Leitfragen:

- Wurde der Marketing-Mix des Unternehmens treffend dargestellt?
- Wurde deutlich, dass die unterschiedlichen Unternehmen in Ihrem Marketing-Mix unterschiedliche Schwerpunkte haben und so auch ein bestimmtes Image pflegen wollen (z.B. besonders preiswert zu sein).
- Ist die Form der Ergebnispräsentation gelungen?

Vertiefen und Lernergebnisse sichern

a. Halten Sie noch einmal die wesentlichen Inhalte zu den einzelnen Instrumenten des Marketing-Mix fest, indem Sie an den Hauptästen der folgenden Mindmap die Verzweigungen mit den jeweiligen Schlüsselworten/Fachbegriffen ergänzen.

b. Erstellen Sie auf einem weiteren Blatt einen Marketing-Mix zu einer Geschäftsidee oder einem Produkt Ihrer Wahl. Das kann auch etwas sehr Ungewöhnliches oder gänzlich Erfundenes sein. Die Hauptsache ist, Sie haben Freude daran, darüber nachzudenken.

Beispiele:
- ein vegetarischer Imbiss
- ein mobiler Handy-Service
- unsichtbare Kopfhörer
- die beste Schüler-App der Welt
- …

Ob Sie den Marketing-Mix in einer Tabelle beschreiben oder in einer Mindmap anfertigen, bleibt Ihnen freigestellt.

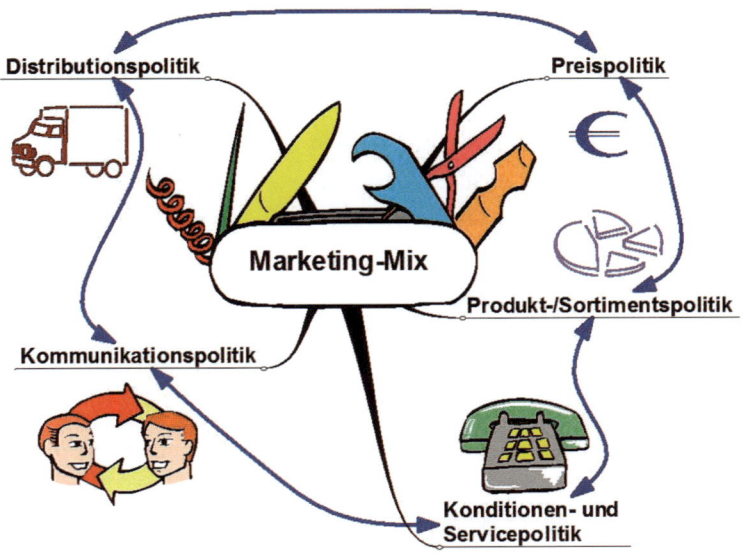

Lernfeld 7: Kundenaufträge bearbeiten und Auftragsabwicklung durchführen

Lernsituation 1: Sie planen ein Verkaufsgespräch und führen es durch

Oliver Rand beobachtet die folgende Situation:
Eine ältere Kundin betritt die Elektroabteilung der Center Warenhaus GmbH. Zielstrebig steuert sie die Verkäuferin an. Die Verkäuferin, Sabine Freund, spricht gerade mit einem Kollegen, sodass es noch ein paar Sätze dauert, bis sie sich der Kundin zuwendet.

Sabine (zum Kollegen gewendet): *„Hast du schon die neuen Spielkonsolen gesehen, die heute Morgen gekommen sind?*

Kollege: *„Oh ja, die muss ich noch auszeichnen."*

Sabine: *„Na, da hast du noch einiges zu tun. Ich bin heute an der Kasse und im Verkauf – und viel ist echt nicht los, wie du siehst."*

Kollege: *„Du hast es gut, ich geh' dann mal und fang mit meiner Arbeit an."*

Sabine (ironisch): *„Viel Spaß, bis später."* (Lacht noch weiter, während sie sich – kaugummikauend – der wartenden Kundin zuwendet.)

„Guten Tag, kann ich helfen?" (Dabei schaut sie auf ihren Arbeitsplatz und räumt ein paar Stifte und Zettel zusammen.)

Kundin: *„Ich suche ein Handy für mich."*

Sabine (schaut auf, lächelt ironisch und überrascht): *„Welches Handy hätten Sie denn gern?"*

Kundin: *„Das weiß ich noch nicht, deshalb wollte ich mich ja mal beraten lassen."*

Sabine: *„Die Handys haben wir dahinten, Sie können ja schon mal rübergehen, ich komme gleich."* (Zeigt in die Richtung der Handys und räumt weiter im Kassenbereich auf – nach kurzer Zeit geht Sabine zur Kundin, die bereits vor der Warenauslage der Handys steht.)

„Wie viel wollen Sie denn anlegen?"

Kundin (wirkt ratlos): *„Das weiß ich noch nicht so genau, … aber nicht mehr als nötig."*

Sabine: *„Das ist kein Problem! Wir haben auch in den unteren Preislagen ein gutes Angebot. Wollen Sie denn ein Smartphone oder eher eine normales Handy?"*

Kundin (wirkt ratlos): *„Das weiß ich nicht. Worin besteht denn der Unterschied?"*

Sabine: *„Das ist ganz einfach; ich zeige Ihnen das mal an diesen beiden Modellen."* (Nimmt zwei Geräte und beginnt diese zu erklären.)

„Dieses Samlung Gaxy Z2 Plus ist ein Android Smartphone mit einem Dual Core Prozessor und einem internen Speicher von 16 GB …"

… Als Oliver Rand 15 Minuten später aus der Kaffeepause zurückkommt, bekommt er gerade noch das Ende des Verkaufsgespräches mit.

Kundin: *„Vielen Dank, für die umfangreichen Informationen. Die muss ich jetzt erst mal verarbeiten. Auf Wiedersehen!"*

Sabine: *„Ok, Tschüss."*

Beschreibung und Analyse der Situation

Analysieren Sie bitte das dargestellte Verkaufsgespräch. Notieren Sie in Stichworten alle Handlungen und Aussagen der Verkäuferin, die nicht verkaufsfördernd sind. Nutzen Sie dazu die Spalte neben der Darstellung des Verkaufsgespräches (zunächst Einzelarbeit dann Partnerarbeit).

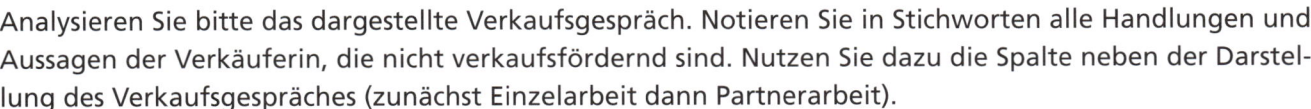

Planen

Informieren Sie sich bitte in Ihrem Schulbuch über die verschiedenen Phasen eines Verkaufsgespräches. Notieren Sie in Stichworten, was in der jeweiligen Phase für ein erfolgreiches Verkaufsgespräch zu beachten ist.

Phase des Verkaufsgespräches	Das ist in der jeweiligen Phase des Verkaufsgespräches zu beachten:
Kontaktphase	
Bedarfsermittlung	
Angebotsphase	

Phase des Verkaufs-gespräches	Das ist in der jeweiligen Phase des Verkaufsgespräches zu beachten:
Abschlussphase	

Planen Sie die Durchführung eines gelungenen Verkaufsgesprächs, das die Einstiegssituation aufgreift. Bereiten Sie sich auf die Rolle einer Verkäuferin/eines Verkäufers bzw. einer Kundin/eines Kunden vor (ca. 5 Minuten).

Rollenkarte Verkäufer/-in:	Rollenkarte Kundin/Kunde:
Ist kundenorientiert und möchte die Kundin/den Kunden gut beraten und das Verkaufsgespräch zum Verkaufsabschluss bringen.	Weiß wenig über Handys und Smartphones; wünscht ein einfaches Handy für den Alltag, um erreichbar zu sein und jederzeit telefonieren zu können; macht mit dem Handy auch gerne mal ein Foto; bisher nutzte sie noch keine Internetfunktionen eines Handys, ist dem gegenüber aber aufgeschlossen.

Sammeln Sie bitte vier weitere Kriterien für ein gelungenes Verkaufsgespräch, die Ihnen ganz besonders wichtig erscheinen und übernehmen Sie diese in den Beobachtungsbogen.

Kriterien/ Beobachtungsmerkmale	Beurteilungsskala Das Beobachtungsmerkmal wurde erfüllt voll und ganz gar nicht		Beobachtung/Kommentar
Beispiel: Der Verkäufer stellt Blickkontakt her.	① ② ③	④ ⑤ ⑥	
	① ② ③	④ ⑤ ⑥	
	① ② ③	④ ⑤ ⑥	
	① ② ③	④ ⑤ ⑥	
	① ② ③	④ ⑤ ⑥	

Durchführen

Führen Sie das Rollenspiel durch, indem einer von Ihnen die Rolle der Kundin/des Kunden und ein anderer die Rolle der Verkäuferin/des Verkäufers übernimmt. Sammeln Sie dazu einige Handys in Ihrer Klasse ein, sodass sich für das Rollenspiel eine angemessene Auswahl an Handys ergibt. Bereiten Sie Ihren Klassenraum so vor, dass Sie das Rollenspiel durchführen können. Alle anderen beobachten das Rollenspiel anhand der Kriterien, die Sie in Ihrem Beobachtungsbogen festgelegt haben.

Bewerten

Geben Sie den Rollenspielern unter Berücksichtigung der Feedbackregeln ein Feedback. Nutzen Sie dazu Ihren Beobachtungsbogen.

Feedbackregeln
- Ich-Botschaft
- konkret bleiben
- beschreibend (statt wertend)
- kurz (statt ausschweifend)
- Beispiel: Ich habe gesehen/gehört ... das wirkt auf mich ...

Damit Sie die Einhaltung der Feedbackregeln üben, sollten Sie sich an die vorgegebene Form halten.

Ich habe gesehen/wahrgenommen, ...	... das wirkt auf mich ...
... dass der Verkäufer beim Eintreten des Kunden Blickkontakt mit ihm hergestellt hat.	... als habe der Verkäufer Interesse am Kunden.

Lernergebnisse sichern

Wiederholen Sie die Durchführung des Rollenspiels und setzten Sie dabei all die Anregungen um, die Sie in der Auswertung nach der ersten Runde besprochen haben.

Übung 1.1: Grundlagen der Kommunikation

Sensation: 60–80 % der wichtigsten Informationen in einem Gespräch werden nonverbal übermittelt!

a. Überprüfen Sie diese Behauptung in einem Gedankenexperiment. Nennen Sie bitte drei Situationen aus Ihrem beruflichen Alltag oder aus dem Privatleben, in denen die wichtigsten Eindrücke und Informationen überwiegend nonverbal über die Körpersprache vermittelt werden.

1. _____

2. _____

3. _____

b. Im Verkaufsgespräch ist es immer wieder wichtig, dass die Verkäufer/-innen erkennen, wann Kunden körpersprachlich Zustimmung oder Ablehnung zu einem vorgelegten Artikel signalisieren. Beschreiben Sie je zwei körpersprachliche Signale von Kunden, die Zustimmung oder Ablehnung erkennen lassen.

Zustimmung	Ablehnung
1.	1.
2.	2.

c. Beim Senden und Empfangen von Informationen kommt es immer wieder vor, dass Informationen vom Empfänger anders aufgenommen werden, als es der Sender ursprünglich beabsichtigt hatte. Dies führt in vielen Situationen zu Ärger und Missverständnissen.

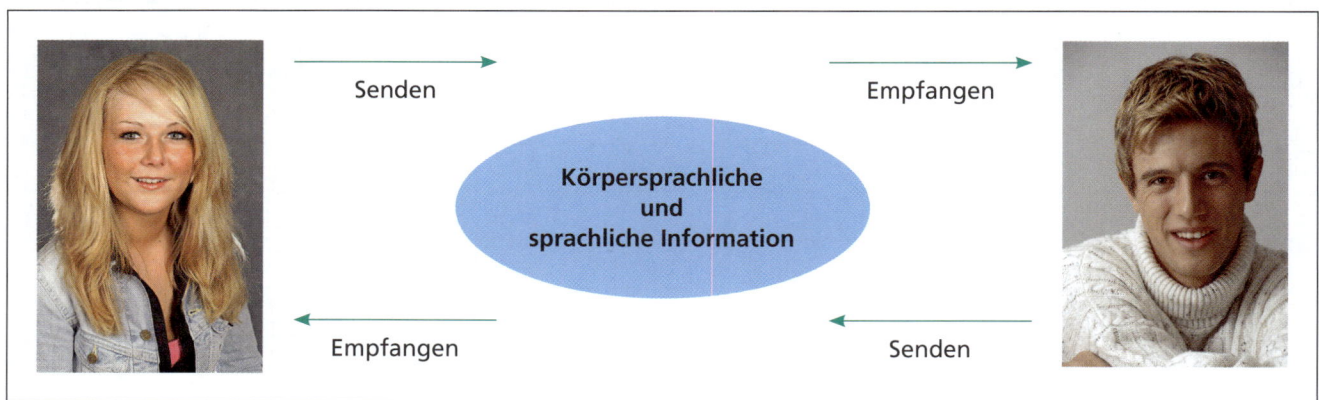

Die folgenden Situationen führten zu Ärger zwischen Sender und Empfänger. Analysieren Sie die Situationen, indem Sie beschreiben, welche Botschaft der Empfänger wohl gesendet hat und welche Botschaft beim Empfänger ankam.

Beispiel	Gesendete Botschaft	Empfangene Botschaft
Der Abteilungsleiter sagt zur Auszubildenden: „Die Kunden haben das Regal mit den Sonderposten ganz schön durcheinander gewühlt." Diese antwortet mit: „Oh ja, das kann man wohl sagen." Eine halbe Stunde später bekommt die Auszubildende Ärger mit ihrem Abteilungsleiter, weil das Regal immer noch nicht aufgeräumt ist.		
Sabine arbeitet in der Lebensmittelabteilung der Center Warenhaus GmbH. An einem warmen Sommertag kommt ein Kunde auf Sabine zu und fragt: „Wo bekomme ich bei Ihnen denn ein gutes Radler?" Woraufhin Sabine antwortet. „Die Fahrräder finden Sie in unserer Filiale im Industriegebiet." Der Kunde starrt Sabine an und verlässt kopfschüttelnd die Abteilung.		

Übung 1.2: Nonverbale Elemente im Verkaufsgespräch deuten

Deuten Sie die Körpersprache in den folgenden Situationen aus dem Verkaufsalltag des Center Warenhauses.

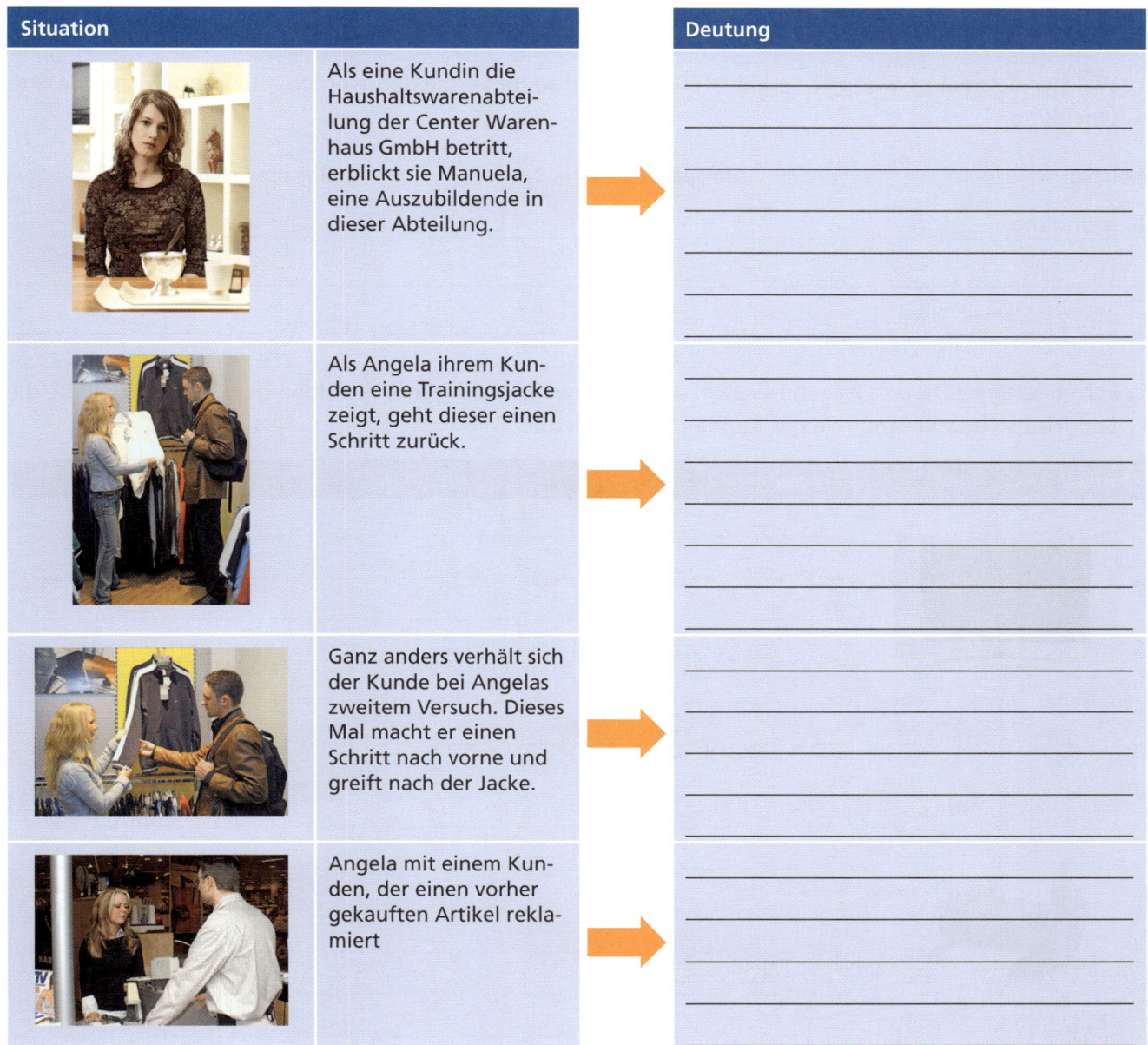

Situation	Deutung
Als eine Kundin die Haushaltswarenabteilung der Center Warenhaus GmbH betritt, erblickt sie Manuela, eine Auszubildende in dieser Abteilung.	
Als Angela ihrem Kunden eine Trainingsjacke zeigt, geht dieser einen Schritt zurück.	
Ganz anders verhält sich der Kunde bei Angelas zweitem Versuch. Dieses Mal macht er einen Schritt nach vorne und greift nach der Jacke.	
Angela mit einem Kunden, der einen vorher gekauften Artikel reklamiert	

Übung 1.3: Kundenansprache und Bedarfsermittlung

Die dargestellten Äußerungen zeigen Ihnen unterschiedliche Kundenansprachen.

a. Welche Kundenansprachen halten Sie für besonders verkaufsfördernd? Begründen sie Ihre Auswahl.

„Guten Tag! Wie ich sehe, interessieren Sie sich für …"

„Guten Tag!"

„Kann ich Ihnen weiterhelfen?"

Beispiel 1 ☐   Beispiel 2 ☐   Beispiel 3 ☐

Begründung: _____

_____

_____

_____

b. Welches Beispiel ist weniger verkaufsfördernd und sollte vermieden werden? Begründen Sie Ihre Entscheidung.

Beispiel 1 ☐   Beispiel 2 ☐   Beispiel 3 ☐

Begründung: _____

_____

_____

c. Formulieren Sie zu den folgenden zwei Artikeln jeweils vier Fragen, die Ihnen geeignet erscheinen, die Bedürfnisse und Kaufmotive des Kunden zu ermitteln.

Artikel:	Fragen:	
 Fernseher	1. _____ 2. _____ 3. _____ 4. _____	
 Drucker	1. _____ 2. _____ 3. _____ 4. _____	

Übung 1.4: Warenvorlage und Verkaufsargumentation

a. Nennen Sie die fünf Grundsätze der Warenvorlage.

1. _____

2. _____

3. _____

4. _____

5. _____

b. Eine Verkäuferregel sagt: *„Einmal probiert – ist so gut wie verkauft."* Erläutern Sie, was damit gemeint ist.

_____

_____

_____

c. Formulieren Sie in wörtlicher Rede für die unten gezeigten Artikel der Center Warenhaus GmbH eine Verkaufsargumentation, welche den Drei-Schritt in der Warenpräsentation berücksichtigt.

Artikel	1. Schritt: Warenmerkmal	2. Schritt: Kundennutzen	3. Schritt: Erlebnis-/ Verwendungsbezug
Ergonomisch geformte Rückenlehne	„Dieser Bürodrehstuhl hat eine ergonomisch geformte Rückenlehne.	Dadurch entlastet er die Wirbelsäule dauerhaft.	Auch nach stundenlanger Büroarbeit werden bei Ihnen keine Verspannungen auftauchen."
Handy mit 10-Megapixel-Kamera			
Micro-10 000-Oberflächengewebe – ist wasser- und winddicht			

Übung 1.5: Kundeneinwände

a. Entkräften Sie den Einwand eines Kunden der RAND OHG im Beispiel 1. Ergänzen Sie anschließend bitte zwei weitere Beispiele, die sich in einem Verkaufsgespräch ergeben können.

Einwand	Entkräftigung
1. „Der Kaffeeautomat ‚Aromastar' ist aber umständlich zu bedienen."	_____ _____ _____
_____ _____	_____ _____ _____
_____ _____	_____ _____ _____

b. Vergleichen Sie Ihre Lösungen mit Ihrer Sitznachbarin/Ihrem Sitznachnachbarn und verbessern Sie ggf. Ihre Einwandbehandlung.

Übung 1.6: Kaufabschluss

Jedes Verkaufsgespräch ist ein zielgerichtetes Gespräch, bei dem Sie den Kaufabschluss anstreben sollten. Häufig senden Ihnen die Kunden Kaufsignale, die erkennen lassen, dass sie unmittelbar vor der Kaufentscheidung stehen. Nennen Sie bitte drei mögliche Kaufsignale von Kunden.

1. _____

2. _____

3. _____

Wenn Sie Kaufsignale der Kunden wahrnehmen, können Sie durch Abschlusstechniken versuchen, den Kaufabschluss herbeizuführen. Ordnen Sie den zwei folgenden Beispielen je eine Abschlusstechnik zu und beschreiben Sie diese Abschlusstechnik kurz.

Beispiel	Abschlusstechnik	Erläuterung
„Sie wollen doch nicht ein Notebook, das technisch veraltet ist?"	_____ _____ _____	_____ _____ _____

Beispiel	Abschlusstechnik	Erläuterung
„Sie wollen doch ein leistungsfähiges Notebook mit hoher Speicherkapazität?"	_____ _____ _____	_____ _____ _____

Übung 1.7: Arten von Rechtsgeschäften

a. Im Privatleben und im Berufsleben werden immer wieder Verträge geschlossen.

Nennen Sie drei Verträge, die Sie in Ihrem Privatleben geschlossen haben.	Nennen Sie drei Verträge, die Unternehmen im Rahmen ihrer betrieblichen Tätigkeit schließen.
1.	1.
2.	2.
3.	3.

b. Bei Rechtsgeschäften werden verschiedene Arten unterschieden. Ergänzen Sie mithilfe Ihres Schulbuches die nachfolgende Übersicht.

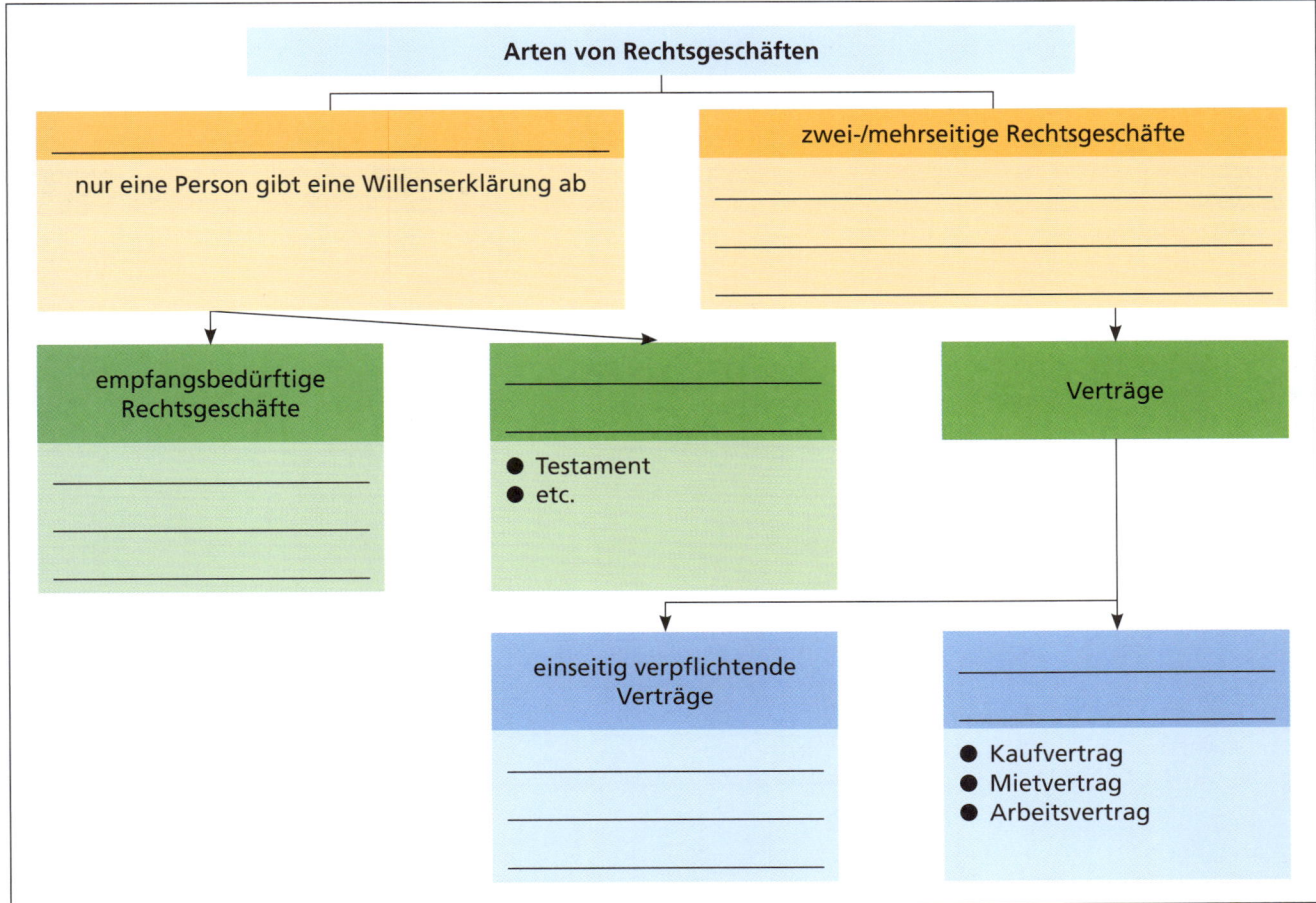

c. Ordnen Sie die nachfolgenden Rechtsgeschäfte richtig zu.

Rechtsgeschäft	Einseitiges Rechtsgeschäft	Zweiseitiges Rechtsgeschäft	Empfangsbedürftiges Rechtsgeschäft	Zweiseitig verpflichtende Verträge
Kaufvertrag	☐	☐	☐	☐
Ausbildungsvertrag	☐	☐	☐	☐
Schenkung	☐	☐	☐	☐
Testament	☐	☐	☐	☐
Mietvertrag	☐	☐	☐	☐

Übung 1.8: Rechtsfähigkeit

a. Geben Sie eine eigene kurze Erläuterung, was man unter „Rechtsfähigkeit" versteht.

_____

_____

b. Erläutern Sie bitte, **wer** eine Rechtsfähigkeit **wie** erlangen kann.

1. _____

2. _____

_____

_____

c. Prüfen Sie, ob die folgenden Personen bzw. Institutionen rechtsfähig sind, und begründen Sie kurz Ihre Antwort.

		Lösung:
①	Deutsche Bank AG	
②	Tennisclub Dortmund e. V.	
③	Julia Schmidt, 4 Monate alt	
④	Tippgemeinschaft „Bundesliga"	
⑤	Stadt Köln	
⑥	Industrie- und Handelskammer Aachen	

Lernsituation 2: Sie schließen Kaufverträge mit Kunden ab

In der Schreibwarenabteilung der Center Warenhaus GmbH hat die Kundin Frau Esser fünf Büroordner zurücklegen lassen. Ein Ordner kostet 7,99 €. Da Frau Esser nicht genügend Bargeld bei sich hat, zahlt sie bei Sabine Freund 10,00 € an und verspricht, am nächsten Tag die restlichen 29,95 € zu bringen. Sabine Freund legt die Ordner solange für Frau Esser zurück. Am nächsten Tag erscheint Frau Esser in der Abteilung und verlangt die 10,00 € zurück, da sie die gleichen Ordner im Internet für nur 5,50 € gesehen hat und nun dort bestellen möchte.

Beschreibung und Analyse der Situation

Beschreiben Sie die Interessen der Kundin Frau Esser.

_____

_____

Welche Interessen haben Sabine Freund und die Center Warenhaus GmbH in diesem Fall?

_____

_____

_____

_____

Planen und Durchführen

Klären Sie bitte mithilfe des Schulbuches, ob in der vorliegenden Situation ein Kaufvertrag zwischen der Center Warenhaus GmbH und der Kundin Frau Esser zustande gekommen ist. Ergänzen Sie dazu das anschließende Schaubild.

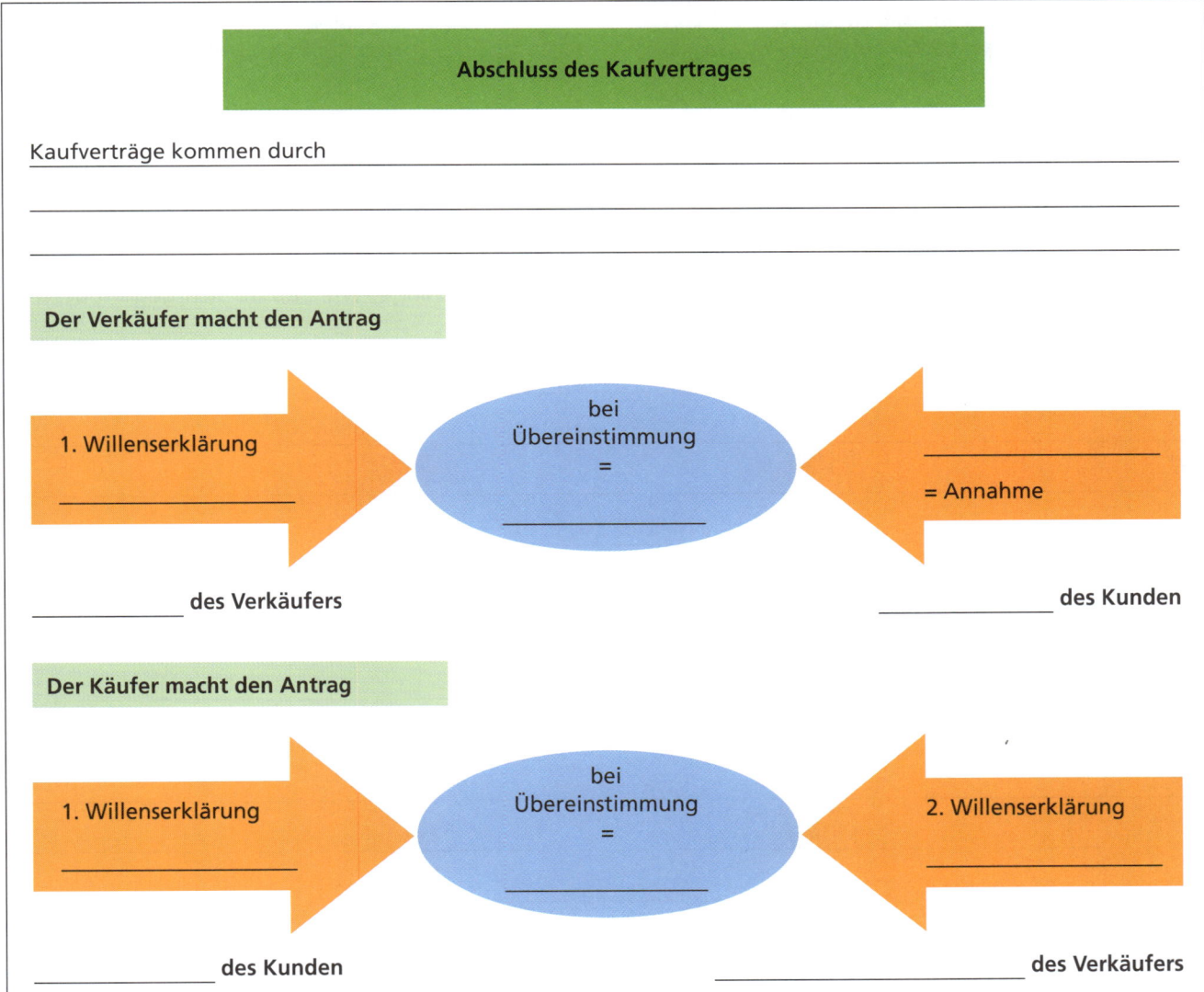

Dies bedeutet für die vorliegende Handlungssituation:

_____

_____

_____

_____

_____

_____

_____

_____

_____

_____

Beschreiben Sie, welche Pflichten die Kundin Frau Esser und die Center Warenhaus GmbH übernommen haben. Füllen Sie dazu bitte das folgende Schaubild zum Verpflichtungsgeschäft aus.

Verpflichtungsgeschäft	
Verkäuferpflichten **Center Warenhaus GmbH**	**Käuferpflichten** **Kundin Frau Esser**
_____	_____
_____	_____
_____	_____

Unterbreiten Sie wenigstens zwei konkrete und begründete Vorschläge, wie Sabine sich gegenüber der Kundin Frau Esser verhalten soll.

_____

_____

_____

_____

_____

_____

_____

_____

_____

_____

_____

_____

_____

_____

_____

_____

_____

_____

_____

_____

Bewerten

Tauschen Sie sich mit einer Partnerin/einem Partner aus und vergleichen Sie Ihre Lösungsvorschläge unter der Perspektive der Kundenorientierung im Einzelhandel.

Lernergebnisse sichern

Entscheiden Sie, in welchen Fällen ein Kaufvertrag zustande gekommen ist. Kreuzen Sie in der Tabelle jeweils an, ob und wie der Kaufvertrag zustande gekommen ist.

a. Ein Kunde lässt sich im Center Warenhaus von einem Verkäufer zu einem Notebook beraten. Der Verkäufer bietet ihm das Gerät mit einem Rabatt von 10 % an. Der Kunde entscheidet sich zum Kauf und sagt: „Den nehme ich!"

1. Willenserklärung: Antrag		2. Willenserklärung: Annahme		Kaufvertrag	
Angebot	Bestellung	Bestellung	Bestellungs-annahme	Ja	Nein

b. Oliver Rand berät einen Kunden, der einen Fotodrucker sucht. Er bietet ihm ein Ausstellungsstück zu einem reduzierten Preis von 79,00 € an. Der Kunde ist unschlüssig und lässt sich den Drucker bis zum nächsten Tag zurücklegen.

1. Willenserklärung: Antrag		2. Willenserklärung: Annahme		Kaufvertrag	
Angebot	Bestellung	Bestellung	Bestellungs-annahme	Ja	Nein

c. Die RAND OHG schickt dem Ingenieur Gert Müller eine Schreibtischlampe, ohne dass er diese bestellt hat. Gert Müller ärgert sich sehr über diese Lieferung, teilt der RAND OHG aber nicht mit, dass er die Lieferung ablehnt.

1. Willenserklärung: Antrag		2. Willenserklärung: Annahme		Kaufvertrag	
Angebot	Bestellung	Bestellung	Bestellungs-annahme	Ja	Nein

Übung 2.1   Eine Reklamation und einen Umtausch bearbeiten

a. Ein Kunde kommt verärgert in die Elektroabteilung des Center Warenhauses und legt einen vor sechs Wochen gekauften Haarschneider mit dem Kaufbeleg vor, weil dieser defekt ist. Erläutern Sie in fünf Verhaltensschritten, wie Sie die Reklamation kundenorientiert behandeln können.

1. _____

2. _____

3. _____

4. _____

5. _____

b. Wenig später kommt ein weiterer Kunde, der einen Blu-Ray-Spieler zurückgeben möchte, den er vor zwei Tagen gekauft hat. „Irgendwie habe ich nicht richtig überlegt. Nachdem ich mir die Bedienungsanleitung zu Hause durchgelesen habe, wurde mir klar, dass das Gerät viel zu kompliziert für mich ist. Ich würde das Gerät gerne zurückgeben und mir den Kaufpreis auszahlen lassen."

   Erläutern Sie, ob der Kunden einen Rechtsanspruch auf die Geldrückgabe hat.

   _____

   _____

   _____

   _____

c. Erläutern Sie zwei kundenorientierte Möglichkeiten, wie die Center Warenhaus GmbH auf die Forderung des Kunden reagieren könnte.

   _____

   _____

   _____

Übung 2.2:   Fälle zur Geschäftsfähigkeit erarbeiten

Bearbeiten Sie bitte mithilfe Ihres Schulbuches die folgenden drei Fälle. Achten Sie bitte darauf, dass Sie Ihre getroffene Entscheidung angemessen begründen.

a. Der 17-jährige Schüler Maxime, der älter aussieht als er tatsächlich ist, hat ohne Zustimmung seiner Eltern einen Markenpullover für 139,00 € gekauft. Als sein Vater davon erfährt, verlangt er von dem Händler den Kaufpreis zurück, da er als gesetzlicher Vertreter mit dem Kauf nicht einverstanden ist. Allerdings gibt es ein Problem: Maxime hat den Pullover bereits getragen, sodass er nicht mehr neuwertig ist. Wird der Vater mit seinem Verlangen Erfolg haben?

   _____

   _____

   _____

   _____

   _____

b. Der 5-jährige Alexander kauft bei einem Kiosk eine Tüte Lakritz zu 50 Cent.
   Ist ein Kaufvertrag zustande gekommen ?

_____

_____

c. Aron, 12 Jahre alt, kauft sich für 14,90 € von seinem Taschengeld ein Computerspiel. Sein Vater ist strikt gegen den Kauf und verlangt vom Händler, dass dieser das Spiel zurücknimmt und den Kaufpreis erstattet. Muss der Händler das unbenutzte Spiel gegen Erstattung des Kaufpreises zurücknehmen?

_____

_____

_____

d. Bitte erstellen Sie sich mithilfe Ihres Schulbuches nach der Bearbeitung der Fälle 1 bis 3 eine Lernübersicht zur Geschäftsfähigkeit. Nutzen Sie dazu die folgende Vorlage.

Lernübersicht zur Geschäftsfähigkeit

Definition: Geschäftsfähigkeit ist _____

_____

Geschäftsunfähigkeit	beschränkte Geschäftsfähigkeit	unbeschränkte Geschäftsfähigkeit
Wer ist geschäftsunfähig? _____ _____ _____ _____	Wer ist beschränkt geschäftsfähig? _____ _____ _____	Wer ist unbeschränkt geschäftsfähig? _____ _____ **AUSNAHMEN:** _____ _____ _____ _____
Für den Geschäftsunfähigen handelt _____ _____ _____	Rechtsgeschäfte mit beschränkt Geschäftsfähigen sind: _____ **AUSNAHMEN:** _____ _____ _____	
AUSNAHME: _____ _____ _____	_____ _____ _____ _____	

Übung 2.3: Verpflichtungs- und Erfüllungsgeschäft

Welche der nachfolgenden Maßnahmen
1. führen zum Abschluss des Kaufvertrages (Verpflichtungsgeschäft),
2. gehören zur Erfüllung des Kaufvertrages (Erfüllungsgeschäft)?
Kreuzen Sie die richtige Lösung an.

Maßnahme	Verpflichtungsgeschäft	Erfüllungsgeschäft
a. fristgemäße Bezahlung		
b. Abgabe eines bindenden Kaufangebots		
c. Bestellung		
d. Eigentumsübertragung		
e. fristgemäße Annahme der Ware		
f. ordnungsgemäße Übergabe der Ware an den Käufer		

Übung 2.4 Kundenaufträge bei vorrätiger Ware abwickeln

In der RAND OHG werden Tag für Tag etliche Kundenaufträge abgewickelt. Bei der Abwicklung von Kundenaufträgen fallen die folgenden Tätigkeiten an, die in der Reihenfolge ein wenig durcheinander geraten sind:

- Lieferschein und Ausgangsrechnung erstellen
- Verpackung auswählen
- Eingang eines Kundenauftrages
- Lieferung für den Versand bereitstellen
- Waren kommissionieren/zusammenstellen
- Entscheidung, ob Eigen- oder Fremdversand
- Zahlungseingang buchen
- Warenlieferung verpacken
- Kontrolle des Zahlungseingangs
- dem Kunden die Ausgangsrechnung zusenden
- Vergabe einer Auftragsnummer
- Kunden Auftragsbestätigung zusenden
- Ausgangsrechnung an die Finanzbuchhaltung weiterleiten
- prüfen, ob die bestellte Ware vorrätig ist
- Lieferschein ins Lager weiterleiten

Bringen Sie den Ablauf zur Abwicklung von Kundenaufträgen in die richtige Reihenfolge:

1. _____
2. _____
3. _____
4. _____
5. _____
6. _____
7. _____
8. _____
9. _____

10. _____

11. _____

12. _____

13. _____

14. _____

15. _____

Übung 2.5: Eintritt des Zahlungsverzuges

a. Bitte vervollständigen Sie mithilfe Ihres Lehrbuches die folgende Lernübersicht.

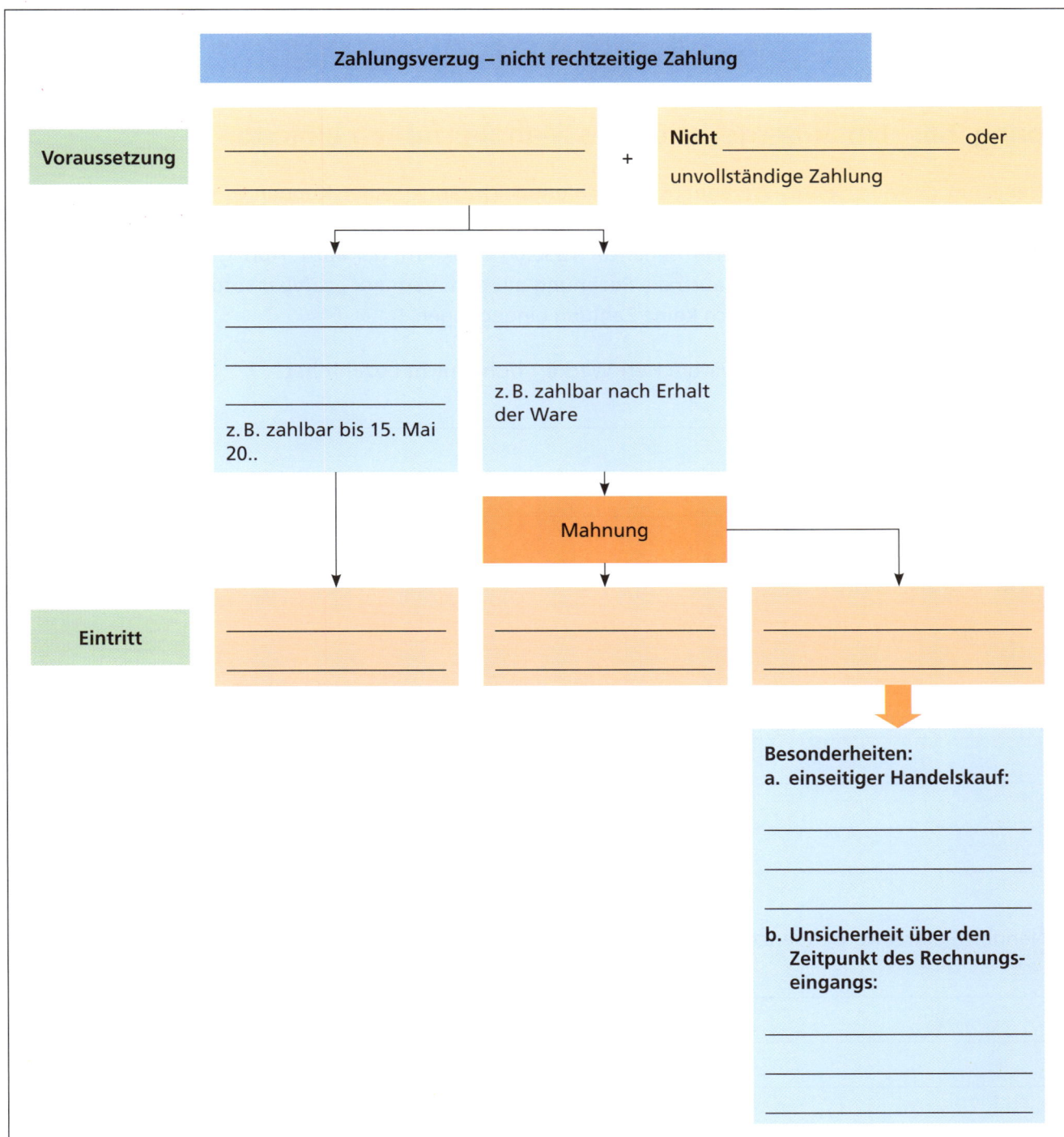

b. Beurteilen Sie bitte die folgenden Situationen und stellen Sie die Folgen für die Fälligkeit dar.

Zahlungsbedingung:	Folgen für die Fälligkeit der Zahlung:
zweiseitiger Handelskauf: *Rechnung zahlbar sofort*	
einseitiger Handelskauf ohne Hinweis auf die 30-Tage-Regel: *kein Hinweis zum Zahlungstermin*	
zweiseitiger Handelskauf: *Rechnung zahlbar innerhalb von 20 Tagen ab Rechnungsdatum*	
einseitiger Handelskauf: *zahlbar spätestens bis Ablauf 35. Kalenderwoche*	

Übung 2.6: Ein außergerichtliches Mahnverfahren einleiten

Oliver Rand geht im Center Warenhaus die Zahlungsrückstände seiner Kunden in der Elektroabteilung durch. Dabei fällt ihm der Vorgang des Kunden Manfred Weckert auf. Herr Weckert ist ein Stammkunde und hat am 25. März einen neuen Fernseher für 1 350,00 € gekauft, der am 1. April geliefert und montiert wurde. An diesem Tag wurde ihm auch die Rechnung mit dem Vermerk *„zahlbar sofort"* übergeben. Heute ist der 10. Mai und bisher ist noch keine Zahlung eingegangen.

a. Nennen Sie mögliche Gründe, warum Herr Weckert bisher nicht bezahlt hat.

b. Nennen Sie drei Konsequenzen, die sich daraus für die Center-Warenhaus GmbH ergeben können.

1.

2.

3.

c. Erläutern Sie, ob sich Herr Weckert bereits im Zahlungsverzug befindet.

_____

_____

_____

_____

_____

Da es sich bei Herrn Weckert um einen guten und treuen Kunden handelt, möchte Oliver Rand ihn auf keinen Fall verärgern und entschließt sich deshalb, ein kaufmännisches Mahnverfahren einzuleiten.

d. Planen Sie die Schritte dieses außergerichtlichen Mahnverfahrens.

Stufe des Mahnverfahrens	Datum	Inhalt – Erläuterung
Zahlungserinnerung	10. Mai	

e. Beschreiben Sie die Rechte, welche die Center Warenhaus GmbH bei eingetretenem Zahlungsverzug von Herrn Weckert geltend machen könnte.

● _____

● _____

● _____

● _____

Lernfeld 8: Personalmaßnahmen entwickeln und personalwirtschaftliche Kompetenzen für den eigenen Berufsweg nutzen können

Lernsituation 1: Sie führen die Personalbedarfsplanung und Personaleinsatzplanung für die RAND OHG durch

Der Auszubildende Werner Krull ist im Moment in der Abteilung Verwaltung im Bereich Personal bei Frau Claudia Alt in der RAND OHG eingesetzt. Frau Alt bittet Werner Krull, sie bei der Personalbedarfsplanung für das kommende Kalenderjahr zu unterstützen und ein aktuelles Organigramm zu erstellen. Einige Mitarbeiter/-innen verlassen die RAND OHG aus verschiedenen Gründen. Andere wiederum kehren zur RAND OHG zurück oder beginnen ihr Arbeitsverhältnis. Insgesamt hat die Geschäftsleitung der RAND OHG einen Soll-Personalbestand von 22 Mitarbeiter/-innen festgelegt. Frau Alt bittet Werner Krull, eine begründete Empfehlung für die zu besetzenden freien Stellen zu treffen sowie seine Empfehlung an sie weiterzuleiten und ein aktuelles Organigramm zu erstellen. Zur Durchführung der Personalplanung gibt Frau Alt Werner Krull folgende Informationen mit an die Hand. Nun ist es an der Zeit, dass Werner Krull mit der Arbeit beginnt.

Sehr geehrter Herr Krull,

zur Durchführung der Personalplanung für das kommende Jahr stelle ich Ihnen folgende Informationen zur Verfügung:

- Simone Norm (zuvor im Verkauf tätig) beendet zum Ende des Jahres ihren Mutterschutzurlaub.
- Die befristeten Arbeitsverträge von Dirk Howe und Bärbel Neu laufen zum Ende des Jahres aus.
- Klaus Stein und Ewald Schneiders gehen Ende des Jahres in Rente.
- Ferdinand Lunau hat zum 31.12.20.. gekündigt.
- Der Auszubildende Christian Klein (zuletzt im Einkauf tätig) wird im November 20.. die Prüfung zum Kaufmann für Büromanagement ablegen. Die Geschäftsführung der RAND OHG beabsichtigt, Herrn Klein nach bestandener Prüfung zunächst einmal in ein befristetes Arbeitsverhältnis zu übernehmen. Herr Klein wird als Einkäufer eingestellt.
- Bernd Grauer und Kai Manzig kehren Ende des Jahres aus dem Bundesfreiwilligendienst zurück in die RAND OHG. Zuletzt war Herr Grauer für die EDV zuständig. Herr Manzig war als Fachlagerist im Lager tätig.

Mit freundlichen Grüßen

Claudia Alt
Sachbearbeiterin Personal

Analyse des Einstiegsszenarios

Erläutern Sie zwei mögliche Konsequenzen für die RAND OHG, wenn keine gründliche Personalplanung erfolgt.

_____

_____

_____

_____

Planen und durchführen

Führen Sie mithilfe des bestehenden Organigramms der RAND OHG (vgl. Einleitung Ihres Lehrbuches), den zuvor aufgeführten Informationen von Frau Alt bezüglich der Personalzugänge und -abgänge und der zur Verfügung gestellten Tabelle die Personalbedarfsplanung für die RAND OHG durch.

Personalbedarfsplanung 20.. (Stellenplanmethode)		Soll-Bestand	Ist-Bestand	Differenz	Notizen für Veränderungen
Abteilung Geschäftsführung					
Stellenart	**Gewünschte Berufsausbildung**				
Geschäftsführer	Dipl. Kauffrau/-mann oder Dipl. Betriebswirt/-in	_____	_____	_____	_____
Abteilung Einkauf					
Stellenart	**Gewünschte Berufsausbildung**				
Abteilungsleiter/-in	Industriekauffrau-/ -mann, Kauffrau/-mann im Großhandel	_____	_____	_____	_____
Mitarbeiter/-in	Kfm. Ausbildung	_____	_____	_____	_____
Abteilung Lager					
Stellenart	**Gewünschte Berufsausbildung**				
Abteilungsleiter/-in	Fachkraft für Lagerlogistik	_____	_____	_____	_____
Mitarbeiter/-in	Fachlagerist/-in	_____	_____	_____	_____
Abteilung Verkauf					
Stellenart	**Gewünschte Berufsausbildung**				
Abteilungsleiter/-in	Werbekauffrau/-mann	_____	_____	_____	_____
Mitarbeiter/-in	Kfm. Ausbildung	_____	_____	_____	_____

Abteilung Verwaltung					
Stellenart	**Gewünschte Berufs-ausbildung**				
Abteilungsleiter/-in	Prakt. Betriebswirt/-in	_____	_____	_____	_____ _____
Mitarbeiter/-in	Kfm. Ausbildung	_____	_____	_____	_____ _____ _____ _____ _____
Summe insgesamt	**Mitarbeiter/-in**	22	_____	_____	

Erstellen Sie auf Grundlage der Veränderungen der voraussichtlichen Personalzugänge und -abgänge ein überarbeitetes Organigramm für die RAND OHG für das kommende Jahr 20… Nutzen Sie hierzu den unten vorgegebenen Vordruck.

Hinweis: Bitte kennzeichnen Sie alle Veränderungen im Organigramm (z. B. durch ein Sternchen o. Ä.).

Das überarbeitete Organigramm der RAND OHG für das Jahr 20..:

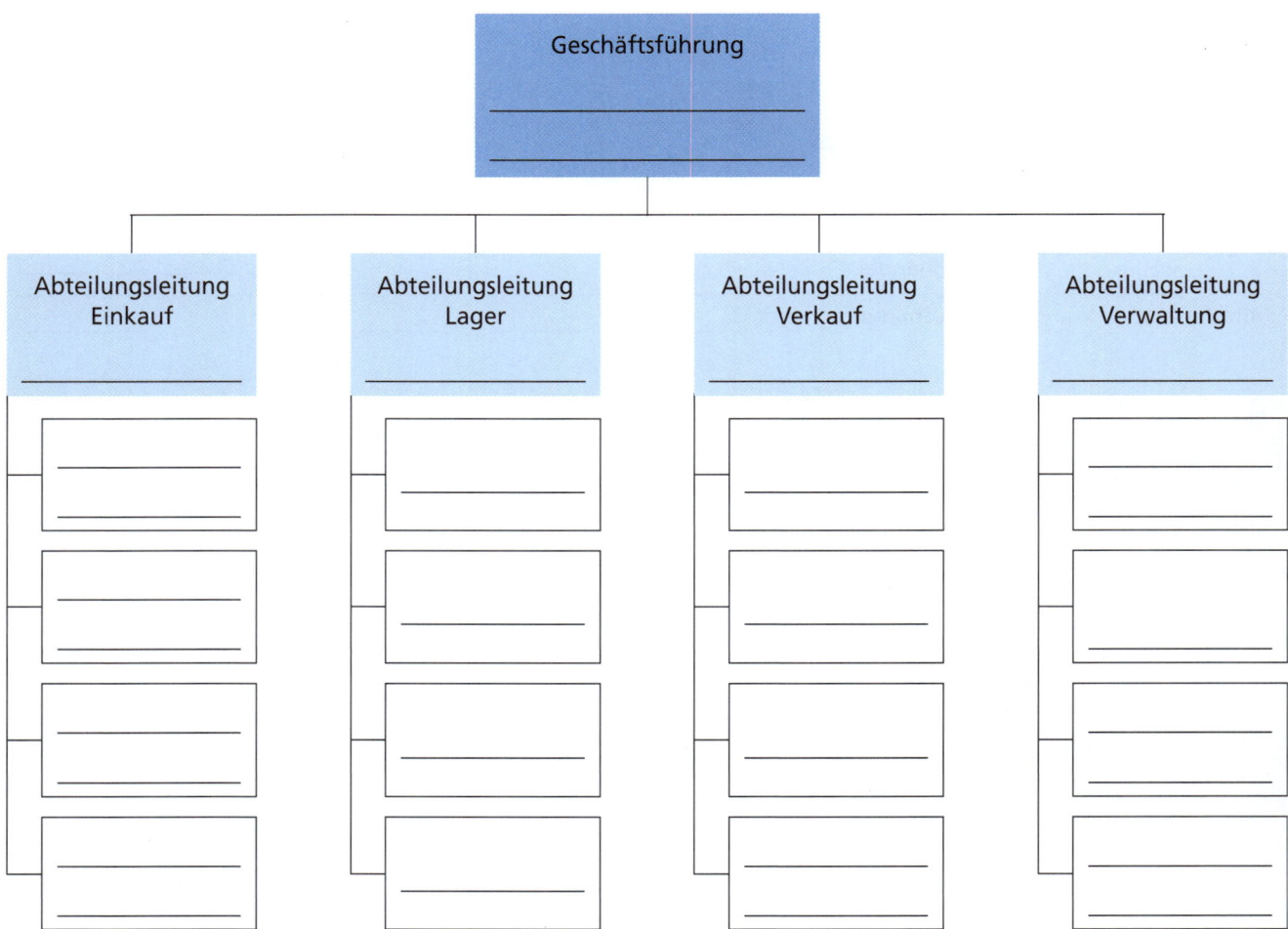

Treffen Sie eine begründete Empfehlung für die zu besetzenden Stellen.

Ihre Empfehlung für das weitere Vorgehen der zu besetzenden Stellen:

_____

_____

_____

_____

_____

_____

_____

_____

Legen Sie die Anforderungen der vakanten Stellen hinsichtlich der Qualifikationen stichpunktartig fest. Leiten Sie Ihren Vorschlag an die Gruppenleiterin Personal weiter.

Anforderungen der vakanten Stellen hinsichtlich Qualifikationen:

_____

_____

_____

_____

_____

_____

_____

_____

Bewerten und reflektieren

Gehen Sie mit einer anderen Gruppe zusammen und bilden Sie aus dieser Gruppe wiederum zwei neue Gruppen, in denen sich jeweils Vertreter/-innen der alten Gruppen befinden.

Stellen Sie sich nun gegenseitig Ihre unterschiedlichen begründeten Empfehlungen hinsichtlich der Personalbesetzung in der RAND OHG vor. Ergänzen und korrigieren Sie Ihre Ergebnisse, falls notwendig.

Vertiefen und Lernergebnisse sichern

Beschreiben Sie alle Arbeitsschritte, welche bei der Lösung der Aufgabenstellung angefallen sind.

Arbeitsschritte bei der Personalbedarfsplanung	
1. Schritt:	Ermittlung des Soll-Personalbestandes bezogen auf die einzelnen Abteilungen bzw. Stellen
2. Schritt:	
3. Schritt:	
4. Schritt:	
5. Schritt:	
6. Schritt:	
7. Schritt:	Weiterleitung an die Abteilungsleitung, Entscheidung über interne oder externe Personalbeschaffung, ggf. Beginn des Einstellungsverfahrens und Erstellung einer Stellenausschreibung etc.

Übung 1.1: Rahmenbedingungen des dualen Systems der Berufsausbildung

1. Die Praktikanten der RAND OHG, Sabine Sommer und Bülent Özdemir, hören durch Zufall, wie Frau Alt einen Auszubildenden heftig zurechtweist. Darüber sind Sabine und Bülent sehr überrascht und verunsichert. Sie fragen sich, was man eigentlich können muss, damit den Anforderungen eines Unternehmens Genüge geleistet wird. Schreiben Sie jeweils eine Verhaltensweise, die Sie als wichtig erachten, in ein Kästchen.

2. Beschreiben Sie die Begriffe Fach-, Methoden-, Sozial- und Humankompetenz in ein bis zwei Sätzen.

Fachkompetenz:

Methodenkompetenz:

_____

_____

_____

_____

Sozialkompetenz:

_____

_____

_____

_____

Humankompetenz:

_____

_____

_____

_____

3. Erstellen Sie eine Checkliste. Darin sollen konkrete Verhaltensweisen beschrieben werden, die auf bestimmte Kompetenzen hinweisen. Die folgende Tabelle kann Ihnen dabei helfen.

Sozialkompetenz	Ausbildungs- bzw. Praktikumsbetrieb	Schule
● Teamfähigkeit		
● Konfliktverhalten		

Humankompetenz	Ausbildungs- bzw. Praktikumsbetrieb	Schule
● Leistungsbereitschaft		
● Zuverlässigkeit/Sorgfalt		
● Selbstständigkeit		
● Verantwortungsbereitschaft		

4. Schreiben Sie zehn bis zwölf Verhaltensweisen auf, deren Weiterentwicklung Sie **für sich selbst** als besonders wichtig ansehen. Diese **Checkliste „guter Vorsätze"** legen Sie der Klassenlehrerin/dem Klassenlehrer und/oder einer weiteren Person als Kopie vor. Mit diesen Personen sollten Sie nach einem halben Jahr erneut das Gespräch suchen und sich ein Feedback einholen, inwieweit Ihnen die Umsetzung Ihrer Checkliste gelungen ist.

Name: _____

Meine Checkliste zu überfachlichen Kompetenzen – „gute Vorsätze":

1. _____
_____

2. _____
_____

3. _____
_____

4. _____
_____

5. _____
_____

6. _____
_____

7. _____
_____

8. _____
_____

9. _____
_____

10. _____
_____

11. _____
_____

12. _____
_____

gesehen: _____   _____
      Klassenlehrer/-in   evtl. weitere Person

Übung 1.2: System der dualen Berufsausbildung

Bülent und Sabine möchten den Blick auf ihre mögliche kommende Berufsausbildung noch weiter schärfen. Unterstützen Sie Bülent und Sabine bei der Vervollständigung des Schaubildes über das duale System der Berufsausbildung mit den passenden Begriffen.

Das System der _____ **Berufsausbildung (= Ausbildung an** _____ **sich ergänzenden Lernorten)**

Theoretische Ausbildung in

Teilzeit- oder _____

wird für den Groß- und Außenhandel geregelt durch

Bundeseinheitlicher _____

Richtlinien und Lehrpläne der Länder

_____ Ausbildung

wird geregelt durch

z. B. für den Groß- und Außenhandel enthält Regelungen über:

Inhalte:

- Ausbildungsberufsbild
- außerbetriebliche Maßnahmen
- Berichtsheft
- Dauer der Probezeit
- Kündigungsvoraussetzungen

a. des Ausbildenden und
b. des Auszubildenden, z. B. Pflichten:

&

- Gehorsamspflicht

Berufsübergreifende Rechtsgrundlage:

_____

(= Bundesgesetz)

© Bildungsverlag EINS GmbH

Übung 1.3: Ausbildungsvertrag

IHK Industrie- und Handelskammer
zu Düsseldorf

Antrag auf Eintragung
in das Verzeichnis der Berufsausbildungsverhältnisse zum nachfolgenden

Berufsausbildungsvertrag

Zwischen der/dem Ausbildenden (Ausbildungsbetrieb)

Der Ausbildungsbetrieb gehört zum öffentlichen Dienst ☐

Firmenident-Nr.	Tel.-Nr.
1234567	0221 40760

Name und Anschrift des Ausbildenden (Ausbildungsbetrieb)

RAND OHG

Straße, Haus-Nr.
Völklinger Straße 49

PLZ	Ort
40221	Düsseldorf

E-Mail-Adresse des Ausbildenden

Verantwortliche/r Ausbilder/in:

Herr/Frau	geb. am
Frau Rand	

und der/dem Auszubildenden   weiblich ☐   männlich ☒

Name	Vorname
Krull	Werner

Straße, Haus-Nr.
Südstraße 1

PLZ	Ort
40221	Düsseldorf

Geburtsdatum   siehe Rückseite Punkt 9b
10.11.1993

Staatsangehörigkeit   Gesetzl. Verteter')   Eltern ☐ Vater ☐ Mutter ☐ Vormund ☐
deutsch

Namen, Vornamen der gesetzlichen Vertreter

Straße, Hausnummer

PLZ   Ort

wird nachstehender Vertrag
zur Ausbildung im Ausbildungsberuf   Kaufmann für Büromanagement

mit der Fachrichtung/dem Schwerpunkt/
dem Wahlbaustein/Einsatzgebiet etc.

nach Maßgabe der Ausbildungsordnung²) geschlossen.

Von der/dem Auszubildenden
zuletzt besuchte Schule⁵)   Bitte auswählen oder eingeben

Name der Schule

Abgangsklasse   abgeschlossen mit   davor
Bitte auswählen oder eingeben

Zuständige Berufsschule

BK Düsseldorf Süd   Duales Studium: ☐ ja ☒ nein

Vorausgegangene Berufsausbildung/Vorbildung/Grundbildung:
von mindestens 6 Monaten – weitere Hinweise siehe Rückseite⁶)

Erfolgreich abgeschlossen: ja/nein

1.		
2.		
3.		

A Die Ausbildungszeit beträgt nach der Ausbildungsordnung
36 Monate.

Es wird eine Anrechnung/Verkürzung von ___ Monaten beantragt.

Das Berufsausbildungsverhältnis

beginnt am 10.08.2015   endet am 31.07.2018

B Die Probezeit (§ 1 Nr. 2) beträgt 1 ☐ 2 ☐ 3 ☐ 4 ☒ Monate.³)

C Die Ausbildung findet vorbehaltlich der Regelungen nach D
(§ 3 Nr. 12) in Düsseldorf

und den mit dem Betriebssitz für die Ausbildung üblicherweise
zusammenhängenden Bau-, Montage- und sonstigen Arbeits-
stellen statt.

D Ausbildungsmaßnahmen außerhalb der Ausbildungsstätte
(§ 3 Nr. 12) (mit Zeitraumangabe)

E Der Ausbildende zahlt der/dem Auszubildenden eine angemessene Vergütung (§ 5); diese beträgt zurzeit monatlich brutto:

€	500,00	600,00	700,00	
im	ersten	zweiten	dritten	vierten

Ausbildungsjahr.

zu E Öffentliche Förderung der Ausbildung   ☐ nein
(monatlich, regelmäßig, mehr als 50 % der Kosten):   ☐ ja
Wenn ja: ☐ Sonderprogramm des Bundes/Landes
☐ außerbetriebliche Berufsausbildung nach § 75 Abs. 1 SGB III
☐ außerbetriebliche Berufsausbdg. Reha nach § 115 Nr. 2 SGB III

F Die regelmäßige tägliche Ausbildungszeit beträgt 8,00 Stunden.⁴)
Die regelmäßige wöchentl. Ausbildungszeit beträgt ___ Stunden.⁴)
Teilzeitausbildung wird beantragt: ☐ ja ☐ nein siehe Rückseite Punkt 9c

G Der Ausbildende gewährt der/dem Auszubildenden Urlaub nach den
geltenden Bestimmungen. Es besteht ein Urlaubsanspruch

im Jahr	2015	2016	2017	2018	20xx
Werktage					
Arbeitstage					

H Hinweise auf anzuwendende Tarifverträge und Betriebsvereinbarungen; sonstige Vereinbarungen

¹) Vertretungsberechtigt sind beide Eltern gemeinsam, soweit nicht die Vertretungsberechtigung
nur einem Elternteil zusteht. Ist ein Vormund bestellt, so bedarf dieser zum Abschluss des
Ausbildungsvertrages der Genehmigung des Vormundschaftsgerichtes.

²) Solange die Ausbildungsordnung nicht erlassen ist, sind gemäß § 104 Abs. 1 BBiG die bisherigen Ordnungsmittel anzuwenden.

³) Die Probezeit muss mindestens einen Monat und darf höchstens vier Monate betragen.

⁴) Das Jugendarbeitsschutzgesetz sowie für das Ausbildungsverhältnis geltende tarifvertrag-
liche Regelungen und Betriebsvereinbarungen sind zu beachten.

Beispiel für zuletzt besuchte Schule: Beispiel für abgeschlossen mit:
Hauptschule   Hauptschulabschluss
Förderschule   Mittlerer Bildungsabschluss
Realschule   Fachhochschulreife
Gymnasium   Hochschulreife (Abitur)
Gesamtschule   Hochschulabschluss
Berufsvorbereitungsjahr   Ohne Abschluss
Berufsfachschule
Sonst. berufl. Vollzeitschulen
Hochschule/Fachhochschule

⁶) siehe Rückseite

Unterschrift auf der Rückseite nicht vergessen!

Überprüfen Sie den oben aufgeführten Ausbildungsvertrag hinsichtlich seiner Richtigkeit. Irgendwo hat sich ein Fehler eingeschlichen! Notieren Sie, um welchen Fehler es sich handelt, und korrigieren Sie diesen.

_____

_____

_____

_____

_____

_____

_____

_____

Übung 1.4: Rechte und Pflichten in der Berufsausbildung

Bei der Befragung der Auszubildenden in der Berufsschule erfuhren Sabine Sommer und Bülent Özdemir neben den Informationen zum Berufsbild der/des Industriekauffrau/-manns und der Probezeit ebenfalls von den nachfolgenden Vorfällen. Ordnen Sie die unten aufgeführten Vorfälle den richtigen Antworten, bezogen auf die Rechte und Pflichten in der Berufsausbildung zu, indem Sie sie mit Pfeilen verbinden.

Vorfälle	Antwort
Ein Ausbilder sagt zu einem Auszubildenden, dass der Besuch der Berufsschule absolut unnötig sei.	Auszubildende müssen ein Berichtsheft führen.
Eine Auszubildende zeigt ihrer Ausbilderin die Ausbildungsordnung, die sie sich bei der IHK besorgt hat. Hierzu meint ihre Ausbilderin, das ginge sie nichts an. Sie bilde schließlich schon viele Jahre Auszubildende nach ihren eigenen Vorstellungen aus.	Der Auszubildende muss die in den Arbeitsstätten geltende Ordnung beachten bzw. sich an die Weisungen halten.
Als eine Auszubildende sich bei ihrem Ausbilder erkundigt, wie sie ihr Berichtsheft führen müsse, antwortet dieser nur: _„Das ist absoluter Quatsch und vollkommen unnötig."_	Die Ausbildungsbetriebe müssen den Auszubildenden die entsprechenden Fertigkeiten und Kenntnisse vermitteln. Außerdem muss die Ausbildung entweder vom Ausbildenden selber oder von fachlich geeigneten Ausbildern durchgeführt werden.
Trotz eines Aushangs „Rauchen verboten" raucht ein Auszubildender in einer Lagerhalle.	Auszubildende müssen die ihnen aufgetragenen Tätigkeiten sorgfältig ausführen.
Ein Ausbilder verlangt von einer Auszubildenden, dass sie vormittags seiner Frau im Haushalt hilft.	Auszubildende sind verpflichtet, in die Berufsschule zu gehen, und müssen vom Ausbildungsbetrieb freigestellt werden.
Ein Auszubildender verpackt aus Unlust und Unachtsamkeit verschiedene Waren falsch zusammen.	Auszubildende müssen über Betriebsgeheimnisse Stillschweigen bewahren.
Ein Auszubildender erzählt herum, dass in seinem Ausbildungsbetrieb ein Umsatz von monatlich 500 000,00 € erzielt wird.	Der Ausbildungsbetrieb muss die Auszubildende im Rahmen ihres Berufes ausbilden. Es dürfen nur Tätigkeiten übertragen werden, welche dem Ausbildungszweck dienen.

Übung 1.5: Kündigung des Berufsausbildungsverhältnisses

Vervollständigen Sie die unten aufgeführte Übersicht zum Thema Kündigung in der Berufsausbildung.

Kündigung des Berufsausbildungsverhältnisses

während der Probezeit

jederzeit von Auszubildenden und und Ausbildenden _____ _____ einer Frist und ohne _____

Kündigung muss _____ erfolgen

nach der Probezeit

aus einem _____

_____ einer Kündigungsfrist

Die Kündigung muss spätestens _____ nach _____ des Grundes erfolgen.

Bsp.:

_____

_____

der Auszubildende kündigt

mit einer Frist von _____ _____

Bsp.:

_____

_____

_____

_____

Die Kündigung muss _____ _____ und _____ der Kündigungsgründe erfolgen.

Übung 1.6: Personalbeschaffung

In der RAND OHG wird in der Verkaufsabteilung eine Stelle eines Sachbearbeiters für Verkaufsförderung neu geschaffen. Suchen Sie nach drei Vor- und Nachteilen, ob diese Stelle intern oder extern besetzt werden soll.

Vorteile interner Personalbeschaffung	Nachteile interner Personalbeschaffung
_____	_____
_____	_____
_____	_____
_____	_____

Vorteile externer Personalbeschaffung	Nachteile externer Personalbeschaffung
_____	_____
_____	_____
_____	_____
_____	_____

Übung 1.7: Bewerbung

Bülents Freund Martin bewirbt sich auf einen Ausbildungsplatz als Kaufmann für Büromanagement. In seinem Bewerbungsanschreiben haben sich einige Fehler eingeschlichen. Markieren Sie diese und machen Sie jeweils einen Verbesserungsvorschlag.

Martin Schüller
Ratinger Straße 14
40213 Düsseldorf
martinmaus@online.de

RAND OHG
Völklinger Straße 49
40221 Düsseldorf

Betr.: Bewerbung als Auszubildender zum Kaufmann für Büromanagement
Ihre Annonce in der Rheinischen Post

Sehr geehrte Damen und Herren,

hiermit bewerbe ich mich auf Ihre Anzeige in der Rheinischen Post vom 25.05.20...

Meine ersten Erfahrungen habe ich in einem Praktikum bei der Büro 2000 KG gesammelt. Dort war ich mit dem Abheften der Eingangsrechnungen beauftragt und habe verschiedene Telefonate entgegennehmen dürfen. Aus diesem Grund möchte ich die Ausbildung zum Kaufmann für Büromanagement machen.

Ich bin sehr kommunikativ, zuverlässig und sorgfältig.

Aktuelle besuche ich die Höhere Handelsschule, welche ich im Juli diesen Jahres erfolgreich beenden werde.

Über eine Einladung zu einem persönlichen Gespräch würde ich mich sehr freuen und verbleibe

mit freundlichem Gruß

M. Schüller

Anlagen
Lebenslauf
Lichtbild
Zeugniskopien
Praktikumszeugnis

Ihre Verbesserungsvorschläge:

_____

_____

_____

_____

_____

_____

_____

_____

_____

_____

_____

_____

_____

_____

_____

_____

_____

Übung 1.8: Vorstellungsgespräch

1. In der Berufsschule hören Sie in der Pause das folgende Gespräch zwischen einer Mitschülerin und einem Mitschüler:

Schüler: „Hast du schon gehört, Anna hat nun endlich eine Einladung zu einem Vorstellungsgespräch bei der RAND OHG erhalten."

Schülerin: „Super, aber Anna hat ja auch viele Bewerbungen geschrieben. Die wollte ja auch unbedingt bei der RAND OHG arbeiten. Die hat's geschafft."

Schüler: „Wie geschafft? Anna hat doch nur eine Einladung zu einem Vorstellungsgespräch. Jetzt geht es erst richtig los. Ich würde mich irre anstrengen, total viel machen, damit es im Vorstellungs-gespräch auf jeden Fall klappt."

Schülerin: „Was denn machen? Jetzt kann man doch nur noch abwarten, was einem bei dem Vorstel-lungsgespräch für Fragen gestellt werden."

Schüler: „So ein Quatsch! Das Vorstellungsgespräch, das ist doch *die* Chance! 90 Prozent des Erfolgs ist die gute Vorbereitung."

Schülerin: „Vorbereitung? Wie willst du so etwas vorbereiten?"

Schüler: „Man kann eine Menge tun. Lass uns doch einmal gemeinsam überlegen, was man alles tun kann, damit ein Vorstellungsgespräch erfolgreich wird."

Nennen Sie fünf Beispiele dafür, was Sie tun können, damit Ihr Vorstellungsgespräch für einen Ausbildungsplatz erfolgreich wird. Beantworten Sie dazu folgende Frage mit der „Kopfstandmethode": „Was muss ich tun, damit mein Vorstellungsgespräch ein Misserfolg wird?" Schreiben Sie anschließend Ihre Beispiele auf Karten und sammeln Sie alle Karten im Klassenverband.

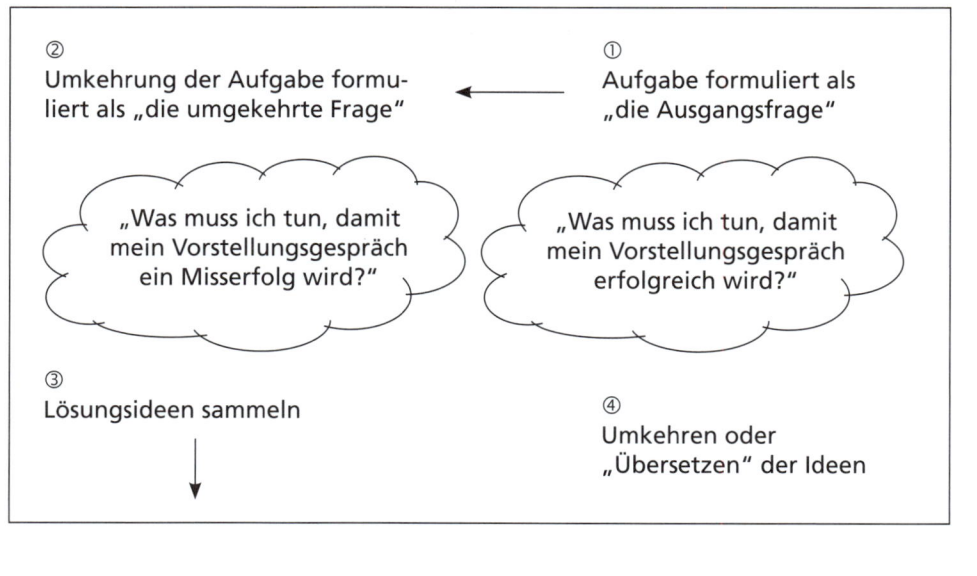

_____

_____

_____

_____

_____

2. Überprüfen Sie, bei welchen Fragen es sich um zulässige oder unzulässige Fragen in einem Vorstellungsgespräch handelt. Beurteilen Sie die Sinnhaftigkeit der Fragen. (Hinweis: Zur Lösung kann ggf. auch das Internet hinzugezogen werden).

Fragenkatalog Vorstellungsgespräch	
Fragen	**Ihre Beurteilung**
1. Warum wollen Sie bei uns anfangen?	
2. Sind Sie belastbar?	
3. Warum sollten wir Sie einstellen?	
4. Haben Sie Schulden?	
5. Wie sind Ihre Familienverhältnisse?	
6. Möchten Sie in Zukunft heiraten?	

Fragenkatalog Vorstellungsgespräch	
Fragen	**Ihre Beurteilung**
7. Was ist Ihre größte Stärke bzw. Schwäche?	
8. Sind Sie schwanger?	
9. Leiden Sie unter chronischen Krankheiten?	
10. Haben Sie Aids?	
11. Können Sie mit Kritik umgehen?	

Lernsituation 2: Sie berechnen die gesetzlichen Abzüge

Sabine Sommer und ihre Freundin Melanie Albers haben sich nach langer Zeit mal wieder getroffen und haben sich viel zu erzählen. *„Mensch"*, sagt Sabine, *„wir haben uns ja lange nicht mehr gesehen. Dadurch, dass du nach der Schule direkt eine Ausbildung im Einzelhandel gemacht hast und ich weiter zur Handelsschule gegangen bin, haben wir uns absolut aus den Augen verloren. Wie geht es dir? Was machst du noch so?" „Mir geht es super!"*, antwortet Melanie. *„Ich bin mit meiner Ausbildung bereits fertig, und stell dir vor, ich habe gestern meinen ersten Arbeitsvertrag unterschrieben." „Super"*, staunt Sabine, *„ich hoffe, dass ich auch bald solch ein Glück haben werde und einen Ausbildungsplatz erhalte." „Bestimmt, Sabine, das wird schon funktionieren!"*, antwortet Melanie. *„Sag mal, Melanie, was verdienst du eigentlich so nach der Ausbildung?"*, fragt Sabine neugierig. *„Ich freue mich so, ich werde 1 500,00 € verdienen!"*, antwortet Melanie stolz. *„Was? Das ist aber viel!"*, staunt Sabine. *„Leider ist das nur mein Bruttogehalt, ich bekomme viel weniger raus"*, stöhnt

Melanie. *„Wie, was wird dir denn noch abgezogen und wofür überhaupt? Behält das der Arbeitgeber? Der hat doch eh genug. Der kann dir das doch auch geben, wenn es im Vertrag steht. Was wird denn mit den Abzügen gemacht?"* Sabine schaut Melanie fragend an. *„Was mir genau abgezogen wird und wofür kann ich dir im Moment auch nicht genau sagen. Ich muss mal auf meine Gehaltsabrechnung schauen. Aber ich weiß, dass mir von den 1 500,00 € nur 1 092,44 € auf mein Konto überwiesen werden. Und ich glaube, 93,33 € werden mir als Lohnsteuer abgezogen." „Was? Das ist aber viel! Wofür wird das denn verwendet?"*, fragt Sabine empört.

Analyse des Einstiegsszenarios

Erstellen Sie mithilfe des Lehrbuches eine Checkliste, was einem Arbeitnehmer neben der Lohnsteuer vom Bruttogehalt gesetzlich abgezogen werden darf, bis sich letztendlich der Nettobetrag ergibt.

Bruttogehalt

Lohnsteuerbetrag

Nettogehalt

Planen und durchführen

Berechnen Sie für Melanie die gesetzlichen Abzüge, welche vom Bruttogehalt von 1 500,00 € abgezogen werden, so dass sich schließlich Melanies Nettogehalt von 1 092,44 € ergibt. Nutzen Sie dafür den unten aufgeführten Vordruck.

Bereiten Sie außerdem einen Kurzvortrag vor, in welchem Sie Ihre Ergebnisse präsentieren.

Bruttogehalt	1 500,00 €	Lohnsteuerbetrag	93,33 €
Steuerklasse	I	Kinder	keine
Alter	19 Jahre	Sonderzahlungen/Provisionen	keine
Solidaritätsbeitrag	2,46 €	Kirchensteuer	8,39 €

Hinweis: Nehmen Sie zur Lösung Ihr Buch zur Hand.

Bruttogehalt:		1 500,00 €
Gesetzliche Abzüge:		
Lohnsteuer:	93,33 €	
Solidaritätszuschlag:		
Kirchensteuer:		
Krankenversicherung:		
Rentenversicherung:		
Arbeitslosenversicherung:		
Pflegeversicherung:		
Summe gesetzlicher Abzüge:		
Nettogehalt/Auszahlungsbetrag:		1 092,44 €

Bewerten und reflektieren

Exemplarisch präsentiert ein Team der Klasse das Arbeitsergebnis als Kurzvortrag. Ergänzen Sie ggf. fehlende Punkte und diskutieren Sie mögliche unterschiedliche Ergebnisse.

Geben Sie zu dem Kurzvortrag ein kurzes Feedback. Der folgende Rückmeldebogen soll Sie dabei unterstützen.

Leitfragen	Bewertung in Schulnoten				
	1	2	3	4	5
Wurden die Ergebnisse sachlich richtig präsentiert?					
Wie sicher hat der/die Vortragende gewirkt?					
Wurde die Präsentation ansprechend gestaltet?					

Vertiefen und Lernergebnisse sichern

Fragen Sie Ihre/n Freundin/Freund, Mutter/Vater oder Geschwister nach ihrem/seinem Brutto- sowie Nettogehalt und errechnen Sie die gesetzlichen Abzüge.

Erklären Sie Sabine, welche ganz empört über die Höhe der gesetzlichen Abzüge ist, wofür diese gut sind und wie sie eventuell den Arbeitnehmern wieder zugute kommen können.

_____

_____

_____

_____

_____

_____

_____

_____

_____

_____

_____

_____

_____

_____

_____

_____

_____

_____

_____

_____

Ergänzen Sie die Übersicht, welche alle Sozialversicherungszweige mit den jeweiligen Aufgaben, Trägern und Leistungen enthält.

Versicherungszweig	Rentenversicherung	Krankenversicherung	Arbeitslosenversicherung	Pflegeversicherung	Unfallversicherung
Aufgabe			● Erreichung eines hohen Beschäftigungsstandes ● Auswirkung der Arbeitslosigkeit für den einzelnen Arbeitnehmer gering halten		
Träger				Pflegekassen	Berufsgenossenschaft
Leistungen	● Altersruhegeld ● Rente wegen Erwerbsminderung ● Hinterbliebenen-Rente ● Leistungen zur Rehabilitation ● Witwen- und Waisenrente				● Heilbehandlung ● Berufshilfe ● Verletztengeld ● Übergangsgeld ● Verletztenrente ● Sterbegeld ● Hinterbliebenenrente

Versicherungs-zweig	Rentenversicherung	Krankenversicherung	Arbeitslosenversicherung	Pflegeversicherung	Unfallversicherung
Versicherungs-pflichtig sind ...		● Arbeiter und Angestellte, wenn ihr regelmäßiges Entgelt die Jahresarbeits-entgeltgrenze nicht übersteigt ● Auszubildende, ● ggfs. Arbeitslose ● Rentner und Wehr- und Ersatzdienstleistende			

Übung 2.1: Überweisung der Lohnsteuer und der Sozialversicherungsbeiträge

1. Vervollständigen Sie die unten aufgeführte Tabelle.

Abzugsart	Bis wann überweisen?		Wohin überweisen?
Lohnsteuer			
Kirchensteuer			
Solidaritätszuschlag			
Sozialversicherungsbeiträge (Arbeitgeber- und Arbeitnehmeranteil)			

Bis wann müssten die Sozialversicherungsbeiträge im Monat August 20.. an die _____ überwiesen werden? Kreuzen Sie den entsprechenden Tag im unten aufgeführten Kalender an.

Wochentag	Datum
Samstag	01.08.
Sonntag	02.08.
Montag	03.08.
Dienstag	04.08.
Mittwoch	05.08.
Donnerstag	06.08.
Freitag	07.08.
Samstag	08.08.
Sonntag	09.08.
Montag	10.08.
Dienstag	11.08.
Mittwoch	12.08.
Donnerstag	13.08.
Freitag	14.08.
Samstag	15.08.

Wochentag	Datum
Sonntag	16.08.
Montag	17.08.
Dienstag	18.08.
Mittwoch	19.08.
Donnerstag	20.08.
Freitag	21.08.
Samstag	22.08.
Sonntag	23.08.
Montag	24.08.
Dienstag	25.08.
Mittwoch	26.08.
Donnerstag	27.08.
Freitag	28.08.
Samstag	29.08.
Sonntag	30.08.
Montag	31.08.

Übung 2.2: Personalbeurteilung

Die Mitarbeiterin Bärbel Neu verlässt die RAND OHG. Zum Abschluss erhält sie folgendes Arbeitszeugnis.

RAND OHG
Großhandel für Randsortimente

Arbeitszeugnis

Frau Bärbel Neu, geboren am 12.06.1973 in Köln, war seit dem 01.06.20.. bis heute zwei Jahre in unserem Unternehmen als Sachbearbeiterin im Verkauf beschäftigt.

Ihr Tätigkeitsbereich umfasste die Gestaltung von Preislisten, die Bearbeitung von Kundenangeboten, die Preiskalkulation sowie die Führung und Auswertung der Verkaufsstatistiken.

Wir lernten Frau Neu als stets pünktliche Mitarbeiterin kennen, die sich im Rahmen ihrer Fähigkeiten eingesetzt hat. Die ihr übertragenen Aufgaben erledigte Frau Neu im Großen und Ganzen zu unserer Zufriedenheit. Im Kollegenkreis galt Frau Neu als umgängliche und gesellige Kollegin.

Das Ausscheiden von Frau Neu erfolgt in gegenseitigem Einvernehmen.

Düsseldorf, 30.06.20..

i. V. Koch

Geschäftsführer
RAND OHG

a. Prüfen Sie, ob das Zeugnis formal in Ordnung ist.

b. Versuchen Sie, das vorliegende Zeugnis in einer einzigen Gesamtnote zusammenzufassen.

   Geschätzte Gesamtnote: _____

c. Begründen Sie Ihre Gesamtnote, indem Sie die einzelnen Formulierungen des Arbeitszeugnisses übersetzen.

Formulierung im Arbeitszeugnis	Tatsächliche Bedeutung
Wir lernten Frau Neu als stets pünktliche Mitarbeiterin kennen	
Frau Neu hat sich im Rahmen ihrer Fähigkeiten eingesetzt.	
Die ihr übertragenen Aufgaben erledigte Frau Neu im Großen und Ganzen zu unserer Zufriedenheit.	
Im Kollegenkreis galt Frau Neu als umgängliche und gesellige Kollegin.	
Das Ausscheiden von Frau Neu erfolgt in gegenseitigem Einvernehmen	

Übung 2.3: Maßnahmen zur Lösung von Konflikten

1. Formulieren Sie drei Regeln für eine gelungene Kommunikation in Konfliktgesprächen. Tauschen Sie sich danach im Klassenverband aus und erstellen gemeinsam eine Liste mit Regeln.

_____

_____

_____

2. Auch die Körpersprache spielt eine entscheidende Rolle bei einem erfolgreich durchgeführten Konfliktgespräch. Damit ihr nächstes Konfliktgespräch erfolgreich verläuft, überlegen Sie, wie Ihre Körpersprache bezogen auf die unten aufgeführten Aspekte aussehen soll und was Sie vermeiden sollten.

	Was sollten Sie vermeiden?	Wie sollte es sein?
Mimik		
Körperhaltung		

	Was sollten Sie vermeiden?	Wie sollte es sein?
Bewegung	_____ _____ _____ _____ _____	_____ _____ _____ _____ _____
Blick	_____ _____ _____ _____ _____	_____ _____ _____ _____ _____

Übung 2.4: Arbeitsvertrag

Vervollständigen Sie die Lücken in der unten aufgeführten Übersicht.

Der Arbeitsvertrag ist nach dem BGB eine Form des _____, durch den sich ein _____ gegenüber einem _____ zur entgeltlichen Arbeitsleistung verpflichtet.

_____ Willenserklärung → Arbeits-vertrag ← Willenserklärung _____

begründet

Pflichten des Arbeitnehmers		Pflichten des Arbeitgebers	
Pflicht	**Erläuterung**	**Pflicht**	**Erläuterung**
Schweigepflicht	_____ _____ _____ _____ _____ _____ _____	Fürsorgepflicht	_____ _____ _____ _____ _____ _____ _____
_____	Der Arbeitnehmer hat die Pflicht, die im Arbeitsvertrag vereinbarten Dienste zu leisten.	_____	Die Höhe der Vergütung regelt der Tarifvertrag. Die Zahlung muss spätestens am letzten Werktag eines Monats erfolgen.

Pflichten des Arbeitnehmers		Pflichten des Arbeitgebers	
Befolgung von Anweisungen		**Zeugnispflicht**	
Wettbewerbsverbot		**Gewährung des Erholungsurlaubs**	
Verbot der Annahme von Schmiergeld			Im Krankheitsfall wird das Gehalt sechs Wochen vom Arbeitgeber fortgezahlt. Danach tritt die Krankenkasse ein.
Keine Rufschädigung		**Kündigungsfrist**	

© Bildungsverlag EINS GmbH

Übung 2.5: Tarifvertrag, Betriebsvereinbarung und betriebliche Mitbestimmung

1. Verbinden Sie die folgenden Beschreibungen mit dem jeweiligen Begriff.

Beschreibung		Begriff
Er regelt die grundsätzlichen Arbeitsbedingungen, z. B. Einstellungen und Entlassungen, Arbeitszeit, Schichtarbeit, Teilzeitarbeit, Mehrarbeit, Kurzarbeit, Urlaub usw.		Friedenspflicht
Sie sind auf der Arbeitnehmerseite die Gewerkschaften und auf der Arbeitgeberseite die Arbeitgeberverbände bzw. einzelne Arbeitgeber. Nur die Mitglieder sind an den Tarifvertrag gebunden.		Tarifvertrag
Während der Laufzeit eines Tarifvertrages dürfen die Arbeitnehmer keinen Streik und die Arbeitgeber keine Aussperrung durchführen.		Tarifvertrags-parteien
Er regelt die Rechte und Pflichten der Tarifvertragsparteien und enthält Rechtsnormen, die den Inhalt, den Abschluss und die Beendigung von Arbeitsverhältnissen ordnen können.		Erfüllungspflicht
Die Tarifvertragsparteien haben das Recht, Vereinigungen zu bilden und in eigener Verantwortung Tarifverträge abzuschließen.		Manteltarif-vertrag
Die Mitglieder der Tarifvertragsparteien müssen die getroffenen Regelungen erfüllen.		Lohn- und Gehaltstarifvertrag
Er besteht aus zwei Teilen: zum einen aus dem Gehaltstarifvertrag für die kaufmännischen und technischen Angestellten, zum anderen aus dem Lohntarifvertrag für die gewerblichen Arbeitnehmer.		Tarifautonomie

2. Schreiben Sie die folgenden Begriffe an die passenden Stellen des Schaubildes.

> Betriebsrat – Tarifverträge – Arbeitgeberverband – eingeschränkt – Arbeitgeber – Betriebsvereinbarungen

Die Vertragsfreiheit beim Abschluss eines Arbeitsvertrages ist eingeschränkt durch gesetzliche Bestimmungen, Tarifverträge und Betriebsvereinbarungen.

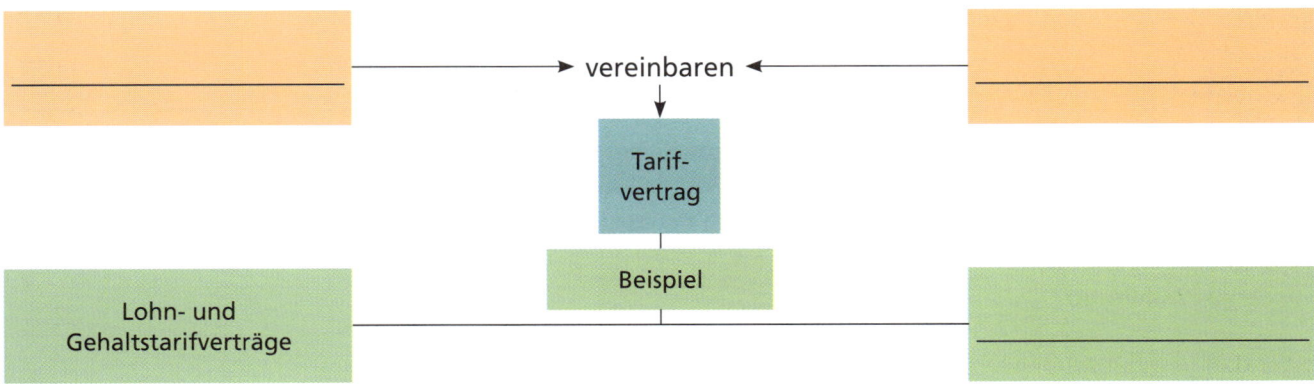

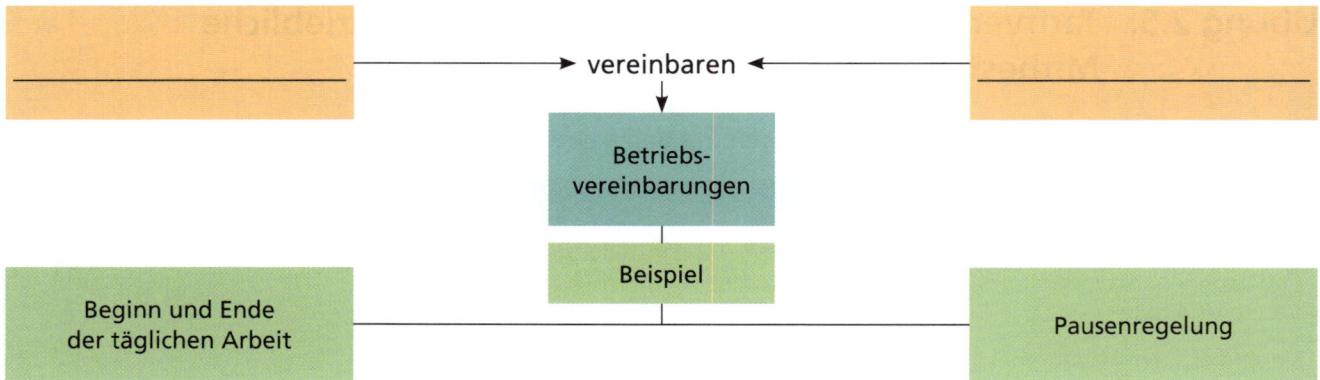

In der RAND OHG stehen die Wahlen des Betriebsrates und der Jugend- und Auszubildendenvertretung an. Die Auszubildenden Hark Blech und Werner Krull werden damit beauftragt, die Organisation dieser Wahlen mit zu unterstützen.

„Tja", denkt Hark, „gar nicht so einfach. Zunächst einmal muss geschaut werden, wer überhaupt wählen darf und wer als Betriebsratsmitglied oder als Jugend- und Auszubildendenvertreter/-in gewählt werden darf. Werner, was meinst du, dürfen wir auch an der Betriebsratswahl teilnehmen?"

a. Hark und Werner erstellen zunächst einmal eine Übersicht zum Thema Betriebsrat und Jugend- und Auszubildendenvertretung. Vervollständigen Sie diese Übersicht mithilfe Ihres Lehrbuches.

Der Betriebsrat
In Unternehmen mit mindestens _____ kann ein Betriebsrat und eine Jugend- und Auszubildendenvertretung gewählt werden.
Die Betriebsratswahlen finden alle _____ statt.
Wer ist wahlberechtigt? (= aktives Wahlrecht)
Wer darf gewählt werden? (= passives Wahlrecht)
Wie setzt sich der Betriebsrat zusammen?

Die Jugend- und Auszubildendenvertretung (JAV)
Die Wahl der Jugend- und Auszubildendenvertretung findet alle _____ statt.
Wer ist wahlberechtigt? (= aktives Wahlrecht)
Wer darf gewählt werden? (= passives Wahlrecht)
Wie setzt sich die Jugend- und Auszubildendenvertretung zusammen?

b. Hark und Werner haben einen Auszug aus der aktuellen Personalliste der RAND OHG erhalten. Kreuzen Sie entsprechend an, ob die/der jeweilige Mitarbeiter/-in wählbar oder wahlberechtigt ist.

Wahlberechtigt		Betriebsrat		JAV	
		Wählbar	Wahlbe-rechtigt	Wahlbe-rechtigt	Wählbar
Karin Schmitz	47 Jahre alt, seit 20 Jahren in der RAND OHG beschäftigt, Angestellte				
Sascha Mann	27 Jahre alt, seit drei Monaten in der RAND OHG beschäftigt, Angestellter				
Torsten Klein	17 Jahre alt, erstes Ausbildungsjahr, Ausbildung zum Industriekaufmann				
Tom Bartels	36 Jahre alt, seit acht Monaten in der RAND OHG beschäftigt, Angestellter				
Renate Rand	52 Jahre alt, Geschäftsführerin				
Heinz Becker	28 Jahre alt, drittes Ausbildungsjahr, Ausbildung zum Kaufmann für Büromanagement				
Hark Blech	19 Jahre alt, zweites Ausbildungsjahr, Ausbildung zum Kaufmann für Büromanagement				

Übung 2.6: Wandel im Arbeitsmarkt

Beschreiben Sie, welche Rückschlüsse Sie aus der folgenden Abbildung ziehen.

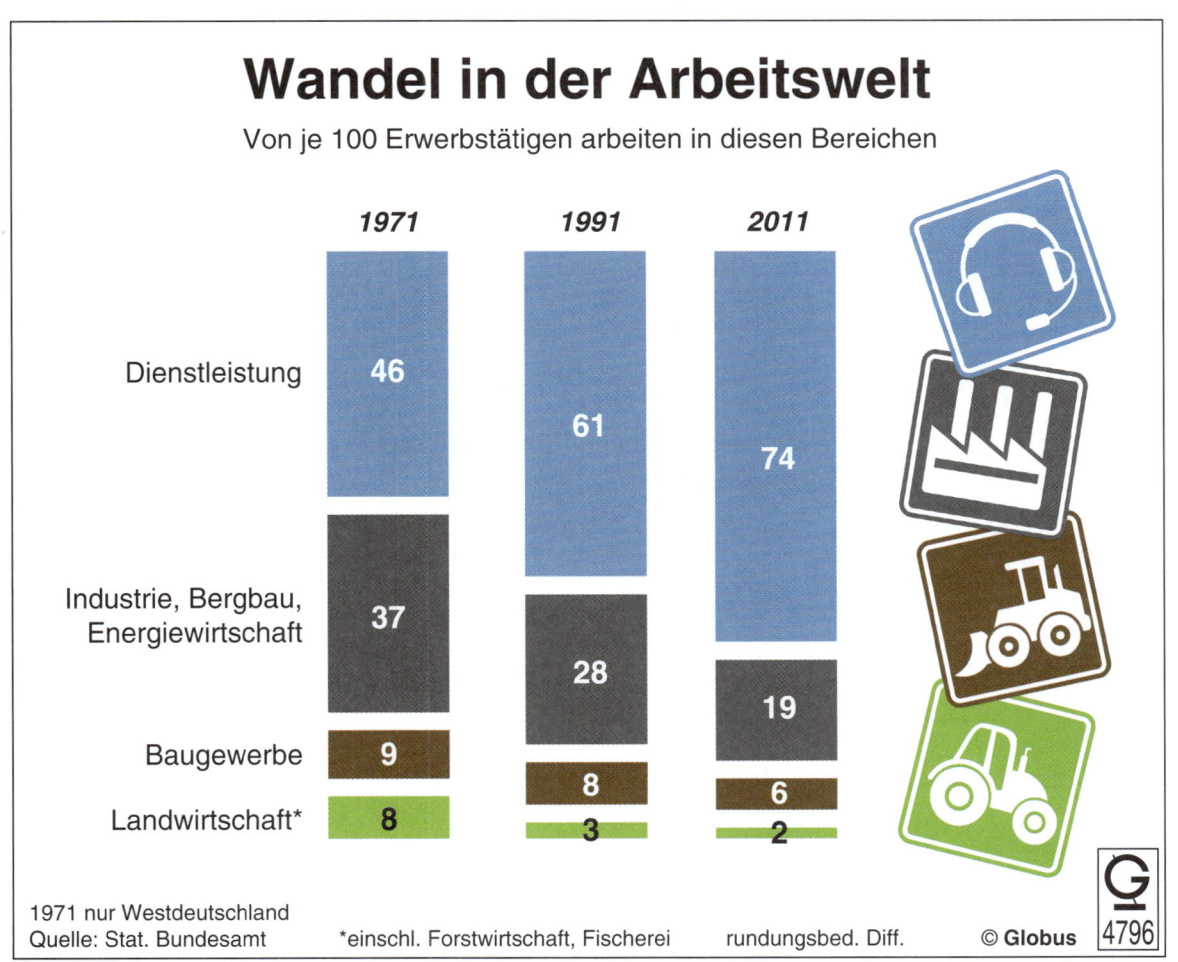

Wandel in der Arbeitswelt

Von je 100 Erwerbstätigen arbeiten in diesen Bereichen

	1971	1991	2011
Dienstleistung	46	61	74
Industrie, Bergbau, Energiewirtschaft	37	28	19
Baugewerbe	9	8	6
Landwirtschaft*	8	3	2

1971 nur Westdeutschland
Quelle: Stat. Bundesamt   *einschl. Forstwirtschaft, Fischerei   rundungsbed. Diff.   © **Globus**   4796

_____

_____

_____

_____

_____

_____

Übung 2.7: Kündigung

1. Bülents Freund Thomas, 26 Jahre alt, hat letztes Jahr die Ausbildung zum Einzelhandelskaufmann abgeschlossen und arbeitete seit dem 01.09.20.1 in einem Sportgeschäft, bis dass er letzte Woche (am 30.11.20.1) leider überraschend gekündigt wurde. In Thomas' Kündigung steht, dass er zum 31. Dezember 20.1 fristgerecht gekündigt wird, weil das Sportgeschäft momentan aus wirtschaftlichen Gründen Einsparungen vornehmen muss. Thomas ist völlig verzweifelt: _„Und das auch noch noch vor Weihnachten!"_ Er bittet Sie wegen der Kündigung um Rat, weil er von diesem Thema überhaupt keine Ahnung hat. Er fragt sich, ob die Kündigung überhaupt rechtens ist. Und ob er überhaupt so einfach gekündigt werden kann. Können Sie Thomas bei seinen Fragen zum Thema Kündigung helfen?

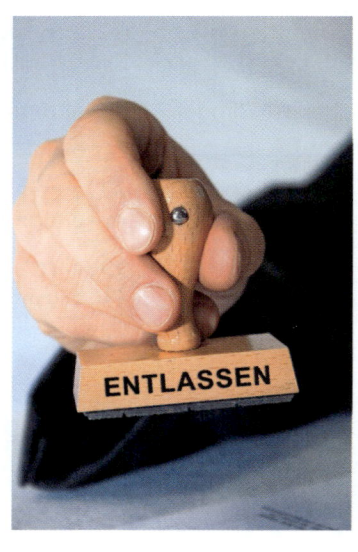

   a. Um welche **Kündigungsart** und um welchen **Kündigungsgrund** handelt es sich in Thomas' Fall? Erläutern Sie Ihre Antwort.

_____

_____

_____

_____

_____

_____

_____

   b. Welche Personengruppen unterliegen einem speziellen Kündigungsschutz? Gehört Thomas auch zu diesen Personengruppen?

_____

_____

_____

   c. Ist Thomas' Kündigung gerechtfertigt? Begründen Sie Ihre Antwort.

_____

_____

_____

d. Es wurden noch weitere Arbeitskollegen von Thomas gekündigt. Welche Kündigungsfristen stehen den jeweiligen unten aufgeführten Arbeitskollegen zu?

Elke, 34 Jahre alt, seit fünf Jahren im Betrieb (Arbeitgeber kündigt)	_____
Klaus, 42 Jahre alt, seit 20 Jahren im Betrieb (Arbeitgeber kündigt)	_____
Sabine, 31 Jahre alt, seit zehn Jahren im Betrieb (Mitarbeiterin kündigt)	_____

2. Vervollständigen Sie die unten aufgeführten Übersichten zum Thema Kündigung, Kündigungsarten und Kündigungsgründe.

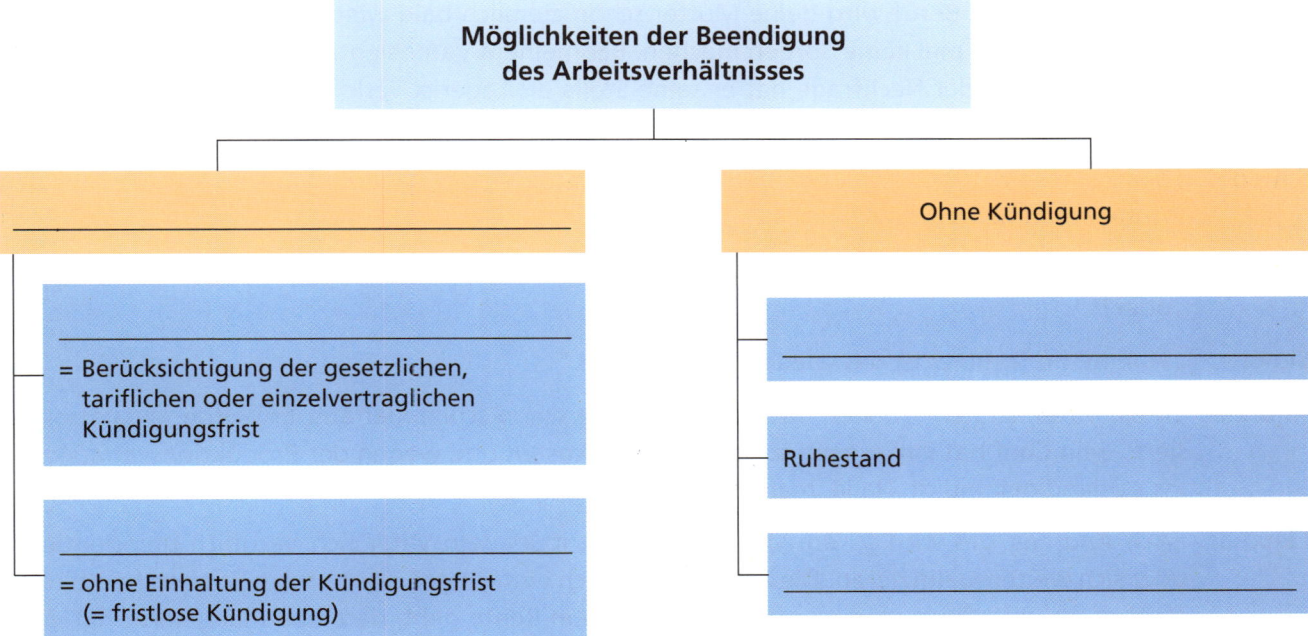

Kündigungsgründe		
Betriebsbedingte Kündigung	**Verhaltensbedingte Kündigung**	**Personenbedingte Kündigung**
_____	_____	_____
_____	_____	_____
_____	_____	_____
_____	_____	_____
_____	_____	_____
_____	_____	_____
_____	_____	_____
_____	_____	_____
_____	_____	_____
_____	_____	_____

Übung 2.8: Arten und Ursachen von Arbeitslosigkeit

In der letzten Unterrichtsstunde zum Thema Arbeitslosigkeit ergab sich in Sabine Sommers und Bülent Özdemirs Schule der unten aufgeführte Dialog. Notieren Sie, um welche Formen der Arbeitslosigkeit es sich handelt, von denen die unten aufgeführten Schülerinnen und Schüler sprechen und welche Ursachen dafür genannt werden.

Claudia: „Meine Mutter hat heute einen Termin bei der Bundesagentur für Arbeit."

Mike: „Wie? Ist deiner Mutter gekündigt worden?"

Claudia: „Nein, sie hat selber gekündigt. Sie ist Bilanzbuchhalterin und möchte sich beruflich neu orientieren. Mal sehen, was ihr so angeboten wird. Aber sie wird bestimmt bald eine gute neue Stelle haben, sonst hätte sie nicht gekündigt."

Mike: „Ach, mit diesem Beruf wird deine Mutter schon ziemlich bald wieder eine neue Stelle haben. Da würde ich mir mal keine Sorgen machen. Bei meinem Vater sieht es leider nicht so rosig aus. Aufgrund sinkender Nachfrage hat er seine Stelle als Lagerist verloren. Sein Chef hat aber gesagt, sobald die Konjunktur bzw. Auftragslage besser wird, würde er ihn wieder einstellen."

Simone: „Bei meinem Vater ist es ja auch jedes Jahr das Gleiche. Als Bauarbeiter muss er sich über den Winter einen neuen Job suchen."

Andreas: „Naja, aber im Frühjahr wird dein Vater doch spätestens wieder eine neue Anstellung finden, oder?"

Simone: „Stimmt, im Sommer ist das wieder kein Problem."

Andreas: „Mein Vater ist Stahlarbeiter, da sieht das Ganze schon schlimmer aus. Er wurde ‚wegrationalisiert'. Sein Chef hat ihm wegen steigender Lohnkosten und wegen der Produktionsverlagerung ins Ausland gekündigt. Na ja, mal sehen wie es weitergeht."

Claudia: „Ach Andreas, das wird schon wieder. Vielleicht muss dein Vater sich beruflich umorientieren oder sich weiterqualifizieren. Die Zeiten haben sich einfach geändert und es ist eben heutzutage nicht mehr unbedingt so, dass man mit dem Job in Rente geht, den man mal gelernt hat. Man muss immer flexibel sein."

	Claudias Mutter	Mikes Vater	Simones Vater	Andreas' Vater
Um welche Art der Arbeitslosigkeit handelt es sich?	_____ _____ _____	_____ _____ _____	_____ _____ _____	_____ _____ _____
Ursachen	_____ _____ _____ _____ _____ _____ _____	_____ _____ _____ _____ _____ _____ _____	_____ _____ _____ _____ _____ _____ _____	_____ _____ _____ _____ _____ _____ _____

Investition und Finanzierung

Lernfeld 9: Investitionen und Finanzierungen planen und sinnvolle Entscheidungen treffen

Lernsituation 1: Sie erstellen einen Haushaltsplan zur Unterstützung von Investitions- und Finanzierungsentscheidungen

Herbert Krull, der Vater des Auszubildenden der RAND OHG Werner Krull, hat sich entschlossen, einen Neuwagen als Familienauto anzuschaffen. Zur Finanzierung dieser Investition erwägt Herr Krull ein Darlehen bei der Hausbank der Stadtsparkasse Düsseldorf aufzunehmen oder ein Leasingangebot der Automobil-Leasing GmbH anzunehmen. Zunächst möchte Herr Krull sich jedoch eine Vorstellung davon machen, welchen finanziellen Spielraum er und seine Familie haben. Er bittet seinen Sohn Werner, ihm bei der Erstellung eines monatlichen Haushaltsplans zur Feststellung des verfügbaren Einkommens zu unterstützen.

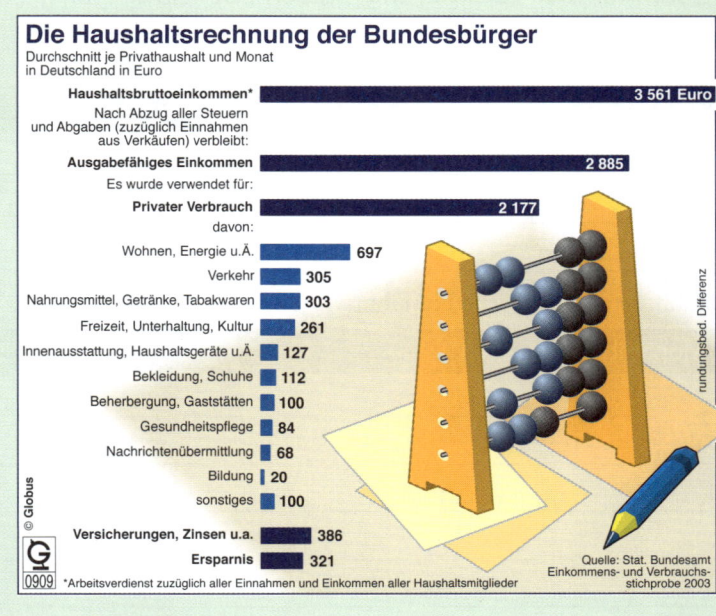

Die Haushaltsrechnung der Bundesbürger
Durchschnitt je Privathaushalt und Monat in Deutschland in Euro

	Euro
Haushaltsbruttoeinkommen*	3 561 Euro
Nach Abzug aller Steuern und Abgaben (zuzüglich Einnahmen aus Verkäufen) verbleibt:	
Ausgabefähiges Einkommen	2 885
Es wurde verwendet für:	
Privater Verbrauch	2 177
davon:	
Wohnen, Energie u.Ä.	697
Verkehr	305
Nahrungsmittel, Getränke, Tabakwaren	303
Freizeit, Unterhaltung, Kultur	261
Innenausstattung, Haushaltsgeräte u.Ä.	127
Bekleidung, Schuhe	112
Beherbergung, Gaststätten	100
Gesundheitspflege	84
Nachrichtenübermittlung	68
Bildung	20
sonstiges	100
Versicherungen, Zinsen u.a.	386
Ersparnis	321

*Arbeitsverdienst zuzüglich aller Einnahmen und Einkommen aller Haushaltsmitglieder

© Globus 0909
Quelle: Stat. Bundesamt Einkommens- und Verbrauchsstichprobe 2003
rundungsbed. Differenz

Analyse des Einstiegsszenarios

Erläutern Sie, warum es für Herbert Krull in dieser Situation überhaupt wichtig ist, für sich und seiner Familie einen Haushaltsplan zu erstellen.

_____

_____

_____

_____

_____

_____

Planen und durchführen

Erstellen Sie einen monatlichen Haushaltsplan mithilfe der von Herrn Krull bereitgestellten Informationen und der folgenden Tabelle.

Kindergeld (2 Kinder) . . . . 368,00 €

Versicherungen (Haftpflicht, Hausrat, Unfall) . . . . 130,00 €

Sparen . . . . 200,00 €

Freizeit, Unterhaltung, Hobby . . . . 200,00 €

Strom . . . . 101,00 €

Nettoeinkommen Verena Krull . . . . 900,00 €

Haushaltsgeld für Ernährung, Kleidung, Körper- und Gesundheitspflege etc. . . . . 1 050,00 €

Gas (Heizung) . . . . 45,00 €

Telefon (Festnetz und Handy) . . . . 120,00 €

Gebührenzentrale GEZ . . . . 10,00 €

Wasser . . . . 30,00 €

Kaltmiete . . . . 800,00 €

Nettoeinkommen Werner Krull . . . . 2 200,00 €

Kosten für Kfz: Versicherung, Steuern, Benzin . . . . 200,00 €

Monatliche Einnahmen		€
A: Summe monatliche Einnahmen		
Monatliche Ausgaben		€
Monatliche Ausgaben		€
B: Summe monatliche Ausgaben		
C: Monatlich frei verfügbare Mittel (A – B)		

Erörtern Sie die finanzielle Situation der Familie Krull.

_____

_____

_____

_____

_____

Bewerten und reflektieren

Gehen Sie zunächst mit einem anderen Paar zusammen und vergleichen Sie Ihre bisherigen Arbeitsergebnisse. Ergänzen Sie gegebenenfalls fehlende Punkte in Ihren bisherigen Arbeitsergebnissen. Danach präsentiert exemplarisch ein Team der Klasse seine Arbeitsergebnisse als Kurzvortrag. Ergänzen Sie gegebenenfalls fehlende Punkte in Ihren Unterlagen. Als Beobachter machen Sie sich nach jeder Präsentation zunächst einige Notizen. Mit diesen Notizen wird es Ihnen leicht fallen, Ihren Mitschülerinnen und Mitschülern ein konstruktives Feedback zu geben.

Vertiefen und Lernergebnisse sichern

Ein Haushaltsplan sollte übersichtlich angeordnet sein. Er ist nur dann sinnvoll, wenn alle Einnahmen und Ausgaben regelmäßig eingetragen und verglichen werden. Man unterscheidet zwischen festen und veränderlichen Ausgaben. Ordnen Sie jeweils fünf Beispiele den einzelnen Überschriften zu.

Feste Kosten, die kurzfristig nicht verändert werden können und regelmäßig anfallen.	Sind die laufenden Kosten, bei denen man immer wieder neu planen und entscheiden kann.
Grundausgaben (feste Kosten)	**Wahlausgaben (veränderliche Kosten)**
_____	_____
_____	_____
_____	_____
_____	_____
_____	_____

Was kann ein Privathaushalt unternehmen, wenn in einem Planungszeitraum eine Unterdeckung festgestellt wird? Zeigen Sie drei Möglichkeiten auf.

_____

_____

_____

Übung 1.1:   Investitionsarten und Ziele von Investitionen

Die RAND OHG plant, ihre Produkte zunehmend international zu vermarkten. Marktforschungen haben ergeben, dass es sinnvoll wäre, neben dem Hauptsitz in Düsseldorf im Grenzbereich zu Belgien und Frankreich eine weitere Vertriebsniederlassung zu gründen. Zu diesem Zweck sind allerdings erhebliche Investitionen erforderlich.

1. Stellen Sie kurz dar, welche Art von Investition die RAND OHG verfolgt.

_____

_____

2. Führen Sie sechs Beispiele auf, welche grundlegenden Investitionsgüter für das Vorhaben benötigt werden.

Übung 1.2: Finanzierungsarten

Während einer Besprechung der Geschäftsführer mit allen Abteilungsleitern wird das Projekt aus der Übung 1.1 thematisiert. In Bezug auf das Investitionsvolumen liegen der Geschäftsleitung u. a. die folgenden Zahlen für den Kapitalbedarf vor:

Grundstück mit Halle: 190 000,00 €
Lkw: 100 000,00 €
Büro- und Geschäftsausstattung: 90 000,00 €

Einige Teilnehmer sind der Ansicht, dass hierzu Kredite bei den Banken in großem Umfang aufgenommen werden müssten. Herr Koch hat einen Investor an der Hand, der sich an der RAND OHG mit 350 000,00 € beteiligen möchte. Frau Rand lehnt dies kategorisch ab: *„Wenn wir das tun, sind wir nicht mehr Herr im eigenen Haus. Es besteht die Gefahr, dass Einflüsse von Investoren zu groß werden. Ich bin entschieden gegen diese Form der Finanzierung."*

1. Listen Sie auf, welche Finanzierungsmöglichkeiten in der Sitzung angesprochen werden.

2. Erstellen Sie eine Übersicht über weitere Finanzierungsmöglichkeiten für das Investitionsvorhaben der RAND OHG, indem Sie die fehlenden Begriffe in die folgende Übersicht einsetzen.

> Innenfinanzierung – Fremdfinanzierung – Einlagen (Einzelunternehmen, OHG, KG) – Finanzierung durch Kapitalfreisetzung – Außenfinanzierung – Eigenfinanzierung – Finanzierung aus Rückstellungen – Finanzierung aus Abschreibungen – Einlagen-/Beteiligungsfinanzierung – Auflösung von stillen Rücklagen (stille Selbstfinanzierung)

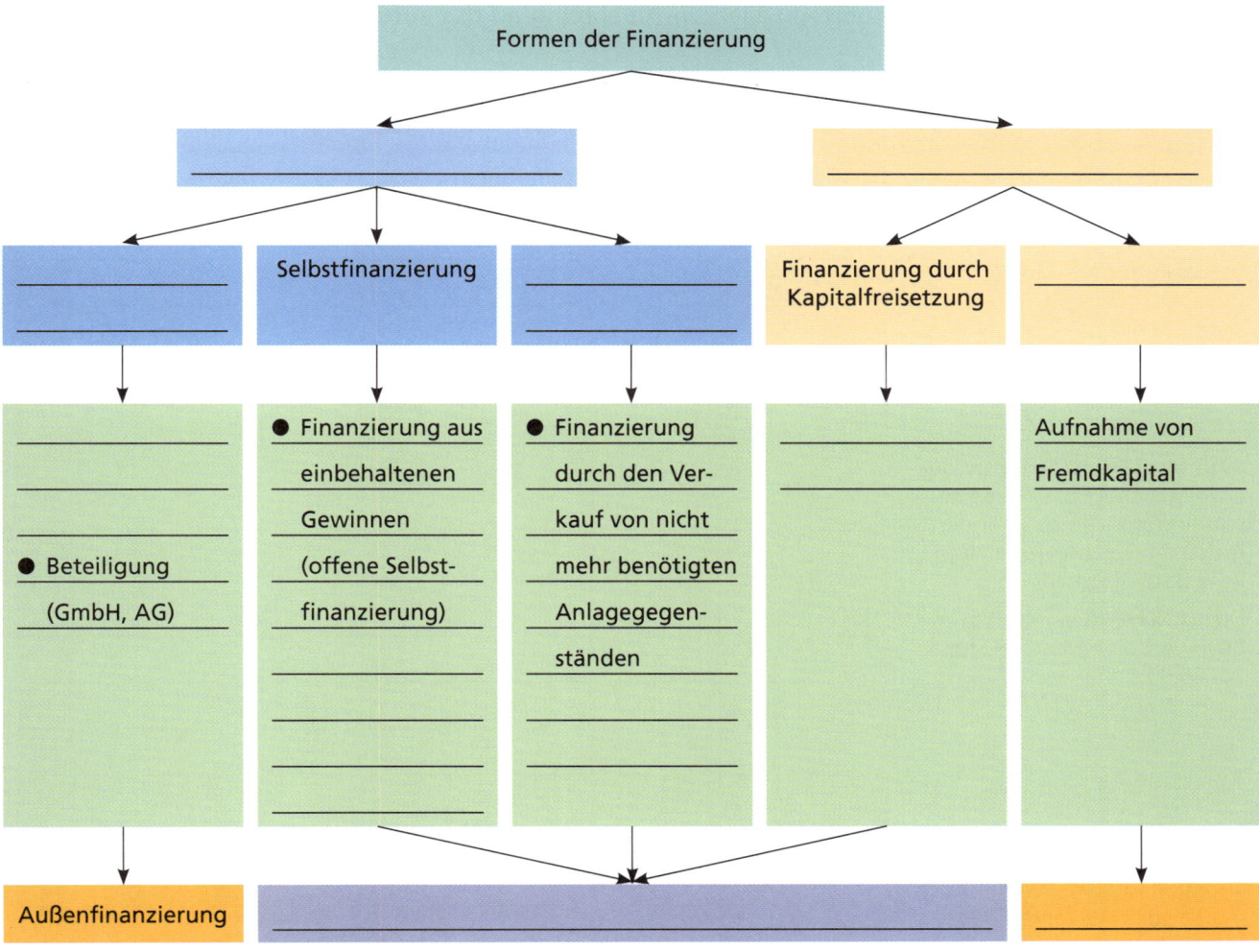

3. Wägen Sie die Vor- und Nachteile der beiden Finanzierungsmöglichkeiten für das Investitionsvorhaben der RAND OHG ab.

Finanzierungsart: _____

Vorteile: _____	Nachteile: _____
_____	_____
_____	_____
_____	_____
_____	_____

Finanzierungsart: _____

Vorteile: _____	Nachteile: _____
_____	_____
_____	_____
_____	_____
_____	_____

4. Ordnen Sie den unten aufgeführten Fällen, in Anlehnung an das aufgeführte Beispiel, die passenden Finanzierungsarten zu.

Fall	Finanzierungsart	Eigen-/ Fremdfinanzierung	Innen-/ Außenfinanzierung
Die RAND OHG nimmt ein neues Darlehen auf.	Kreditfinanzierung	Fremdfinanzierung	Außenfinanzierung
Die RAND OHG schreibt eine Verpackungsmaschine linear über fünf Jahre ab.			
Otto Meyer, Gesellschafter der Otto Meyer & Co. OHG Spielwarenfabrik, ein Lieferer der RAND OHG, leistet eine zusätzliche Bareinlage.			
Die RAND OHG verkauft zum Buchwert eine Maschine für 20 000,00 €.			
Renate Rand und Werner Koch haben vor zwei Jahren den Jahresüberschuss der RAND OHG nicht entnommen, weil sie im darauffolgenden Jahr einen neuen Gabelstapler für das Lager angeschafft haben.			

Lernsituation 2: Sie bieten Kreditsicherheiten an und entscheiden sich für eine Darlehensart bei der Fremdfinanzierung

Die RAND OHG hat sich entschlossen, im Dezember in einen neuen Lkw zur Kundenbelieferung im Wert von 100 000,00 € zu investieren. Zur Finanzierung dieser Investition erwägt die RAND OHG, ein Darlehen bei ihrer Hausbank, der Stadtsparkasse Düsseldorf, aufzunehmen. Herr Koch beauftragt Werner Krull damit, einen Termin mit dem zuständigen Sachbearbeiter der Hausbank zu vereinbaren. Zum Abschluss des Telefongesprächs sagt der Sachbearbeiter zu Werner Krull: *„Bringen Sie bitte nächste Woche alle üblichen Unterlagen zur Kreditwürdigkeitsprüfung mit. Bitte überprüfen Sie, welche Kreditsicherheiten Sie uns für dieses Darlehen anbieten*

können. Sollten mir alle Unterlagen vorliegen, werde ich Ihnen unterschiedliche Darlehensangebote unterbreiten und Sie können sich dann für eine Darlehensart entscheiden."

Analyse des Einstiegsszenarios

Zur Überprüfung der Kreditwürdigkeit der RAND OHG müssen für die Hausbank die wichtigsten Kundendaten für eine Selbstauskunft zusammengetragen werden. Ergänzen Sie die unten aufgeführte Checkliste um weitere wichtige Informationen, die im Rahmen einer Kreditwürdigkeitsprüfung seitens der Bank im Allgemeinen bei gewerblichen Kunden benötigt werden.

Checkliste zur Kreditwürdigkeitsprüfung

- Name
- Anschrift
- Bilanz

_____

_____

_____

_____

_____

_____

_____

Planen und durchführen

Legen Sie bitte dar, welche Möglichkeiten Werner Krull zur Verfügung stehen, der Bank Sicherheiten für das Darlehen in Höhe von 100 000,00 € anzubieten. Ziehen Sie hierzu die folgende Bilanz der RAND OHG heran.

Aktiva	Bilanz der RAND OHG zum 31. Dezember 20..		Passiva
I. Anlagevermögen		**I. Eigenkapital**	300 000,00
1. Grundstücke	100 000,00	**II. Schulden**	
2. Gebäude	175 000,00	1. Verbindlichkeiten gegenüber	
3. Fuhrpark	20 000,00	Kreditinstituten	150 000,00
4. Betriebs- und Geschäftsausstattung	30 000,00	2. Verbindlichkeiten a. LL	50 000,00
II. Umlaufvermögen			
1. Waren	95 000,00		
2. Forderungen	30 000,00		
3. Banken	50 000,00		
	500 000,00		500 000,00

Düsseldorf, 31. Dezember 20..   _Renate Rand_   _Werner Koch_

Kreditsicherungsmöglichkeiten:

_____

_____

_____

_____

_____

_____

_____

_____

_____

_____

_____

_____

_____

_____

Am heutigen Morgen ist es soweit: Der Termin bei der Hausbank steht an. Die Informationen, die die Hausbank bezüglich der Kreditwürdigkeitsprüfung und Kreditsicherung gefordert hat, liegen zur Zufriedenheit der Bank vor. Nach einem sehr positiv verlaufenen Gespräch mit dem Sachbearbeiter der Hausbank bietet dieser der RAND OHG folgende drei Darlehensangebote an. Führen Sie einen Darlehensvergleich durch.

Die Stadtsparkasse Düsseldorf unterbreitet folgendes Angebot:

Zinssatz: 10,00 %
Zinszahlungen: jeweils nachträglich am Jahresende

Tilgungsalternativen:
Alternative 1:   Gesamttilgung am Ende der Laufzeit
Alternative 2:   Tilgung in fünf Raten, fällig jeweils am Jahresende
Alternative 3:   jährliche Annuität in Höhe von 26 500,00 €

Darlehensangebot 1		Darlehensart: _____		
Jahr	Tilgung in €	Zinsen in €	Jährliche Zahlung (Zinsen & Tilgung) in €	Restdarlehen am Ende des Jahres in €
1	_____	_____	_____	_____
2	_____	_____	_____	_____
3	_____	_____	_____	_____
4	_____	_____	_____	_____
5	_____	_____	_____	_____
Summe	_____	_____	_____	_____

Darlehensangebot 2		Darlehensart: _____		
Jahr	Tilgung in €	Zinsen in €	Jährliche Zahlung (Zinsen & Tilgung) in €	Restdarlehen am Ende des Jahres in €
1	_____	_____	_____	_____
2	_____	_____	_____	_____
3	_____	_____	_____	_____
4	_____	_____	_____	_____
5	_____	_____	_____	_____
Summe	_____	_____	_____	_____

| Darlehensangebot 3 | | Darlehensart: _____ | | |
Jahr	Tilgung in €	Zinsen in €	Jährliche Zahlung (Zinsen & Tilgung) in €	Restdarlehen am Ende des Jahres in €
1	_____	_____	_____	_____
2	_____	_____	_____	_____
3	_____	_____	_____	_____
4	_____	_____	_____	_____
5	_____	_____	_____	_____
Summe	_____	_____	_____	_____

Bewerten und reflektieren

Bewerten Sie jedes der drei Darlehensangebote, indem Sie in der unten aufgeführten Tabelle Aspekte notieren, welche für das jeweilige Darlehensangebot sprechen. Treffen Sie im Anschluss daran eine aus Sicht der RAND OHG begründende Empfehlung, für welches der drei Darlehensangebot Sie sich entscheiden würden.

☺ **Für Das Darlehensangebot 1 spricht …**

_____
_____
_____

☺ **Für Das Darlehensangebot 2 spricht …**

_____
_____
_____

☺ **Für Das Darlehensangebot 3 spricht …**

_____
_____
_____

Unsere Entscheidung:

_____
_____
_____
_____
_____
_____

Vertiefen und Lernergebnisse sichern

Zeichnen Sie in die aufgeführten Koordinaten den jeweiligen Verlauf der Zinsen und Tilgung der drei Darlehensarten schematisch ein.

Festdarlehen:

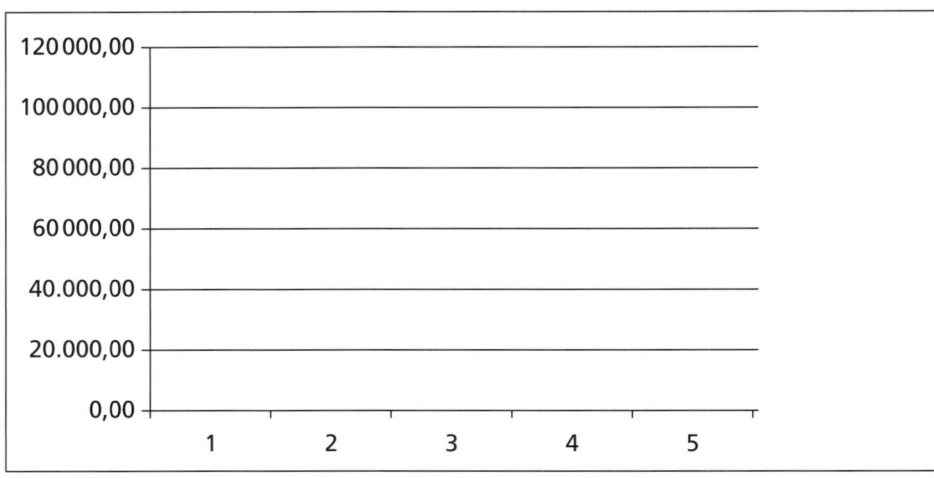

Abzahlungsdarlehen:

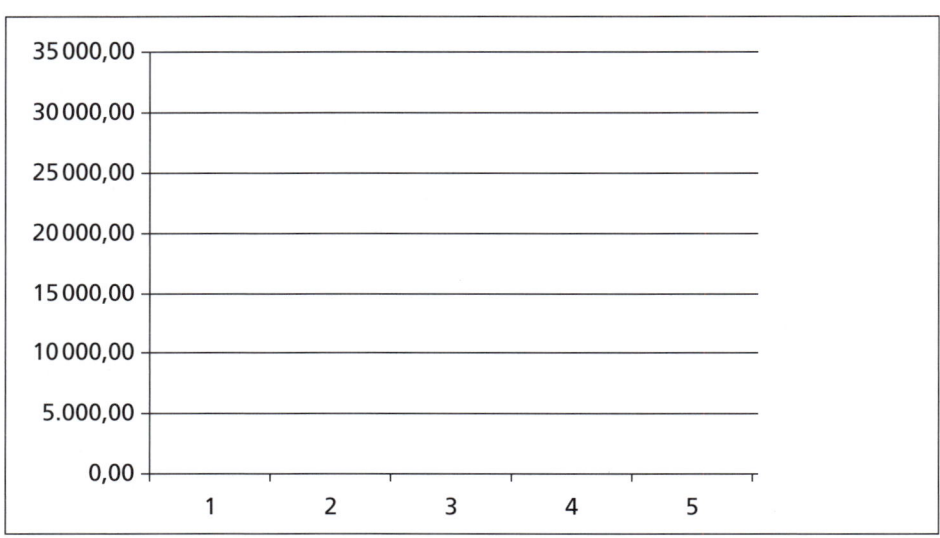

Annuitätendarlehen:

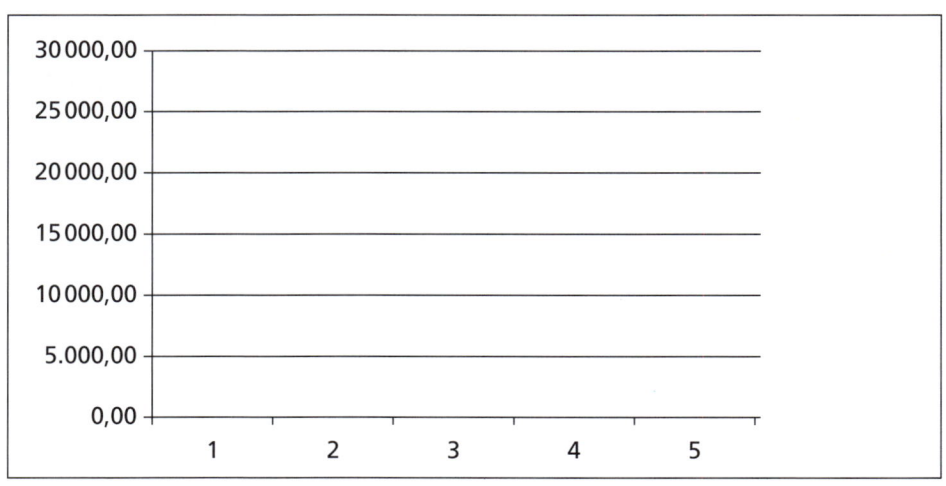

Schauen Sie sich noch einmal die Ergebnisse Ihrer vorherigen Ausarbeitungen zur Lernsituation 1 (Aufstellung eines Finanzplans) an und beurteilen Sie abschließend, ob eine Darlehensaufnahme für die Investition in den Lkw vonnöten ist.

_____

_____

_____

_____

_____

_____

Übung 2.1: Kontokorrentkredit

Unvorhergesehen ist die EDV-Anlage der RAND OHG ausgefallen. Eine Reparatur würde sich nicht mehr lohnen, sodass die RAND OHG gezwungen ist, eine neue EDV-Anlage in Höhe von 40000,00 € anzuschaffen. Am 08.03.20.. beläuft sich das Guthaben auf dem Firmenkonto bei der Stadtsparkasse Düsseldorf auf 10000,00 €. Nach einem Gespräch mit dem Sachbearbeiter der Stadtsparkasse Düsseldorf wird der Kontokorrentkredit auf 60000,00 € erhöht. Für die Nutzung des Kredits verlangt die Stadtsparkasse Düsseldorf 12,00 % Sollzinsen von der RAND OHG. Die neue EDV-Anlage wird schließlich am 20.03.20.. gekauft, die Summe noch am selben Tag überwiesen. Zehn Tage später überweist der Kunde Herbert Blank seine fällige Rechnung in Höhe von 50000,00 €.

1. Erläutern Sie den Begriff Kontokorrentkredit.

_____

_____

_____

_____

_____

_____

2. Stellen Sie den Verlauf des Kontostandes im Monat März in der unten aufgeführten Grafik dar.

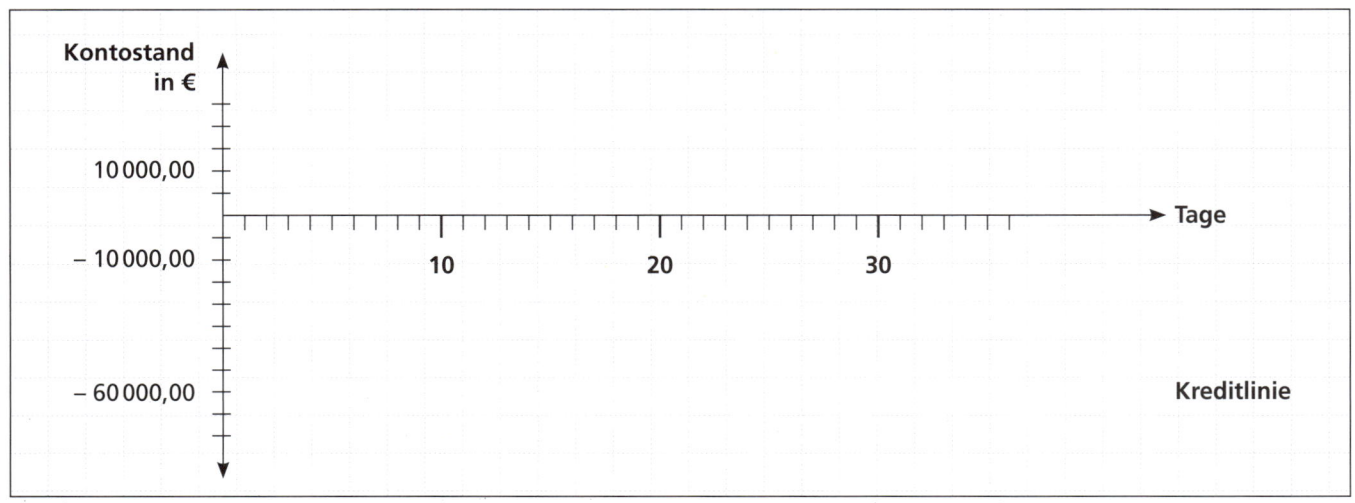

3. Benennen Sie, worin Sie die Vorteile eines Kontokorrentkredites sehen.

_____

_____

_____

_____

_____

4. Berechnen Sie, wie hoch die Zinsen sind, die im Monat März für die Nutzung des Kontokorrentkredites entstehen.

$$\text{Sollzinsen} = \frac{\text{Kapital} \cdot \text{Tage} \cdot \text{Zinssatz}}{100 \cdot 360}$$

Übung 2.2: Lieferantenkredit

Im April erhält die RAND OHG die unten aufgeführte Eingangsrechnung von der Robert Busch GmbH Elektrogeräte in Höhe von 60 000,00 €. Die RAND OHG überlegt, ob sie diese Rechnung sofort bezahlt und den Skontoabzug nutzt. Den Ausgleich der Rechnungssumme würde die RAND OHG über ihr Kontokorrentkonto finanzieren. Für die Nutzung des Kontokorrentkredits würde die Stadtsparkasse Düsseldorf 12,00 % Sollzinsen von der RAND OHG verlangen. Überprüfen Sie, ob sich die Inanspruchnahme von Skonto durch Nutzung des Kontokorrentkredits lohnt.

Rechnung Nr. 12345

Menge	Artikelbezeichnung	Version		Listeneinzelpreis	Listengesamtpreis
100	Trockner	Easy dry		350,00 €	35 000,00 €
82	Waschmaschine	Clean		200,00 €	16 400,00 €
				Mengenrabatt	979,83 €
Zahlbar innerhalb von 30 Tagen netto Kasse oder innerhalb von zehn Tagen unter Abzug von 2,00 % Skonto.				Nettowarenwert	50 420,17 €
				19,00 % MwSt.	9 579,83 €
				Rechnungsbetrag	60 000,00 €

1. Erläutern Sie die Bedeutung der in der Rechnung angegebenen Zahlungsbedingung „Zahlbar innerhalb von 30 Tagen netto Kasse oder innerhalb von zehn Tagen unter Abzug von 2,00 % Skonto".

_____

_____

_____

_____

_____

2. Berechnen Sie, wie hoch der Skontobetrag in € ist.

3. Bestimmen Sie, wie hoch die Zinsen für die Nutzung des Kontokorrentkredites sind.

4. Ermitteln Sie den Finanzierungsvorteil bzw. -nachteil in €.

Übung 2.3: Leasing

In der RAND OHG muss der Dienstwagen eines Außendienstmitarbeiters zum 01.01.20.. ausgetauscht werden. Die Geschäftsführerin der RAND OHG, Frau Rand, hat diesbezüglich bei der Automobil-Leasing GmbH und bei der Stadtsparkasse Düsseldorf bereits ein Leasing- bzw. Darlehensangebot für einen neuen Kombi eingeholt. Die beiden Angebote treffen am heutigen Morgen ein. Für jedes der beiden Angebote gelten die gleichen Bedingungen bezüglich der Laufzeit von vier Jahren und einer Kilometerleistung von insgesamt 200 000 km. Frau Rand beauftragt den Auszubildenden Werner Krull damit, die vorliegenden Darlehens- und Leasingangebote zu vergleichen und ihr eine begründete Empfehlung zu unterbreiten, für welches Angebot sich die RAND OHG entscheiden sollte.

Leasingangebot der Automobil-Leasing GmbH

Laufzeit:	48 Monate
Jährliche Gesamtfahrleistung:	50 000 km
Kalkulierter Restwert:	5 000 €
Leasing-Anzahlungspreis:	3 000,00 €
Monatliche Leasingrate:	710,00 €

Am Ende der Laufzeit können Sie bei Interesse das Auto für den kalkulierten Restwert erwerben.

Darlehensangebot der Stadtsparkasse Düsseldorf (Abzahlungsdarlehen)

Kreditsumme:	32 800,00 €
Laufzeit:	4 Jahre
Nominalzinssatz:	10,00 per anno

1. Nennen Sie stichpunktartig drei Aspekte, die Ihnen zum Thema Leasing einfallen.

_____

_____

_____

2. Beschreiben Sie stichpunktartig, was unter einem Abzahlungsdarlehen verstanden wird.

_____

_____

_____

3. Vergleichen Sie die Liquiditätsbelastung der beiden Finanzierungsalternativen für den Geschäftswagen.

Leasing			
Jahr	Leasingraten		Liquiditätsbelastung
	Monatlich	Jährlich	
1	_____	_____	_____
			_____
2	_____	_____	_____
3	_____	_____	_____
4	_____	_____	_____
Summe:			_____

Kredit				
Jahr	Kredit am Jahresbeginn	Tilgung	Zinsen	Liquiditätsbelastung
1	_____	_____	_____	_____
2	_____	_____	_____	_____
3	_____	_____	_____	_____
4	_____	_____	_____	_____
Summe:		_____	_____	_____

Ihre Entscheidung:

_____

_____

_____

4. Beschreiben Sie auf der Grundlage Ihrer bisherigen Arbeitsergebnisse den Unterschied zwischen Leasing und Darlehensfinanzierung. Erläutern Sie dabei auch, welche Auswirkungen das Leasing oder die Darlehensfinanzierung eines Dienstwagens auf die Bilanz bzw. die Gewinn-und-Verlust-Rechnung der RAND OHG hat.

Leasing:

_____

_____

_____

_____

_____

_____

_____

_____

_____

_____

Darlehensfinanzierung:

_____

_____

_____

_____

_____

_____

_____

_____

_____

_____

Übung 2.4: Kreditsicherung

1. Bestimmen Sie, welche der unten aufgeführten Aussagen bezogen auf das Thema Kreditsicherungen richtig sind. Kreuzen Sie die richtigen Aussagen an.

a. Der Lombardkredit ist für die Sicherung von unbeweglichen Sachen, wie zum Beispiel von Immobilien, geeignet. ☐

b. Bei der Ausfallbürgschaft hat der Bürge nicht das Recht der Vorausklage. ☐

c. Bei der selbstschuldnerischen Bürgschaft haftet der Bürge wie der Hauptschuldner, da er auf das Recht der Einrede der Vorausklage verzichtet. ☐

d. Bei der Sicherungsübereignung wird der Kreditgeber Besitzer der übereigneten Gegenstände, während der Kreditnehmer der Eigentümer der Gegenstände bleibt. ☐

e. Bei der Sicherungsübereignung kann der Kreditnehmer mit den übereigneten Gegenständen weiterarbeiten. ☐

f. Bei der stillen Zession wird der Schuldner des Kreditnehmers von der Forderungsabtretung informiert. ☐

g. Das Pfandrecht an unbeweglichen Sachen bei der Grundschuld existiert nur, wenn eine Forderung besteht. ☐

2. Werner Krull, Auszubildender der RAND OHG, ist völlig verunsichert, für welche Kreditart welches Kreditsicherungsmittel geeignet ist. Ordnen Sie den vier Kreditsicherungsmitteln jeweils eine geeignete Kreditart zu, indem Sie den Buchstaben der Kreditart in das Kästchen neben dem Kreditsicherungsmittel eintragen.

Kreditart:	Kreditsicherungsmittel:	
a. Lombardkredit	Forderungen aus Lieferungen und Leistungen	☐
b. Hypothek	Kraftfahrzeuge	☐
c. Sicherungsübereignungskredit	Grundstücke	☐
d. Zessionskredit	Wertpapiere	☐

Übung 2.5: Insolvenz

Am heutigen Morgen zeigt der Mitarbeiter im Bereich Rechnungswesen der RAND OHG, Herr Ferdinand Lunau, dem Auszubildenden Werner Krull folgenden Auszug von dem Kunden Bürobedarf Klein GmbH aus dem Bundesanzeiger. Die RAND OHG hat gegenüber der Bürobedarf Klein GmbH noch eine offene Forderung a. LL. in Höhe von 50 000,00 €.

Bundesanzeiger

Insolvenzverfahren

Bürobedarf Klein GmbH Hauptstraße 100 50931 Köln	Unternehmensnummer: H1234567 Handelsregister: Köln

(...) Über das Vermögen der Bürobedarf Klein GmbH, Hauptstraße 100, 50931 Köln, wird heute, am 01. April 20.., um 8.00 Uhr das Insolvenzverfahren eröffnet. Insolvenzverwalter ist Herr RA Dr. Klaising, Ritterstraße 55, 50931 Köln, Telefon 0221 447698. Alle Gläubiger werden gebeten, ihre Forderungen bis zum 02.05.20.. dem Insolvenzverwalter anzumelden.

Köln, 01.04.20..   HRB1234

---

1. Nehmen Sie mithilfe Ihres Lehrbuches begründet Stellung zu folgender Aussage von Werner Krull, als er Kenntnis von der Insolvenz der Bürobedarf Klein GmbH nahm:

„Dann müssen wir unbedingt die offenen 50 000,00 € einfordern und über das gerichtliche Mahnverfahren eine Zwangsvollstreckung einleiten, sonst erhalten wir das Geld nie! Oder was sollen wir jetzt tun?"

_____

_____

_____

_____

_____

_____

_____

_____

2. Erläutern Sie die Voraussetzungen, die für die Eröffnung des Insolvenzverfahrens der Bürobedarf Klein GmbH vorliegen müssen. Führen Sie je ein konkretes Beispiel auf.

Gründe	Erläuterung	Beispiel
Zahlungsunfähigkeit		
Drohende Zahlungsunfähigkeit		
Überschuldung		

3. Welche Maßnahmen sollte die RAND OHG gegenwärtig und zukünftig durchführen, um sich selber vor einer Insolvenz zu schützen? Notieren Sie Ihre Maßnahmen in der unten aufgeführten Übersicht.

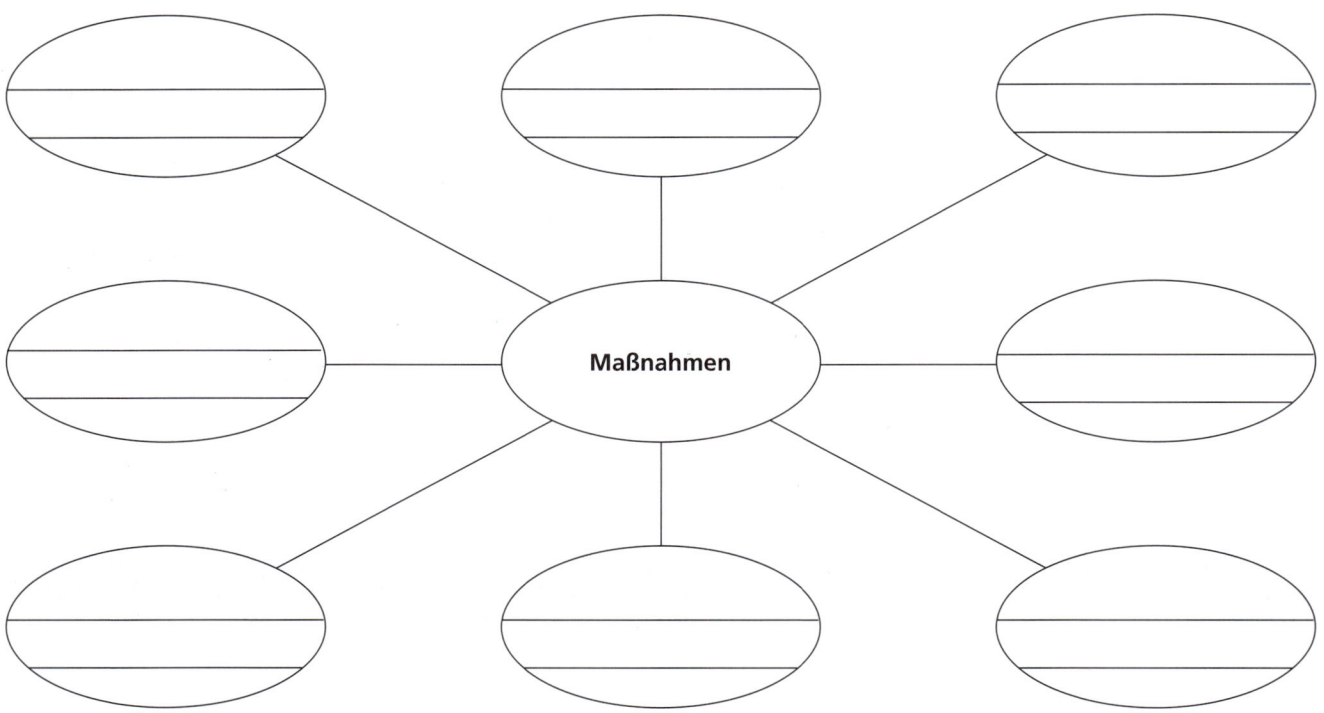

Übung 2.6: Ursachen von Verschuldung und Überschuldung

1. In den folgenden vier Schuldenfall-Geschichten werden unterschiedliche Ursachen von Verschuldung und Überschuldung angesprochen. Bilden Sie vier Gruppen. Jede Gruppe erstellt ein Plakat zu folgenden Aufgaben:

● Legen Sie dar, welche Schuldenfalle in der Geschichte dargestellt ist.

● Notieren Sie als Überschrift die jeweilige Schuldenfalle auf dem Plakat

● Fassen Sie die Geschichte kurz zusammenfassen und überlegen Sie sich, wie die Geschichte schlimmstenfalls ausgehen könnte.

● Entwickeln Sie anschließend Lösungsmöglichkeiten, wie man der Person helfen könnte, so dass sie nicht in die Schuldenfalle gerät und wie man helfen könnte, wenn die Person schon in die Schuldenfalle getappt ist.

Beispiel 1: _____

Jens (18) und Holger (19) sind auf dem Pausenhof. Sie spielen sich gerade die neuesten Lieder vor, die sie sich auf das Handy geladen haben. Außerdem hat Jens noch ein absolut cooles Hintergrundbild und den neuesten Videoklingelton. Beides konnte man sich bei Zed bestellen.

Holger ist im Moment Single, aber er hat sich bei so einem SMS-Chat angemeldet. Mal sehen, ob er ein paar hübsche Mädels kennen lernt.

Schnell surfen beide noch mal im WAP, um die neuesten Fussball Ergebnisse zu checken. Bayern München hat gewonnen. Yes! Beide sind superglücklich. Gleich machen sie dann noch ein Freudenfoto und schicken dies mit der Nachricht, dass ihr Lieblingsteam gewonnen hat, an ihre Freunde aus der Clique.

Schon klingelt es und sie müssen zurück zum Unterricht. Nach dem Unterricht müssen sie schnell noch eine weitere Prepaid-Karte kaufen …

Beispiel 2: _____

Sabine ist jetzt 18 Jahre alt. Sie ist im zweiten Ausbildungsjahr und verdient 600,00 €. Noch wohnt sie zu Hause, jedoch soll sie 150,00 € pro Monat für Essen und dergleichen zahlen. Sie möchte sich ihr Zimmer so richtig neu einrichten. Eine tolle Musikanlage, coole Möbel, einen hypermodernen Plasma-Fernseher und ein richtig breites Bett. In dem Katalog eins Versandhandels hat sie sich die passenden Sachen schon ausgesucht. Und das Tolle ist, dass sie das alles auf Raten kaufen kann. Der Fernseher zum Beispiel kostet ja auch nur 55 € pro Monat (24 Monate lang). Und bei K+M-Elektronik kann sie sich ein tolles Notebook auf Raten kaufen. Das kostet ja auch nicht mehr die Welt. Und der Möbelhändler hat echt tolle Eröffnungsangebote. Und da kann man auch eine Ratenzahlung vereinbaren. Ob man bei Ikea auch auf Raten kaufen kann, gleich mal gucken …

Beispiel 3: _____

Marco (22) hat seinen Job verloren. Sozialverträglicher Abbau von Beschäftigen heißt es. Ja super, die jungen und unerfahrenen Kollegen müssen zuerst gehen. Dabei hat er sich doch gerade ein Auto geleast. Er muss noch 2 Jahre dafür zahlen. Auch sein neuer LCD-Fernseher ist noch nicht abbezahlt und der Kredit für die Küche? … Nun mal schnell wieder eine Arbeit finden … Aber wo? …

Beispiel 4: _____

Maike (20): „Vor zwei Jahren als ich 18 Jahre alt geworden bin, habe ich einen Brief von meiner Bank bekommen, dass ich einen Dispositionskredit haben könnte von damals knapp 1 000,00 Euro. Ich habe damals aber bloß 400,00 Euro in meiner Ausbildung im 1. Ausbildungsjahr verdient. Aber den Dispositionskredit wollte ich natürlich haben. Als der Dispositionskredit dann ausgeschöpft war, hat die Bank mir wieder einen Dispositionskredit angeboten, um den alten Dispositionskredit zu bezahlen. Aber in dem Moment hat man nicht dran gedacht, dass 400,00 Euro gar keine 1 000,00 Euro decken können. Geht gar nicht. Ich war 18, sag mal: relativ naiv, und 1 000,00 Euro war damals für mich eine Menge Geld. Und so fing das dann halt an."

2. Nennen Sie fünf Verhaltensweisen, wie Sie es verhindern können, in die Schuldenfalle zu geraten.

_____

_____

_____

_____

_____

_____

_____

_____

_____

3. Beschreiben Sie die folgenden Grafiken.

Schuldensorgen der Jugend

Gründe für die zunehmende Verschuldung junger Erwachsener*

(Umfrageergebnisse)

- 80 % zu hohe Konsumausgaben
- 69 schlechtes Vorbild der Eltern
- 64 fehlende Eigenverantwortung
- 59 zu wenig Aufklärung in der Schule
- 52 fehlende Kenntnisse über Verträge
- 48 Arbeitslosigkeit, keine Lehrstelle
- 42 zu frühe Dispo-Kreditvergabe an junge Menschen
- 36 fehlende Kenntnisse über wirtschaftliche Zusammenhänge
- 17 zu niedriges Einkommen
- 14 schlechte Zukunftsperspektiven

Befragte: Mitglieder des Bundesverbandes Deutscher Inkasso-Unternehmen
Stand April 2011   Mehrfachnennungen   *18 bis 24 Jahre
© Globus 4427

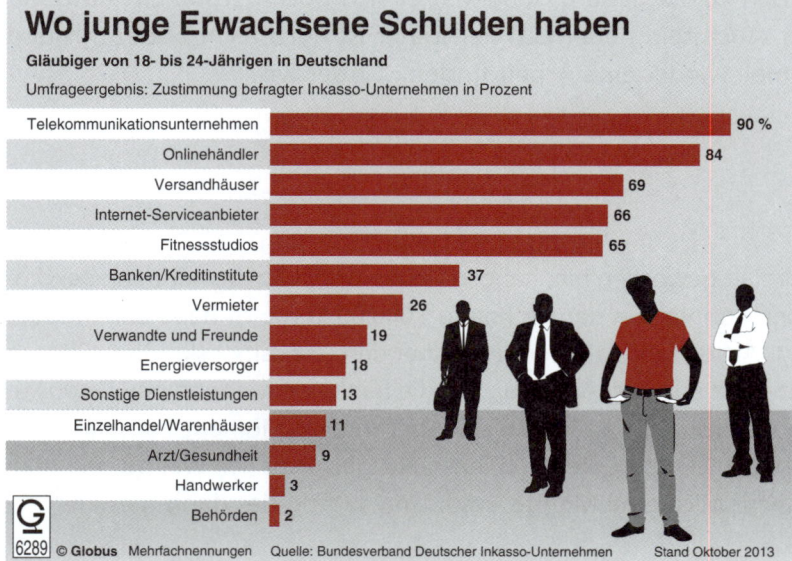

Wo junge Erwachsene Schulden haben

Gläubiger von 18- bis 24-Jährigen in Deutschland

Umfrageergebnis: Zustimmung befragter Inkasso-Unternehmen in Prozent

- Telekommunikationsunternehmen — 90 %
- Onlinehändler — 84
- Versandhäuser — 69
- Internet-Serviceanbieter — 66
- Fitnessstudios — 65
- Banken/Kreditinstitute — 37
- Vermieter — 26
- Verwandte und Freunde — 19
- Energieversorger — 18
- Sonstige Dienstleistungen — 13
- Einzelhandel/Warenhäuser — 11
- Arzt/Gesundheit — 9
- Handwerker — 3
- Behörden — 2

© Globus 6289   Mehrfachnennungen   Quelle: Bundesverband Deutscher Inkasso-Unternehmen   Stand Oktober 2013

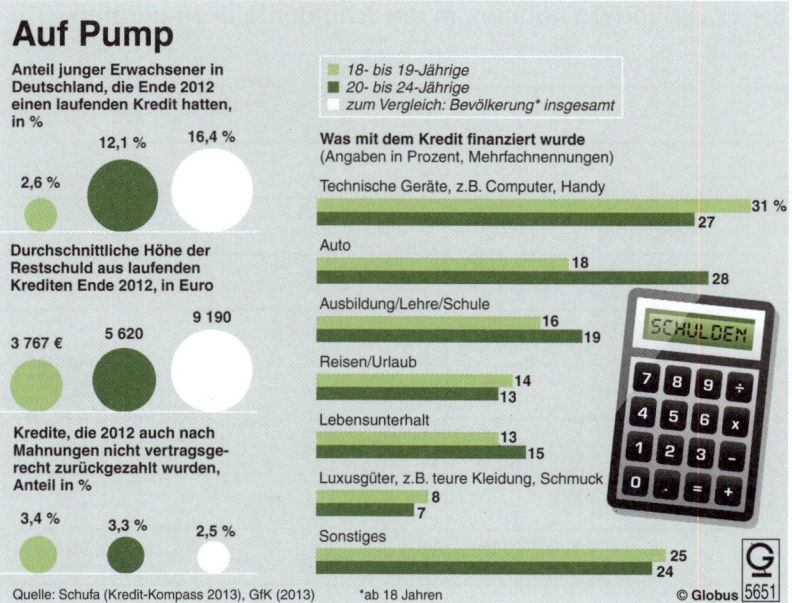

Auf Pump

Anteil junger Erwachsener in Deutschland, die Ende 2012 einen laufenden Kredit hatten, in %

- 2,6 %
- 12,1 %
- 16,4 %

Legende:
- 18- bis 19-Jährige
- 20- bis 24-Jährige
- zum Vergleich: Bevölkerung* insgesamt

Durchschnittliche Höhe der Restschuld aus laufenden Krediten Ende 2012, in Euro

- 3 767 €
- 5 620
- 9 190

Kredite, die 2012 auch nach Mahnungen nicht vertragsgerecht zurückgezahlt wurden, Anteil in %

- 3,4 %
- 3,3 %
- 2,5 %

Was mit dem Kredit finanziert wurde
(Angaben in Prozent, Mehrfachnennungen)

- Technische Geräte, z.B. Computer, Handy — 31 % / 27
- Auto — 18 / 28
- Ausbildung/Lehre/Schule — 16 / 19
- Reisen/Urlaub — 14 / 13
- Lebensunterhalt — 13 / 15
- Luxusgüter, z.B. teure Kleidung, Schmuck — 8 / 7
- Sonstiges — 25 / 24

SCHULDEN

Quelle: Schufa (Kredit-Kompass 2013), GfK (2013)   *ab 18 Jahren   © Globus 5651

Wertströme

Lernfeld 10: An der Wertschöpfung einer Volkswirtschaft mitwirken

Lernsituation 1: Sie lernen die Stellung der RAND OHG und der Wirtschaftssubjekte in der Gesamtwirtschaft kennen

Werner Krull ist Auszubildender im ersten Lehrjahr für den Ausbildungsberuf Kaufmann im Groß- und Außenhandel bei der RAND OHG. Nach der ersten Woche im Betrieb beginnt für ihn der Blockunterricht in der Berufsschule. Werner lernt seine Lehrer und Mitschüler kennen und bekommt den Stundenplan. Am Abend unterhält er sich mit seinen Freunden Bülent und Sabine, die die Handelsschule besuchen. *„Was hast du denn für Fächer?"*, fragt Sabine. Werner holt den Stundenplan. *„Deutsch/Kommunikation, Politik, Religion, Wirtschafts- und Sozialprozesse, Großhandelsprozesse, Steuerung und Kontrolle und Englisch"*, antwortet er. *„Ein wichtiges Thema bei uns sind die gesamtwirtschaftlichen Prozesse"*, erwidert Sabine. *„Unser Klassenlehrer, Herr Stein, hat uns gerade heute erklärt, dass wir hier etwas über die Einbindung der Unternehmen und Wirtschaftssubjekte in die Gesamtwirtschaft erfahren. Das nennt man auch Volkswirtschaftslehre. Habt ihr auch so ein Fach?"* Werner schaut noch einmal auf dem Stundenplan nach, aber ein Fach „Gesamtwirtschaftliche Prozesse" findet er nicht. *„Ich lerne in einem Großhandelsbetrieb, der RAND OHG"*, sagt er zu Sabine und Bülent, *„da ist die Betriebswirtschaftslehre und das Fach Großhandelsprozesse sicher wichtiger."* Aber warum sich Sabine und Bülent mit gesamtwirtschaftlichen Prozessen beschäftigen und er nicht, versteht er trotzdem nicht.

Beschreibung und Analyse der Situation

a. Tauschen Sie sich kurz mit Ihrem Tischnachbarn zu den Begriffen „Betriebswirtschaftslehre" und „Volkswirtschaftslehre" (gesamtwirtschaftliche Prozesse) aus. Worum geht es dabei? Halten Sie die Ergebnisse Ihres Austausches stichwortartig fest, bevor Sie anschließend die Begriffe mithilfe des Lehrbuches, des Internets oder im Unterrichtsgespräch klären.

Worum geht es …	
… in der Betriebswirtschaftslehre (BWL)?	… in der Volkswirtschaftslehre (VWL)?
Ergebnisse unseres Austausches	

Ergebnis unserer Begriffsklärung im Lehrbuch/Internet/Unterrichtsgespräch

_____   _____
_____   _____
_____   _____
_____   _____
_____   _____
_____   _____
_____   _____

b. Kerstin ist der Meinung, die Volkswirtschaftslehre sei ein wichtiges Thema. Diskutieren Sie in der Klasse, warum es wichtig ist, volkswirtschaftliche Zusammenhänge zu verstehen. Halten Sie die Ergebnisse der Diskussion fest.

_____
_____
_____
_____
_____
_____
_____
_____

Planen und durchführen

Werner Krull ist neugierig geworden. „Was macht ihr denn da in VWL?", fragt er Kerstin. „Na ja, am Anfang geht es darum, die wirtschaftlichen Beziehungen in einem Land möglichst einfach und übersichtlich darzustellen. Wir sollten zuerst einmal die wirtschaftlichen Beziehungen mit Geld- und Güterströmen darstellen, die wir als Privathaushalte haben", erklärt Kerstin und zeigt Werner, was sie gemacht hat:

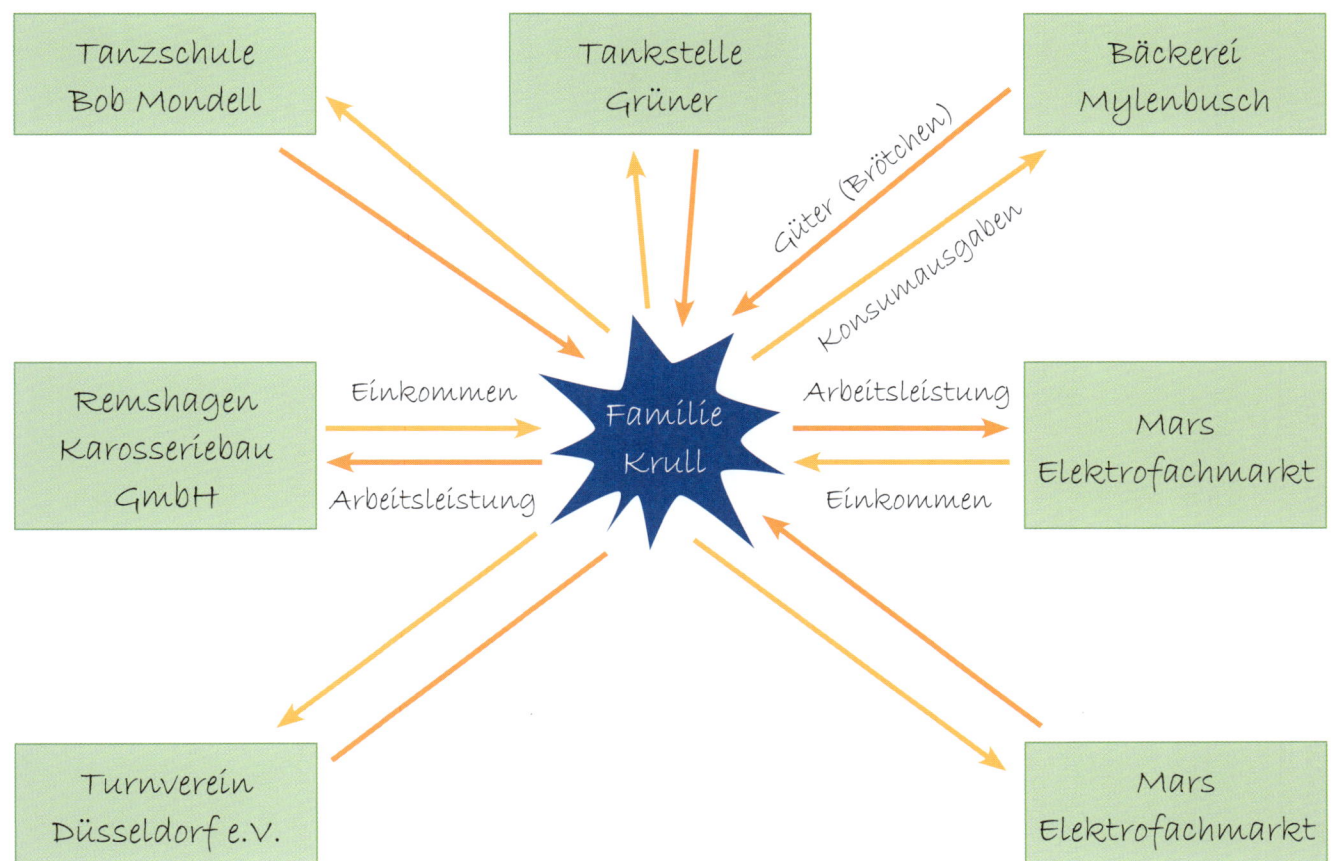

„Da fehlt aber noch eine ganze Menge", meint Werner. „Wo ist denn z. B. die RAND OHG? Da erbringe ich doch auch Arbeitsleistung!" „Ja, ja, ich weiß", entgegnet Kerstin, „es war schnell klar, dass ich hier nicht alles erfassen kann; das ist einfach zu viel."

a. Erstellen Sie in Einzelarbeit eine Übersicht über die wichtigsten wirtschaftlichen Beziehungen Ihres eigenen Haushaltes. Nutzen Sie Kerstins Schaubild als Vorlage.

b. Setzen Sie sich dann in Gruppen zusammen und diskutieren Sie, wie Sie aus Ihren Darstellungen durch Zusammenfassungen und Vereinfachungen eine Übersicht erstellen können. Halten Sie Ihr Ergebnis auf einem großen Plakat fest. (Tipp: Die Haushalte Ihrer Gruppe sollten Sie zu einem Haushalt zusammenfassen.)

Zur Einzelarbeit: Schreiben Sie in das Symbol in der Mitte Ihren Nachnamen. Ihr privater Haushalt umfasst alle Menschen, mit denen Sie zusammen leben.

Bewerten und sichern

Hängen Sie die Plakate im Klassenraum aus. Schauen Sie sich – wie auf einem Markt der Möglichkeiten – nacheinander alle Plakate an. Entscheiden Sie sich begründet für eine Darstellung, die Ihnen besonders gelungen erscheint.

Zur Erinnerung: Das Ziel der Aufgabe war es, eine einfache Übersicht zu erstellen, mit der die Wirtschaftsbeziehungen in einer Volkswirtschaft vereinfacht abgebildet werden können.

Übertragen Sie die Übersicht in Ihr Arbeitsheft.

Lernergebnisse vertiefen

a. Das einfachste Modell für die Zusammenhänge in einer Volkswirtschaft ist der „einfache Wirtschaftskreislauf". Informieren Sie sich in Ihrem Lehrbuch über das Modell, vergleichen Sie es mit Ihrer Darstellung (oben) und übertragen Sie es dann hier in Ihr Arbeitsheft.

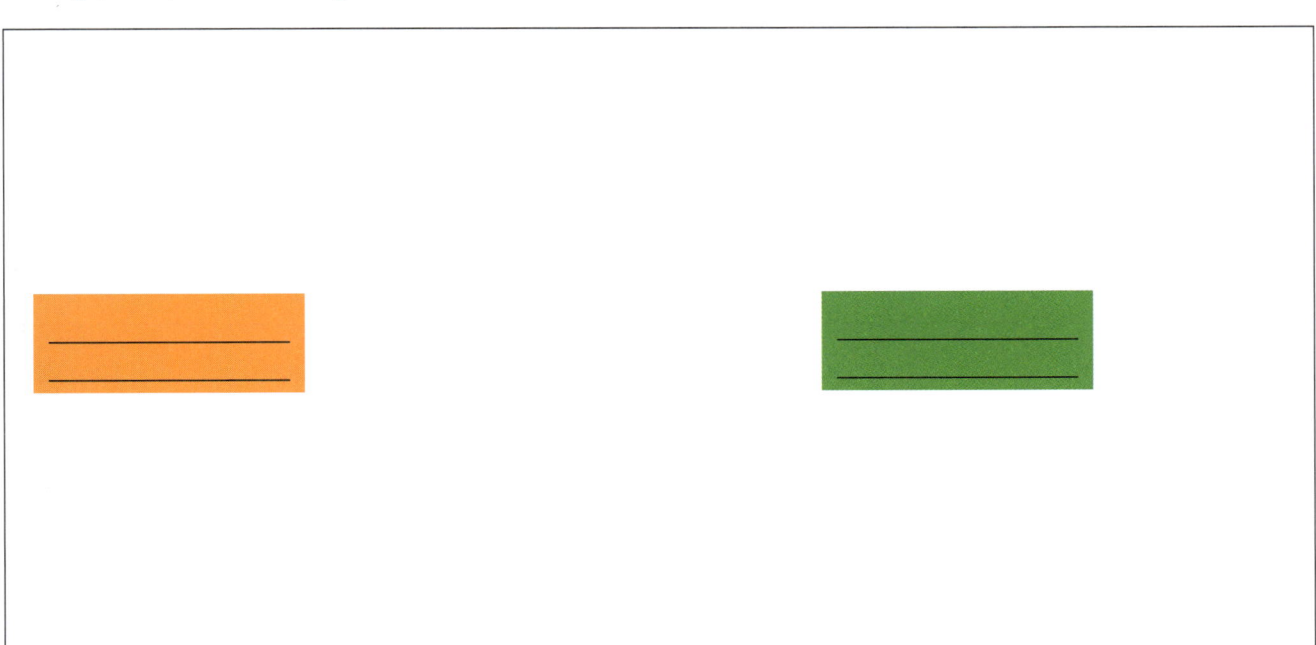

b. Begründen Sie, warum das Modell einen „geschlossenen Kreislauf" darstellt.

_____

_____

_____

_____

_____

_____

_____

Übung 1.1:   Das ökonomische Prinzip

1. Stellen Sie in den unten genannten Fällen fest, ob sich die handelnden Personen

1	nach dem Minimalprinzip,
2	nach dem Maximalprinzip,
3	weder nach dem Minimalprinzip noch nach dem Maximalprinzip richten.

a.	Dem Abteilungsleiter eines Warenhauses steht ein bestimmter Betrag für eine Sonderverkaufsaktion zur Verfügung. Er führt einen Angebotsvergleich durch, um möglichst viel Ware bestellen zu können.	_____
b.	Ein Auszubildender erhält den Auftrag, den Warenbestand an Hundefutter zu erfassen. Durch überlegtes Vorgehen versucht er, diesen Auftrag möglichst schnell auszuführen	_____
c.	Ein Lebensmitteleinzelhändler will mit einem möglichst geringen Wareneinsatz (Geldmitteln) einen höchstmöglichen Gewinn erzielen.	_____
d.	Die Auszubildende Pia hat sich in den Kopf gesetzt, das Automodell „Khiano" zu kaufen. Das Auto sollte höchstens fünf Jahre alt und blau sein. Im Internet sucht sie deutschlandweit nach dem günstigsten Angebot.	_____
e.	Der Schüler Marius lebt in der Schule nach dem einen Leitsatz: „Die Vier ist die Eins des kleinen Mannes!" Und so versucht er, mit möglichst wenig Aufwand in allen Fächern die Vier zu schaffen.	_____
f.	Der Schüler Tom hat von seiner Oma 3 000,00 € geerbt. Davon möchte er sich ein Auto kaufen und sucht nach dem besten Wagen, den er für sein Geld bekommen kann.	_____

2. Begründen Sie, ob sich – ökonomisch betrachtet – Pia (Beispiel d) oder Tom (Beispiel f) beim Autokauf vernünftiger verhält.

_____

_____

_____

_____

Übung 1.2: Bedürfnisse und Güter

1. Bedürfnisse

Der Schriftsteller und Philosoph Wilhelm Busch (1832-1908) sagte einmal:

„Ein jeder Wunsch, wenn er erfüllt wird, kriegt augenblicklich Junge."

Erklären Sie dieses Zitat mit eigenen Worten und gehen Sie dabei auch auf die sogenannte Bedürfnispyramide ein.

_____

_____

_____

_____

_____

_____

_____

_____

_____

_____

_____

_____

Selbstverwirklichung
(Das Leben in Freiheit
selbst gestalten zu können)

Anerkennung
(Lob, positive Beachtung, Ruhm)

Gruppenzugehörigkeit
(Mitglied einer Gemeinschaft, Beachtung,
egal ob positiv oder negativ, Bekanntheit)

Schutz und Sicherheit
(gewohnte Umgebung, sicherer Schlafplatz)

Physiologische Grundbedürfnisse
(Sauerstoff, Schmerzfreiheit, Wasser, Essen)

Bedürfnispyramide nach A. Maslow

2. Die Einteilung von Gütern

a. Setzen Sie in die Lücken des folgenden Textes eine der folgenden Güterarten ein.

> Rechte, Verbrauchsgüter, wirtschaftliche, Produktionsgüter, Sachgüter, freie, Dienstleistungen, Konsumgüter, Verbrauchsgüter

Luft und Wasser wurden früher oft als _____ Güter betrachtet, da sie keinen Preis haben und scheinbar unbegrenzt zur Verfügung standen. Heute sind sie ebenso wie Kohle, Stahl oder Öl _____ _____ Güter, da sie eben nicht in unbegrenzten Mengen gebraucht oder verbraucht werden können, sondern vielmehr knapp sind.

Die wirtschaftlichen Güter kann man nach ihrer **Beschaffenheit** einteilen:

_____ sind materielle Güter; das heißt, man kann sie anfassen und lagern (z.B. Bücher, MP3-Player; Nahrungsmittel, Autos). Dagegen bezeichnet man _____ (z.B. Arztbehandlung, Steuerberatung) und _____ als „immaterielle Güter", da man sie weder anfassen noch lagern kann.

Alle Güter können außerdem danach unterteilt werden, wozu sie **verwendet** werden:

So werden z.B. Nahrungsmittel vom Endverbraucher verwendet. Diese Güter nennt man _____

_____. Auf der anderen Seite werden Güter wie z.B. eine Produktionsmaschine, ein Lkw oder eine La-

denkasse zur Produktion eines Sachgutes oder einer Dienstleistung verwendet. Man nennt diese Güter

daher _____.

Schließlich unterteilt man Güter danach, wie oft oder wie lange ein Gut **genutzt** werden kann:

Möbel und Kleidung für den Haushalt oder auch die Ladeneinrichtung eines Einzelhändlers können mehr-

fach genutzt werden. Sie bezeichnet man daher als _____. Als _____

bezeichnet man die Güter, die nur ein einziges Mal genutzt werden können, z.B. zur Befriedigung eines

Bedürfnisses (Nahrungsmittel, Zigaretten usw.) oder zur Produktion (Preisetiketten bei der Einzelpreisaus-

zeichnung, Kassenbons).

b. Ordnen Sie die folgenden Güter mit den jeweiligen Zahlen in das Schema:

1) Haarschnitt beim Frisör	4) Transport von 10 Tonnen Bananen
2) Kasse eines Warenhauses	5) Kleister im Malerbetrieb
3) Spielzeugeisenbahn	6) Schokoriegel

	Konsumgut	Produktionsgut
Verbrauchsgut	_____	_____
Gebrauchsgut	_____	_____
Dienstleistung	_____	_____

Übung 1.3: Produktionsfaktoren

a. Vervollständigen Sie das folgende Schaubild zu den volkswirtschaftlichen Produktionsfaktoren. Nutzen Sie dazu die folgenden Begriffe:

> ursprüngliche (originäre) Produktionsfaktoren – Arbeit – Geldkapital – Abbauboden – Kapital – leitende Arbeit – Anbauboden – geistige Arbeit

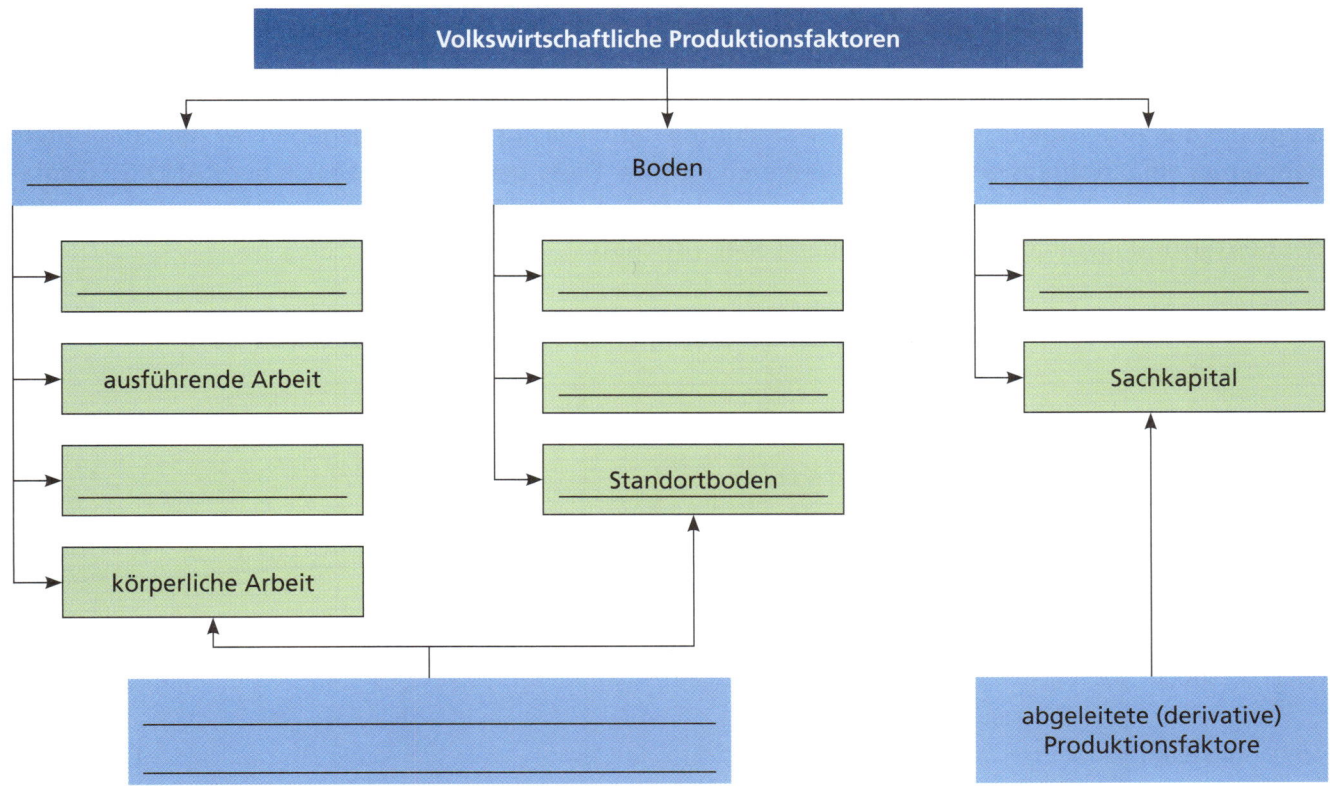

b. Entscheiden Sie bei den folgenden Beispielen, um welche Art der Arbeit es sich handelt.

Beispiel	Leitende Arbeit	Ausführende Arbeit
Frau Rand stellt einen neuen Mitarbeiter für den Außendienst der RAND OHG ein.		
Tom Bartels packt im Lager eine Warenlieferung für die Ebeka e. G.		
Die Geschäftsführung entscheidet, dass im nächsten Geschäftsjahr die Lagerräume erweitert werden.		
Der Auszubildende Werner Krull bringt mehrere Geschäftsbriefe zur Post.		

c. Entscheiden Sie bei den folgenden Beispielen, welche Bodenart genutzt wird.

Beispiel	Abbau-boden	Anbau-boden	Standort-boden
Die RAND OHG setzt die Erweiterung ihrer Lagerräume auf dem neu erworbenen Grundstück um.			
Für den neuen Fußweg vor dem Verwaltungsgebäude bestellt die RAND OHG Steine beim Granitwerk Scheidemann. Die Granitsteine werden im eigenen Steinbruch in Sachsen abgebaut.			
Der ostfriesische Landwirt Uwe Brader baut auf 70 Hektar Land nur Kartoffeln an.			

d. Entscheiden Sie bei den folgenden Beispielen, welche Kapitalart genutzt wird.

Beispiel	Geldkapital	Sachkapital
Die RAND OHG kauft einen neuen Verpackungsautomaten für die Versandabteilung.		
Frau Rand legt Firmengelder in Aktien eines erfolgreichen Unternehmens aus der Sportbranche an.		

Übung 1.4: Austausch (Substitution) von Produktionsfaktoren

In der RAND OHG herrscht unter den Mitarbeiterinnen und Mitarbeitern des Lagers große Unruhe und Sorge um den Arbeitsplatz, nachdem die Abteilungsleiterin Eva Rost bekannt gegeben hat, dass das Unternehmen in ein automatisiertes Lager investieren möchte. Diese geplante Investition der RAND OHG spiegelt eine typische Entwicklung in der Lagerwirtschaft wider. Das Schaubild verdeutlicht die Entwicklung der Beschäftigungszahlen in der deutschen Lagerwirtschaft.

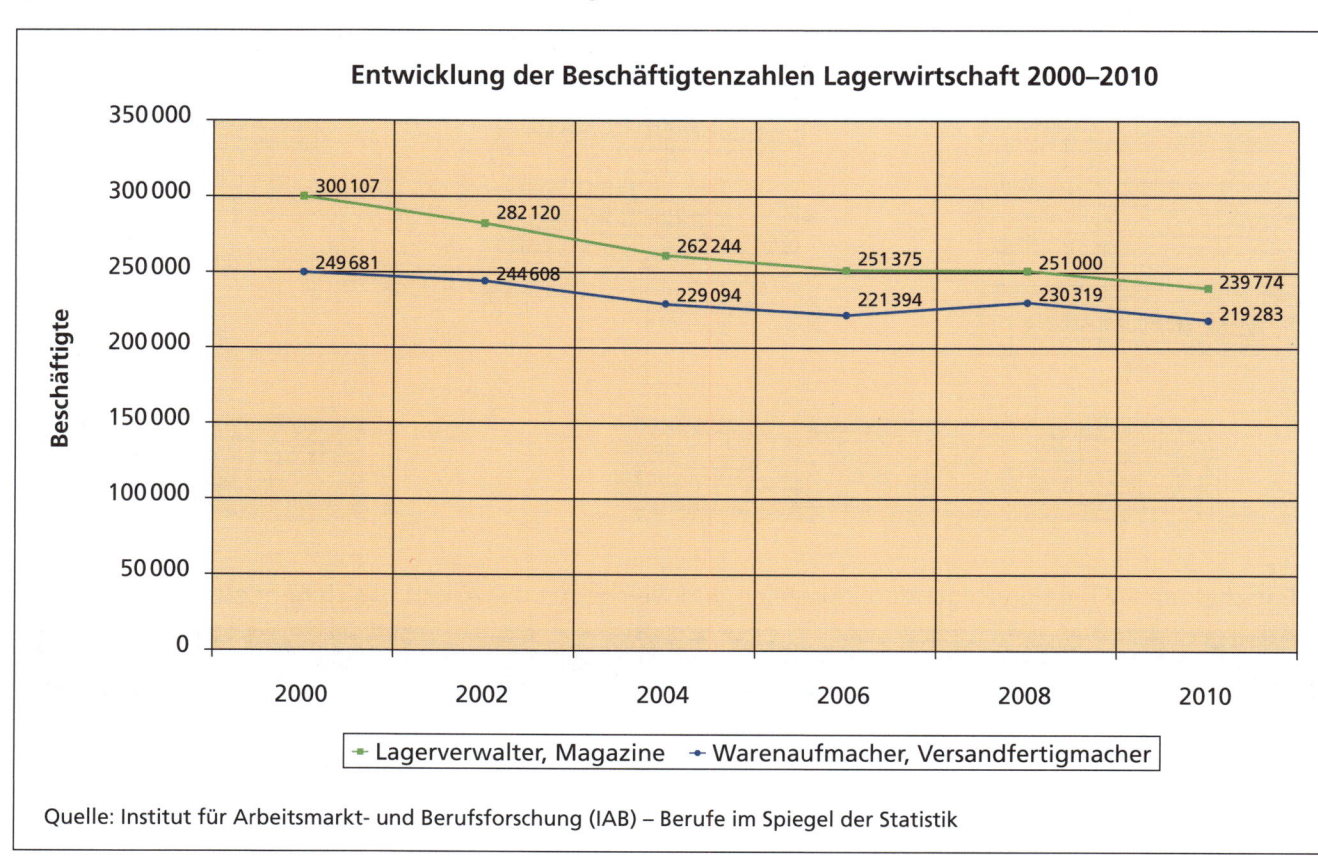

a. Beschreiben Sie die Entwicklung der Beschäftigungszahlen im Schaubild.

_____

_____

_____

_____

b. In der deutschen Lagerwirtschaft steigt der Warenumschlag (kontinuierlich von Jahr zu Jahr, z.B. durch die zunehmende Bedeutung des Internet-Versandhandels). Finden Sie einen Erklärungsansatz dafür, warum sich die Beschäftigungszahlen in dieser Branche dazu gegenläufig entwickeln.

_____

_____

_____

_____

c. Erklären Sie die Substitution von Produktionsfaktoren und das Prinzip der Minimalkostenkombination am Beispiel der geplanten Investition der RAND OHG in ein automatisiertes Lager.

_____

_____

_____

_____

_____

_____

_____

d. Informieren Sie sich im Internet mit folgender Videosequenz über die Automatisierung der Arbeitswelt Lager!

Teil 1: www.youtube.com/watch?v=KKA98_vKs8A&feature=related
Teil 2: www.youtube.com/watch?v=FDXADW7XoVo

Übung 1.5: Der erweiterte Wirtschaftskreislauf – Modell für eine wachsende (evolutorische) Wirtschaft

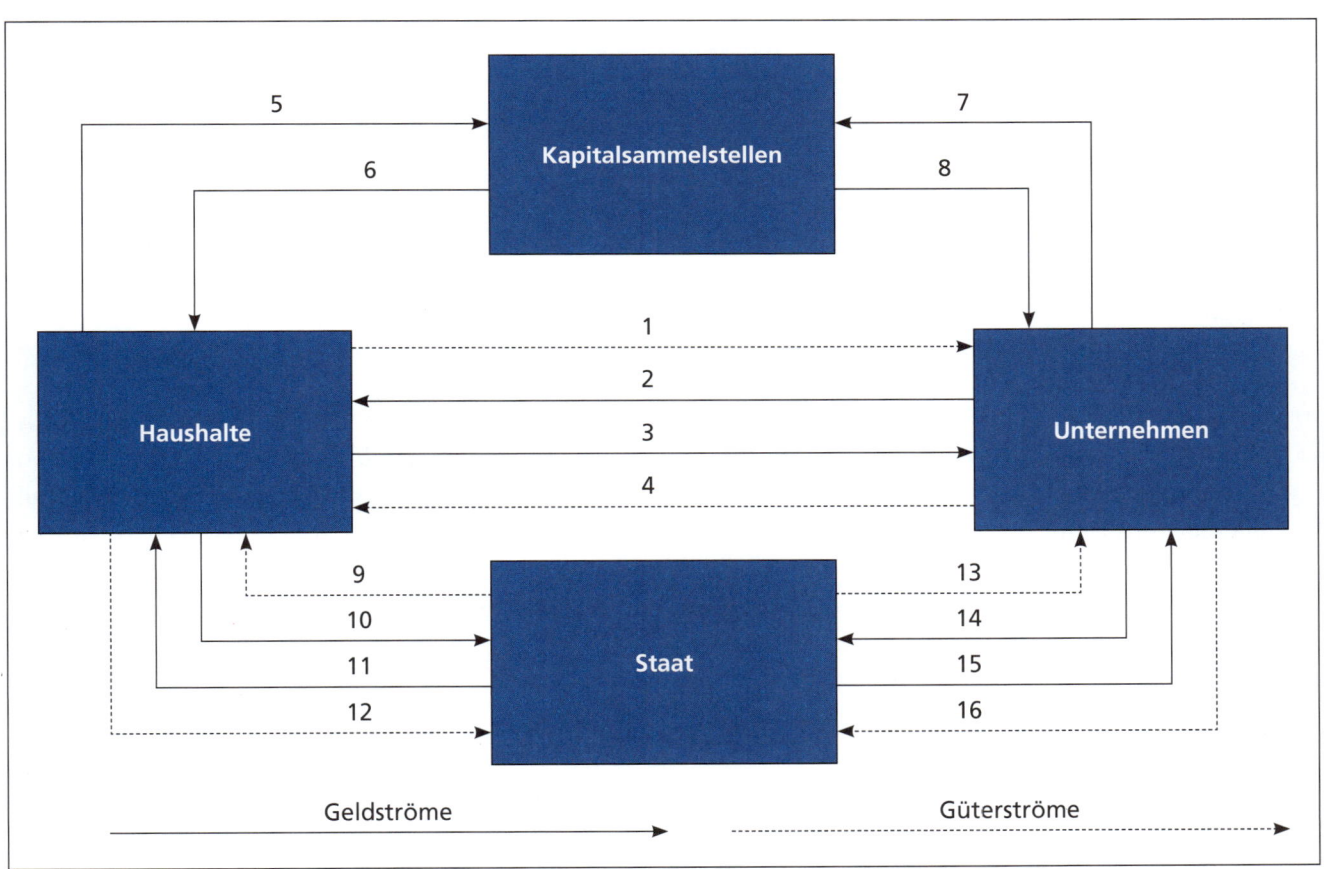

a. Kennzeichnen Sie die Geldströme mit den jeweils zutreffenden allgemeinen Bezeichnungen. Tragen Sie diese in die nachfolgende Tabelle ein.

b. Ordnen Sie die folgenden konkreten Beispiele 1–11 den Geldströmen zu, indem Sie die jeweilige Ziffer in die rechte Spalte der nachfolgenden Tabelle eintragen.

1. Ein Schüler kauft in einem Kaufhaus einen Taschenrechner.
2. Ein Landesbeamter erhält sein Monatsgehalt.
3. Herr Schmitz spart bei der Bank 200 € pro Monat für die Altersvorsorge.
4. Eine kinderreiche Familie erhält Wohngeld.
5. Die Rupp AG führt Körperschaftssteuer an das Finanzamt ab.
6. Die Stadt Köln kauft für ihren Oberbürgermeister einen neuen Dienstwagen.
7. Ein Baustoffhändler kauft für sein Büro einen neuen PC. Die Ausgabe wird mit einem Bankkredit finanziert.
8. Der Schüler Franz erhält von einem Gastwirt seinen monatlichen Aushilfslohn.
9. Frau Müller lässt sich von ihrer Bank Zinsen für das Festgeld auszahlen.
10. Die RAND OHG legt 10 000 € zu einem attraktiven Zinssatz bei der Bank an.
11. Die Kindergartenbeiträge für die kleine Maja werden gezahlt.

Geld-strom	a. Bezeichnung des Geldstroms		b. Beispiel
2	Arbeitslohn/Einkommen		8

Übung 1.6: Entstehungsrechnung als Teilbereich der Bruttoinlandsproduktberechnung

a. Die RAND OHG bezieht 1 000 Stück der Trinkflasche „Alu Star" für 350,00 € von der Pullmann KG (Haushaltswarenherstellung). Die RAND OHG verkauft diese Trinkflaschen (1 000 Stück) an ihre Kunden zum Verkaufspreis von 700,00 €. Die zur Herstellung benötigten Aluminium-Miniblöcke liefert das Metallwerk Gust aus Hamburg an die Pullmann KG. Der Bezugspreis des für die Herstellung von 1 000 Trinkflaschen benötigten Metalls beträgt 130,00 €. Das für die Produktion von Aluminium notwendige Grundmaterial beziehen die Metallwerke zum Preis von 70,00 € vom Bergbauunternehmen aus dem Erzgebirge.

Sortieren Sie die Abfolge der Produktionsschritte:

b. Berechnen Sie in der folgenden Tabelle die Vorleistungen, die Bruttowertschöpfung und den Produktionswert für die Trinkflasche „Alu Star".

Betrieb	Vorleistung	Bruttowertschöpfung	Produktionswert

c. Erklären Sie den Aussagewert der Bruttowertschöpfung in eigenen Worten.

_____

_____

_____

_____

d. Die Entstehungsrechnung ermittelt das Bruttoinlandsprodukt zu Marktpreisen. Dabei wird der Wert der im Inland erwirtschafteten Leistungen der Wirtschaftsbereiche gemessen. Erläutern Sie dazu das folgende Schaubild des Statistischen Bundesamtes.

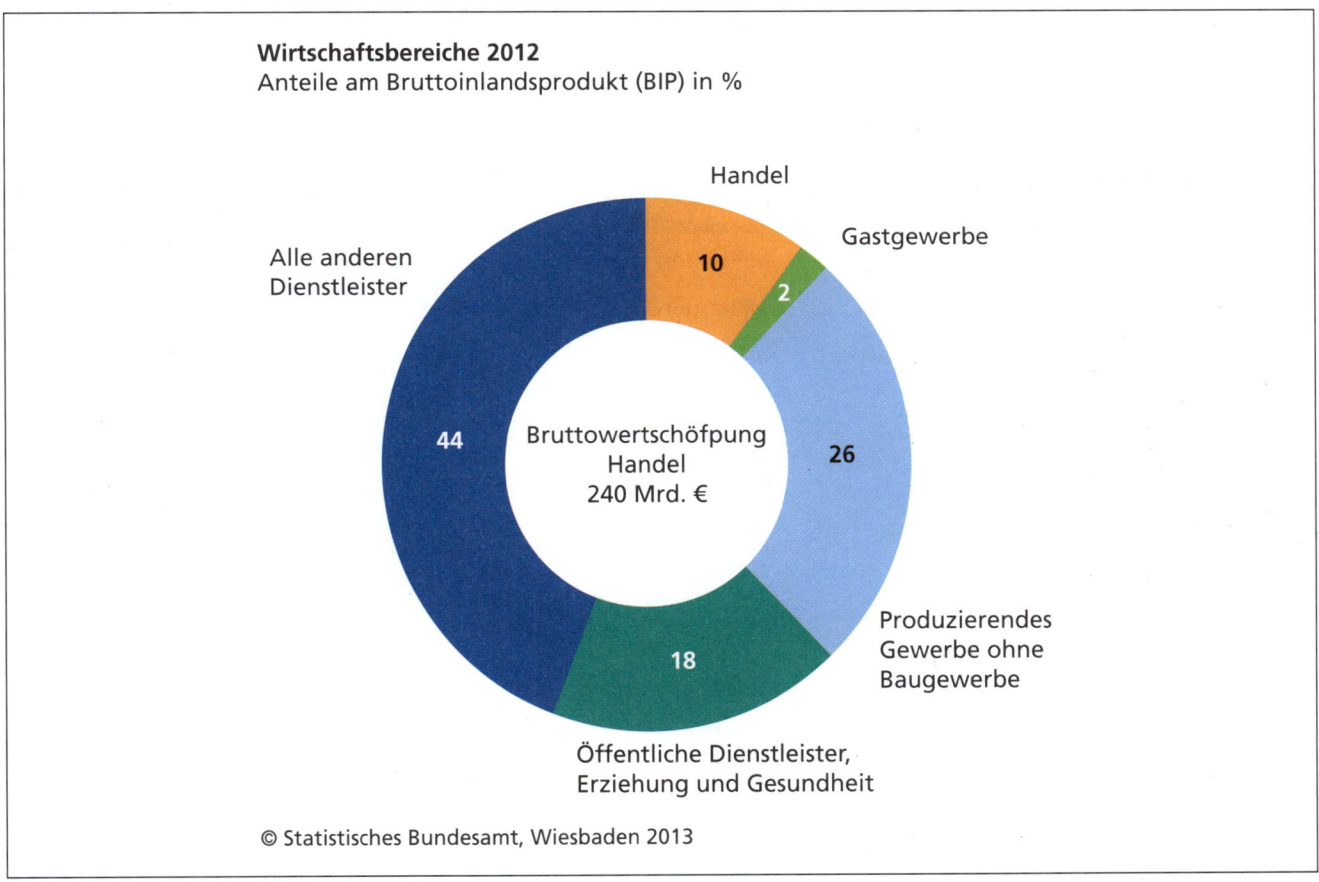

Wirtschaftsbereiche 2012
Anteile am Bruttoinlandsprodukt (BIP) in %

Handel

Gastgewerbe

Alle anderen Dienstleister

10

2

44

Bruttowertschöpfung Handel 240 Mrd. €

26

18

Produzierendes Gewerbe ohne Baugewerbe

Öffentliche Dienstleister, Erziehung und Gesundheit

© Statistisches Bundesamt, Wiesbaden 2013

_____

_____

_____

_____

_____

_____

_____

Übung 1.7: Verteilungsrechnung zur Ermittlung des Volkseinkommens

In der Verteilungsrechnung werden das Arbeitnehmereinkommen und das Einkommen aus Unternehmertätigkeit bzw. aus Vermögen unterschieden.

Stellen Sie die beiden Einkommensarten kurz dar und definieren Sie die Begriffe Lohn- bzw. Gewinnquote.

Arbeitnehmereinkommen (Einkommen aus unselbstständiger Arbeit)	Einkommen aus Unternehmertätigkeit und aus Vermögen
_____	_____
_____	_____
_____	_____
_____	_____
Lohnquote =	Gewinnquote =

Verteilungsrechnung für die Jahre 2010 bis 2012

Gesamtwirtschaftliche Größen	Einheit	2010	2011	2012
Volkseinkommen	Milliarden €	1 922,21	2 012,04	2 054,26
Arbeitnehmerentgelt	Milliarden €	1 270,38	1 325,92	1 377,63
Unternehmens- und Vermögenseinkommen	Milliarden €	651,83	686,12	676,63
Bruttoinlandsprodukt (BIP)				
preisbereinigt	2005 = 100	106,80	110,36	111,12
Veränderungsrate des Bruttoinlandsprodukt, preisbereinigt	%	4,0	3,3	0,7

Quelle: www.destatis.de

Berechnen Sie die Entwicklung der Lohn- und Gewinnquote von 2010 bis 2012.

	2010	2011	2012
Lohnquote	_____	_____	_____
Gewinnquote	_____	_____	_____

Beurteilen Sie Ihre ermittelten Werte unter Einbezug der Ergebnisse zum Bruttoinlandsprodukt.

_____

_____

_____

_____

_____

Übung 1.8: Bruttoinlandsprodukt als Maßstab für Wohlstand beschreiben

a. Lesen Sie folgenden Text zur Kritik am Bruttoinlandsprodukt als Wohlstandsmaß. Markieren Sie die wichtigsten Aussagen im Text.

Ein Maß mit Schwächen

Einiges spricht dafür, dem Bruttoinlandsprodukt als Messgröße für die Wirtschaftsleistung einer Volkswirtschaft mit Skepsis zu begegnen. Ein besseres Maß ist allerdings noch nicht gefunden.

Nehmen Sie die Altenpfleger als Beispiel. Diese haben keinen leichten Job. Kinder, die ihre Eltern am Lebensabend begleiten, stehen vor ähnlich großen Herausforderungen. Und doch unterscheidet die beiden Personengruppen eines fundamental: Der Job des Pflegers erhöht das Bruttoinlandsprodukt (BIP), die Betreuung der Eltern durch die Kinder dagegen nicht.

Die Tatsache, dass das BIP nur die über den Markt gehandelten Leistungen enthält und vieles – wie das ehrenamtliche Engagement und die Kindererziehung zu Hause – nicht erfasst, ist nur eines seiner Handicaps. Ebenfalls problematisch ist, dass das Maß nicht zwischen erstrebenswerten und weniger erstrebenswerten Waren oder Dienstleistungen unterscheidet: Der Verkauf von Zigaretten erhöht das BIP genauso wie der Absatz von Bio-Lebensmitteln. Andererseits fließen aber auch die Ausgaben für die Suchtprävention und all die Kosten, die das Rauchen im Gesundheitssystem verursachen, in die BIP-Berechnung ein. Was dem Indikator also fehlt, ist die Möglichkeit, positive und negative Effekte gegeneinander aufzurechnen. Das wäre beispielsweise für den Verbrauch fossiler Energieträger, aber auch für Naturkatastrophen wie Erdbeben angebracht.

Allerdings betonen Ökonomen in diesem Zusammenhang zu Recht, dass das BIP eine sogenannte Stromgröße ist. Es berücksichtigt also nicht, wie es um den (Kapital-)Bestand in einer Volkswirtschaft steht. Die Konsequenz ist, dass es die Wachstumsrate des Bruttoinlandsprodukts in den Folgejahren erhöht, wenn Länder von Krieg und Naturkatastrophen heimgesucht wurden. Deshalb ist es sinnvoll, nicht nur auf das Wachstum, sondern auch auf die absolute Höhe der Wirtschaftsleistung pro Kopf zu schauen – verrät diese doch einiges mehr über die wirtschaftliche Situation eines Landes.

Doch selbst dann bleibt eine Crux: Alles, was an Waren und Dienstleistungen schwarz verkauft wird, erfasst das BIP nicht. So stehen Länder, in denen die Schwarzarbeit einen hohen Anteil an der Gesamtwirtschaft aufweist, bei der BIP-Betrachtung schlechter da als jene Nationen, in denen alle Waren und Dienstleistungen versteuert werden.

Trotz all dieser Einwände kommen Experten mit Blick aufs BIP bislang frei nach Winston Churchill zu dem Ergebnis: „Das Bruttoinlandsprodukt ist die schlechteste aller Messgrößen, ausgenommen alle anderen."

Quelle: www.iw-koeln.de, Abruf: 27.10.2013

b. Immer lauter wird der Ruf nach einer Alternative zum BIP, um den Wohlstand und die Zufriedenheit in einem Land messen zu können. Die Organisation der Industrieländer OECD[1] hat einen sogenannten Better-Life-Index entwickelt, der die Themen „materielle Lebensbedingungen" und „Lebensqualität" in elf zu bewertende Bereiche zusammenbringt. Die einzelnen Kategorien sind auf einer Skala von 1 (geringe Zufriedenheit) bis 10 (hohe Zufriedenheit) bewertet worden. Die Balken zeigen die Position Deutschlands im OECD-Vergleich.

Bereiche der Lebensqualität	Die Position Deutschlands im Vergleich zu anderen OECD-Staaten	zu c): „Mein Ranking" zur Lebensqualität
Housing (Wohnbedingungen und -kosten)	6.2	
Income (Einkommen der Haushalte und Vermögen)	5.1	
Jobs (Arbeitsplatzsicherheit und Verdienst)	5.1	
Community (Soziales Netz: Familie, Freunde, Vereine, Engagement ...)	7.8	
Education (Bildungsmöglichkeiten und -nutzen)	7.6	
Environment (Zustand der Umwelt)	8.8	
Civic Engagement (Möglichkeiten zum bürgerlichen Engagement, z.B. in Vereinen, Bürgerinitiativen oder Feuerwehren)	8.8	
Health (wie gesund man sich fühlt)	7.1	
Life Satisfaction (wie glücklich man im Leben ist)	6.6	

[1] OECD-Mitgliedsländer unter www.oecd.org

Bereiche der Lebensqualität	Die Position Deutschlands im Vergleich zu anderen OECD-Staaten	zu c): „Mein Ranking" zur Lebensqualität
Safety (Kriminalitäts- und Mordrate)	8.9	_____ _____ _____
Work Life Balance (Verhältnis von Arbeit und Freizeit)	8.9	_____ _____ _____

Quelle: www.oecdbetterlifeindex.org

Wählen Sie drei Kategorien aus und beschreiben Sie die Ergebnisse des dargestellten Better-Life-Index für Deutschland in diesen Lebensbereichen.

_____

_____

_____

_____

_____

_____

_____

_____

_____

_____

_____

_____

_____

_____

_____

c. Bewerten Sie Ihre eigene Zufriedenheit mit der Lebensqualität in Deutschland. Bewerten Sie dazu die elf Kategorien auf einer Skala zwischen 1 und 10. Tragen Sie Ihre Ergebnisse in die Tabelle ein und vergleichen Sie Ihre Bewertung mit dem Better-Life-Index für Deutschland.

_____

_____

_____

_____

_____

Übrigens:

Beim Vergleich der Bruttoinlandsprodukte der OECD-Länder lag Deutschland im Jahr 2012 auf Platz 4. Im Ranking des Better-Life-Index belegte Deutschland im selben Jahr den 17. Platz!

Weitere Informationen auf der Internetseite des Better-Life-Index:
www.oecdbetterlifeindex.org

Übung 1.9: Die Rolle des Staates in der sozialen Marktwirtschaft kennenlernen

Beschreiben und erläutern Sie die Inhalte des folgenden Schaubildes.

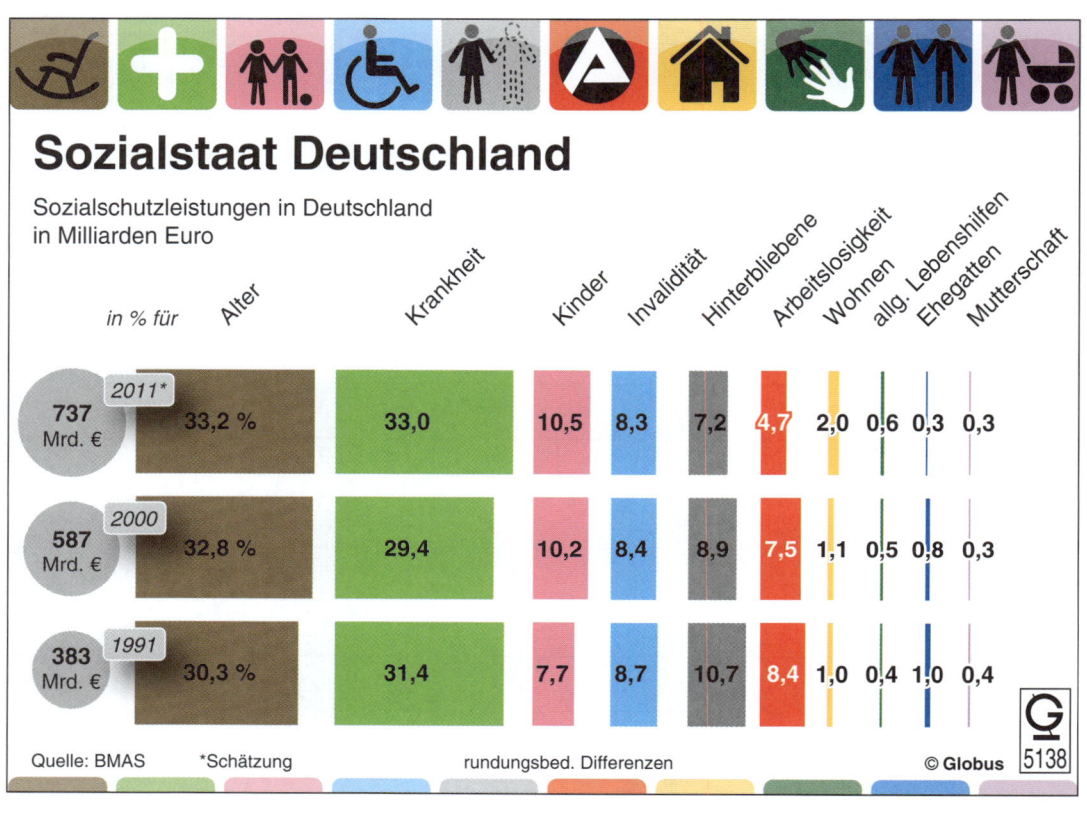

Sozialstaat Deutschland

Sozialschutzleistungen in Deutschland
in Milliarden Euro

in % für	Alter	Krankheit	Kinder	Invalidität	Hinterbliebene	Arbeitslosigkeit	Wohnen	allg. Lebenshilfen	Ehegatten	Mutterschaft
737 Mrd. € (2011*)	33,2 %	33,0	10,5	8,3	7,2	4,7	2,0	0,6	0,3	0,3
587 Mrd. € (2000)	32,8 %	29,4	10,2	8,4	8,9	7,5	1,1	0,5	0,8	0,3
383 Mrd. € (1991)	30,3 %	31,4	7,7	8,7	10,7	8,4	1,0	0,4	1,0	0,4

Quelle: BMAS   *Schätzung   rundungsbed. Differenzen   © Globus 5138

_____

_____

_____

_____

_____

_____

_____

_____

_____

Übung 1.10: Die Einkommens- und Vermögensverteilung diskutieren

a. Beschreiben Sie kurz die im Schaubild dargestellten Informationen zur Einkommensverteilung in Deutschland.

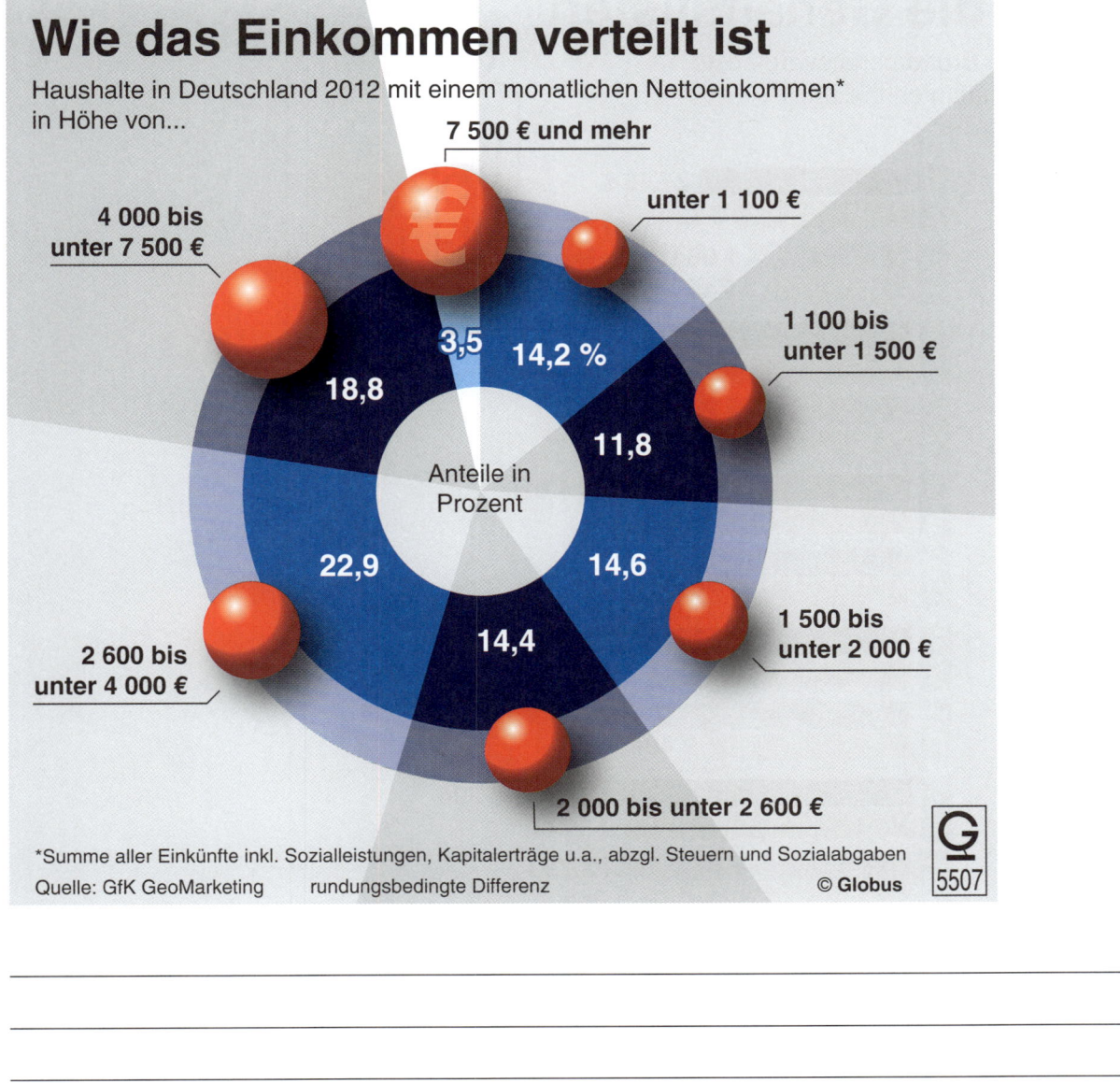

Wie das Einkommen verteilt ist

Haushalte in Deutschland 2012 mit einem monatlichen Nettoeinkommen* in Höhe von...

- 7 500 € und mehr
- unter 1 100 €
- 4 000 bis unter 7 500 €
- 1 100 bis unter 1 500 €
- 2 600 bis unter 4 000 €
- 1 500 bis unter 2 000 €
- 2 000 bis unter 2 600 €

3,5 — 14,2 % — 18,8 — 11,8 — 22,9 — 14,6 — 14,4

Anteile in Prozent

*Summe aller Einkünfte inkl. Sozialleistungen, Kapitalerträge u.a., abzgl. Steuern und Sozialabgaben
Quelle: GfK GeoMarketing   rundungsbedingte Differenz   © Globus   5507

b. Die folgende statistische Erhebung befasst sich damit, inwieweit sich der Bildungsstand von Vollzeit-beschäftigten in Deutschland auf das Einkommensniveau auswirkt. Beschreiben Sie die dargestellten Ergebnisse.

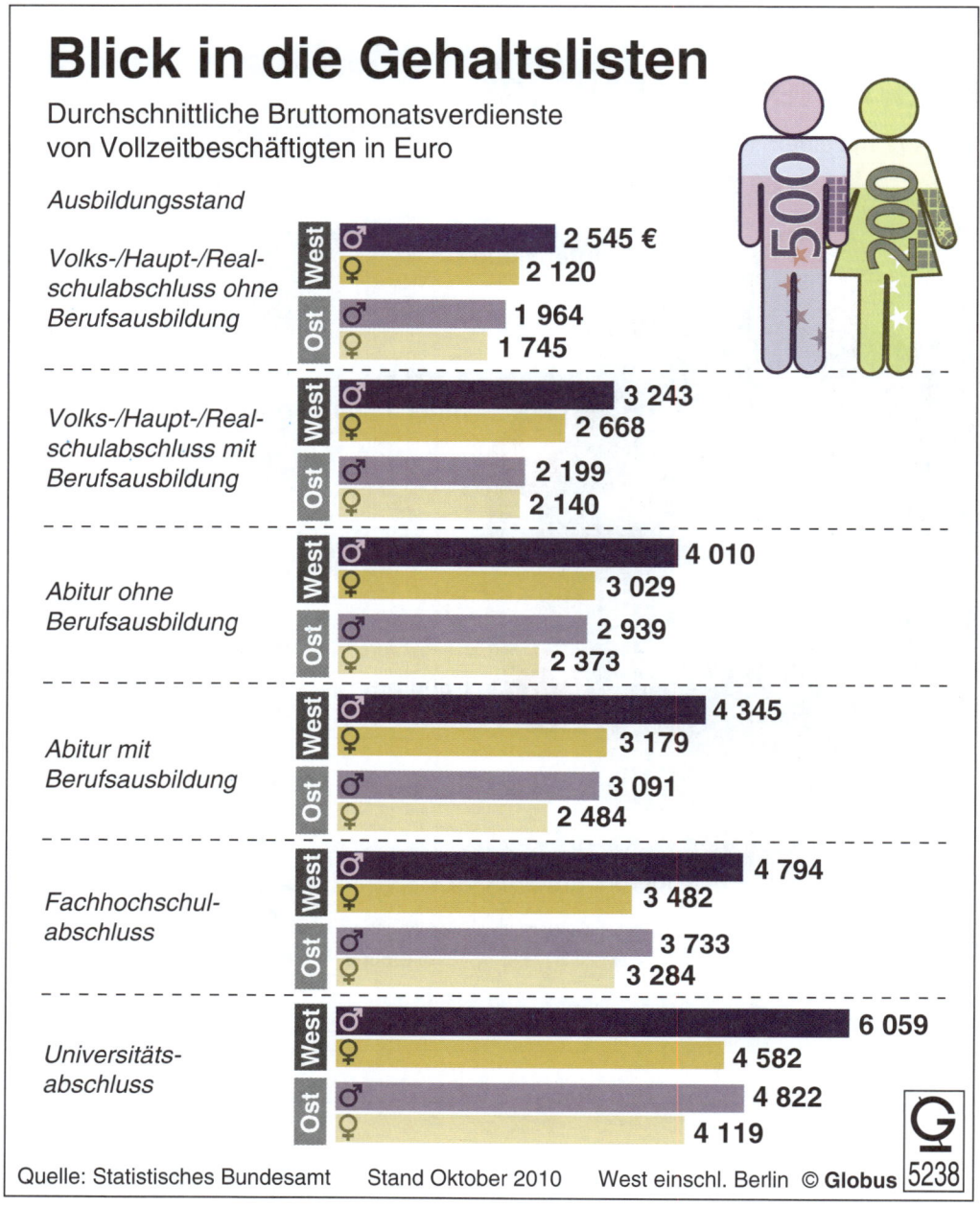

Blick in die Gehaltslisten

Durchschnittliche Bruttomonatsverdienste
von Vollzeitbeschäftigten in Euro

Ausbildungsstand

Volks-/Haupt-/Real-schulabschluss ohne Berufsausbildung
West ♂ 2 545 €
West ♀ 2 120
Ost ♂ 1 964
Ost ♀ 1 745

Volks-/Haupt-/Real-schulabschluss mit Berufsausbildung
West ♂ 3 243
West ♀ 2 668
Ost ♂ 2 199
Ost ♀ 2 140

Abitur ohne Berufsausbildung
West ♂ 4 010
West ♀ 3 029
Ost ♂ 2 939
Ost ♀ 2 373

Abitur mit Berufsausbildung
West ♂ 4 345
West ♀ 3 179
Ost ♂ 3 091
Ost ♀ 2 484

Fachhochschul-abschluss
West ♂ 4 794
West ♀ 3 482
Ost ♂ 3 733
Ost ♀ 3 284

Universitäts-abschluss
West ♂ 6 059
West ♀ 4 582
Ost ♂ 4 822
Ost ♀ 4 119

Quelle: Statistisches Bundesamt   Stand Oktober 2010   West einschl. Berlin © **Globus** 5238

c. Die Aussage „Bildungserfolg und soziale Herkunft stehen in Deutschland nicht im Zusammenhang"
   wird auch im Rahmen der PISA-Studien der letzten Jahre stark diskutiert.
   Nehmen Sie zu der Aussage Stellung und beziehen Sie sich dabei auf das folgende Schaubild. Vergleichen Sie abschließend die deutschen Ergebnisse mit den Bedingungen in den anderen dargestellten
   OECD-Ländern.

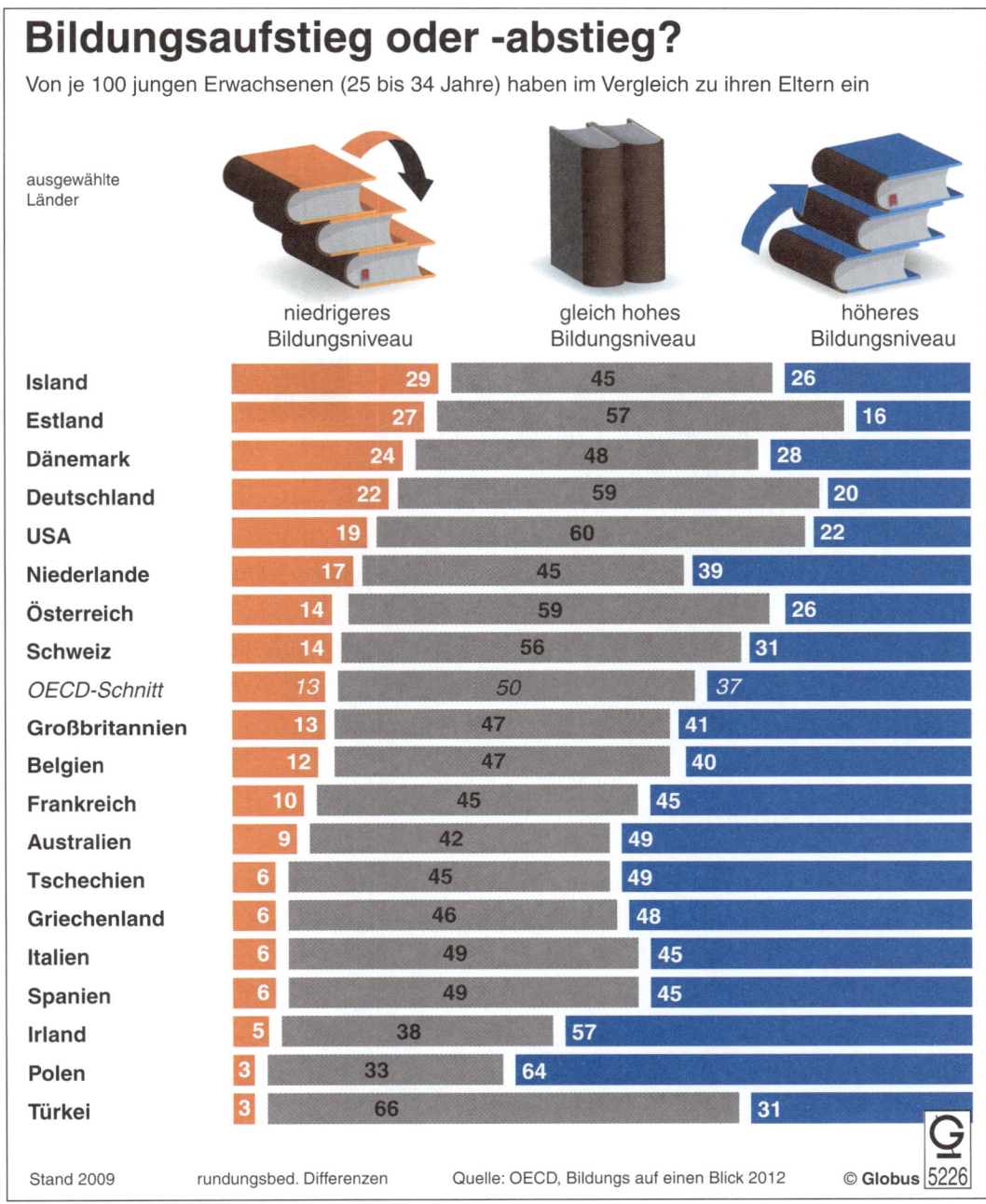

Bildungsaufstieg oder -abstieg?

Von je 100 jungen Erwachsenen (25 bis 34 Jahre) haben im Vergleich zu ihren Eltern ein

ausgewählte Länder

	niedrigeres Bildungsniveau	gleich hohes Bildungsniveau	höheres Bildungsniveau
Island	29	45	26
Estland	27	57	16
Dänemark	24	48	28
Deutschland	22	59	20
USA	19	60	22
Niederlande	17	45	39
Österreich	14	59	26
Schweiz	14	56	31
OECD-Schnitt	13	50	37
Großbritannien	13	47	41
Belgien	12	47	40
Frankreich	10	45	45
Australien	9	42	49
Tschechien	6	45	49
Griechenland	6	46	48
Italien	6	49	45
Spanien	6	49	45
Irland	5	38	57
Polen	3	33	64
Türkei	3	66	31

Stand 2009   rundungsbed. Differenzen   Quelle: OECD, Bildungs auf einen Blick 2012   © Globus 5226

Lernfeld 11:   Wertströme erfassen, dokumentieren, aufbereiten und Auswerten

Lernsituation 1: Sie erstellen ein Inventar und eine Bilanz

Werner Krull, Auszubildender der RAND OHG, ist seit einer Woche in der Abteilung Rechnungswesen, als er ein Gespräch zwischen Herrn Koch und Frau Rand mithört:

Herr Koch: *„Dieter Grunwald e.K. – Sie wissen schon, Frau Rand, der Großhändler von Küchenkleingeräten und Küchenzubehör neben uns – will aus Altersgründen zum 31. Dezember seinen Betrieb aufgeben. Er hat uns ein Angebot gemacht, seinen gesamten Warenbestand zu übernehmen – und da sind wirklich einige sehr interessante Artikel für uns dabei."*

Frau Rand: *„Wir suchen doch auch schon seit Langem nach einer weiteren Lagerhalle, das wäre doch ideal!"*

Herr Koch: *„Aber der Kaufpreis von 230 000,00 € entspricht nicht ganz unseren Vorstellungen."*

Frau Rand: *„Da müssten wir natürlich ganz genau wissen, was uns da angeboten wird. Bitten Sie doch Herrn Grunwald um ein aktuelles Inventar und eine aktuelle Bilanz, damit wir nicht die Katze im Sack kaufen."*

Herr Koch: *„Ja, das sollten wir tun, ich werde umgehend mit Herrn Grunwald Kontakt aufnehmen und ihn bitten, eine Inventur durchzuführen, damit wir durch ein aktuelles Inventar und eine aktuelle Bilanz einen besseren Überblick erhalten."*

Beschreibung und Analyse der Situation

Erläutern Sie in Einzelarbeit die genauen Gründe, warum Frau Rand wünscht, dass Herr Grunwald eine Inventur durchführt.

_____

_____

_____

_____

_____

_____

_____

_____

Welche Erkenntnisse können sich für Herrn Grundwald durch eine Inventur ergeben?

_____

_____

_____

_____

_____

_____

_____

Wenige Tage später legt Dieter Grunwald bereits seine ausgefüllten Inventurlisten vor. Dort sind die folgenden Posten aufgelistet:

	€
Waren laut Warenverzeichnis:	
● Pfannen und Töpfe	4 800,00
● Salatschüsseln	3 200,00
● Kaffeemaschinen	5 100,00
● Aufbewahrungsboxen	1 700,00
● Küchenmesser	3 300,00
Verbindlichkeiten a. LL. laut Verzeichnis	3 100,00
Langfristiges Darlehen bei der Sparkasse	22 000,00
Forderungen a. LL.:	
● Jan Andres e. K., Bonn	600,00
● Otmar Kaiser e. K., Witten	1 300,00
● Christoph Rothkegel e. K., Neuss	900,00
Fuhrpark laut Verzeichnis	28 000,00
Kassenbestand (Bargeld)	650,00
Gebäude, Völklinger Straße 43	130 000,00
Guthaben auf dem Geschäftskonto der Sparkasse	16 000,00
Geschäftsausstattung laut Verzeichnis	26 000,00

Planen

Arbeiten Sie mit Ihrer Sitznachbarin/Ihrem Sitznachbarn zusammen und informieren Sie sich in Ihrem Schulbuch darüber, wie ein Inventar aufgebaut ist. Erläutern Sie dazu in der folgenden Tabelle die Begriffe **Anlagevermögen, Umlaufvermögen, langfristige Schulden** und **kurzfristige Schulden** und ordnen Sie Posten aus der Inventurliste von Dieter Grundwald e. K. entsprechend zu.

Anlagevermögen	Umlaufvermögen	Langfristige Schulden	Kurzfristige Schulden
_____	_____	_____	_____
_____	_____	_____	_____
_____	_____	_____	_____
_____	_____	_____	_____
_____	_____	_____	_____
_____	_____	_____	_____
Zuordnung	**Zuordnung**	**Zuordnung**	**Zuordnung**
_____	_____	_____	_____
_____	_____	_____	_____
_____	_____	_____	_____

Durchführen 1

Erstellen Sie bitte ein ordnungsgemäßes Inventar für das Unternehmen Dieter Grunwald e. K. und ermitteln Sie das Reinvermögen. Beachten Sie die Gliederungsvorschriften zur Erstellung eines Inventars.

Inventar Dieter Grunwald e. K.		
Art, Menge, Einzelwert	**€**	**€**
A. Vermögen		
I. Anlagevermögen		
II. Umlaufvermögen		
Summe des Vermögens		
Summe der Schulden		

Bewerten 1

● Gehen Sie mit einem anderen Paar zusammen und vergleichen Sie Ihre Inventare.
● Gehen Sie etwaigen Abweichungen nach und suchen Sie gemeinsam nach möglichen Fehlern.
● Klären Sie offene Fragen in Ihrer Klasse und verbessern Sie ggf. Ihr aufgestelltes Inventar.

Planen und durchführen 2

Arbeiten Sie mit Ihrer Sitznachbarin/Ihrem Sitznachbarn zusammen und informieren Sie sich ergänzend zu dem folgenden Schaubild über den Aufbau und die Struktur der Bilanz. Nutzen Sie dazu auch Ihr Schulbuch. Stellen Sie auf Grundlage des Inventars eine ordnungsgemäße Bilanz auf.

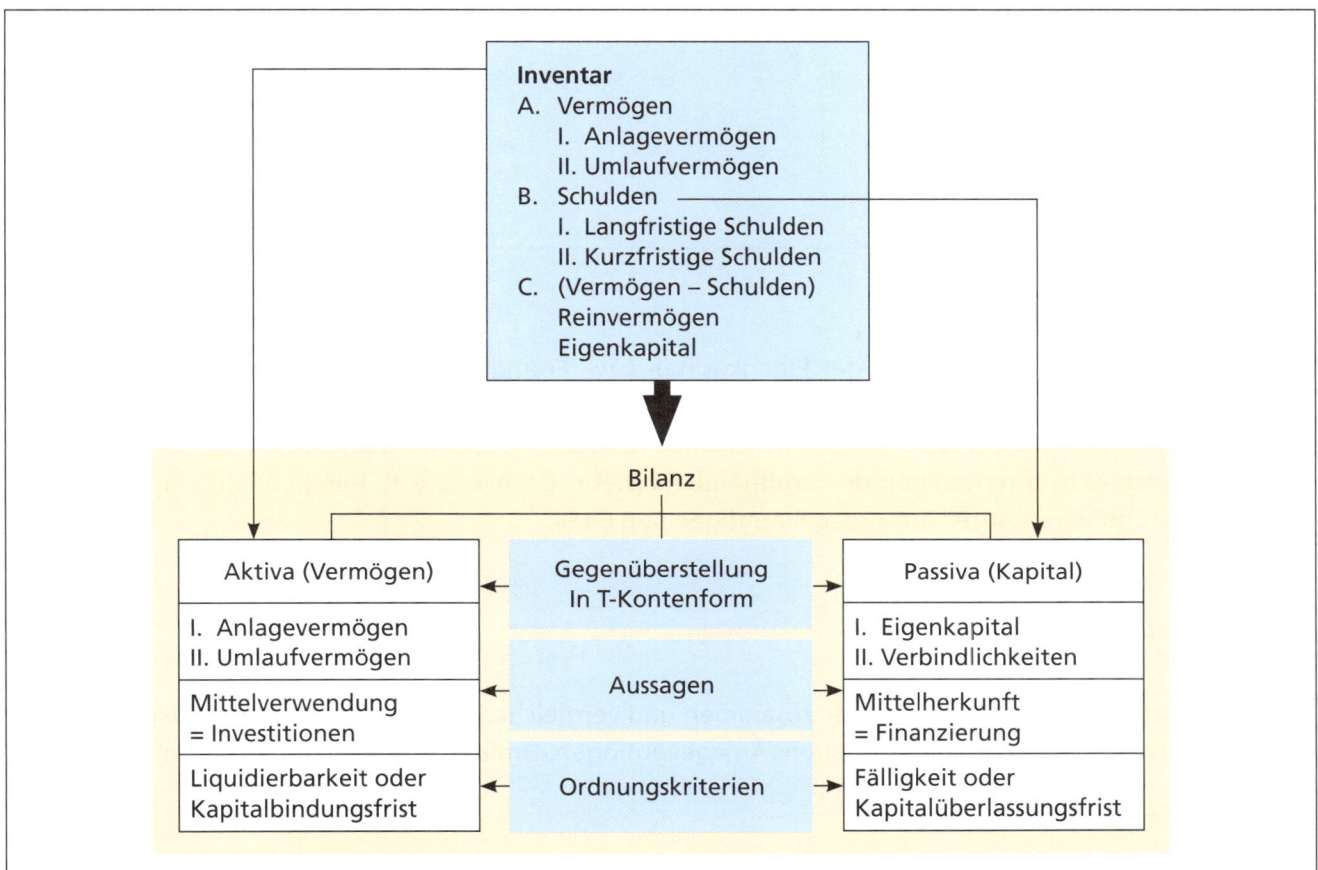

Aktiva	Dieter Grunwald e. K.	Passiva

Düsseldorf, _____   _____

Werten Sie in Partnerarbeit die von Ihnen aufgestellte Bilanz aus, indem Sie die Kennzahlen zum Anlage-vermögen, Umlaufvermögen, Eigenkapital und Fremdkapital ermitteln. Berechnen Sie dazu von den folgenden Bilanzpositionen die prozentualen Anteile am Gesamtkapital (auf zwei Stellen nach dem Komma runden).

● Anteil des Anlagevermögens:

● Anteil des Umlaufvermögens:

● Eigenkapitalanteil:

● Fremdkapitalanteil (Schulden):

Information:

Die Kapitalstruktur zeigt, wie hoch der Eigenkapital- bzw. Fremdkapitalanteil am Gesamtvermögen des Unternehmens ist. Hier gilt: Je höher der Eigenkapitalanteil, desto größer ist die finanzielle Unabhängigkeit und Kreditwürdigkeit eines Unternehmens. Eine niedrige Eigenkapitalquote bedeutet ein hohes Insolvenzrisiko. Vergleichsunternehmen des Großhändlers Dieter Grunwald e. K. haben einen Eigenkapitalanteil von 43 % und einen Anteil am Anlagevermögen von 64 %.

Bewerten 2

Gehen Sie bitte mit einem anderen Paar zusammen und vergleichen Sie Ihre Bilanzen und die errechneten prozentualen Anteile am Gesamtvermögen (Anlagevermögen, Umlaufvermögen, Eigenkapital und Fremd-kapital).

Analysieren Sie die Bilanz sowie die errechneten Kennzahlen in Ihrer Gruppe und geben Sie eine erste Einschätzung bezüglich eines möglichen Kaufpreises für das Unternehmen des Großhändlers Dieter Grunwald e. K. ab. Vergleichen Sie Ihre Einschätzungen anschließend in einem Klassengespräch.

_____

_____

_____

_____

_____

_____

_____

_____

_____

_____

_____

_____

_____

_____

_____

Vertiefen und Lernergebnisse sichern

Stellen Sie die wesentlichen Unterschiede von Inventar und Bilanz gegenüber.

Inventar	Bilanz

Übung 1.1: Inventurverfahren

Informieren Sie sich über die verschiedenen Inventurverfahren nach der Art der Aufnahme und stellen Sie diese in der folgenden Tabelle dar.

Arten der Inventurverfahren
Körperliche Inventur:
Buchinventur:
Stichtaginventur

Arten der Inventurverfahren	
Zeitnahe Inventur:	

Entscheiden Sie: Welche Inventurverfahren werden bei der Inventur des Betriebes von Dieter Grunwald e. K. Anwendung finden?

Übung 1.2:   Eine Bilanz aufbereiten

Erstellen Sie auf der Grundlage der folgenden Zahlen eine aufbereitete Bilanz und ermitteln Sie die Prozentsätze der einzelnen Bilanzpositionen (auf zwei Stellen nach dem Komma runden).

Anlagevermögen 4 770 300,00 €, Umlaufvermögen 2 267 000,00 €, langfristige Verbindlichkeiten 2 250 000,00 €, kurzfristige Verbindlichkeiten 570 000,00 €

Aktiva	Aufbereitete Bilanz zum 31. Dezember 20..				Passiva
	€	%		€	%
Anlagevermögen			Eigenkapital		
Umlaufvermögen			Fremdkapital ● langfristig ● kurzfristig		
Bilanzsumme			Bilanzsumme		

Übung 1.3: Mit verschiedenen Belegen arbeiten

Durch den Geschäftsablauf in einem Unternehmen entsteht eine Vielzahl von Belegen. Sie ergeben sich z. B. durch:

- Einkäufe von Werkstoffen und Waren   → Eingangsrechnungen (ER)
- Verkäufe fertiger Produkte auf Rechnung   → Ausgangsrechnungen (AR)
- Kasseneinzahlung oder -auszahlung   → Kassenbelege (KB)
- Zahlungseingänge oder -ausgänge auf dem Bankkonto   → Bankauszug (BA)

Nehmen Sie die Perspektive einer Mitarbeiterin/eines Mitarbeiters der RAND OHG ein und benennen Sie die Art der folgenden Belege. Prüfen Sie deren rechnerische Richtigkeit und beschreiben Sie, welche Informationen sich aus den Belegen ergeben.

Beschreiben Sie alle Informationen zum Geschäftsfall, die Sie dem folgenden Beleg entnehmen.

_____

_____

_____

_____

_____

_____

_____

Drupa AG
schreibwaren fabrik

Drupa AG, Blumenweg 118, 55595 Gutenberg

RAND OHG
Völklinger Str. 49
40221 Düsseldorf

Blumenweg 118
55595 Gutenberg
Tel. 06706 155656
Fax. 06706 155659
info@drupa.schreibwaren.de
www.drupa.schreibwaren.de

Rechnung

Ihr Auftrag vom	Kunden-Nr.	RG-Nr.	Datum
06.07.20..	1848	5892	10.07.20..
Bei Zahlung bitte angeben			

Artikel-Nr.	Artikelbezeichnung	Menge	Einzelpreis €	Gesamtpreis €
4488	Schreibset „Uno"	550	2,30	1 265,00
5996	Schreibblock „Uni"	700	0,41	287,00
6929	Kugelschreiber „Favorit"	3 500	0,43	1 525,00
				3 077,00
	+ 19 % USt.			588,63
				3 665,63

Bankverbindung Commerzbank Gutenberg:
IBAN: DE84500100600811857823   BIC: PBNKDEFFXXX

Steuernummer: 706/7823/9564   USt-IdNr.: DE19475521

Belegart: _____

Absender: _____

_____

Adressat: _____

rechnerisch richtig:

Ja ☐   Nein ☐

Fehler:

_____

_____

_____

_____

_____

_____

Beschreiben Sie alle Informationen zum Geschäftsfall, die Sie dem folgenden Beleg entnehmen.

_____

_____

_____

_____

RAND OHG
Großhandel für Randsortimente

RAND OHG, Völklinger Str. 49, 40221 Düsseldorf

ReWo eG
Nelkenstraße 3
50733 Köln

Völklinger Str. 49
40221 Düsseldorf
Tel. 0211 40760
Fax. 0211 407610
www.randohg.de
info@randohg.de

Belegart: _____

Absender: _____

Adressat: _____

rechnerisch richtig:

Ja ☐   Nein ☐

Fehler:

Rechnung

Kunden-Nr.	RG-Nr.	Datum
24005	8293	10.07.20..
Bei Zahlung bitte angeben		

Ihre Bestellung	Bestelldatum	Lieferschein-Nr.	Lieferdatum
	03.07.20..	3476-12	09.07.20..

Artikel-Nr.	Artikelbezeichnung	Menge	Rabatt	Einzelpreis €	Gesamtpreis €
0900	Puppe Marlies	90		24,57	2311,30
1000	Modellauto Viererpack	410		1,94	775,40

Versand	Nettopreis €	USt €	Bruttopreis €
20,00	3026,70	575,07	3601,77

Zahlbar: innerhalb 14 Tagen abzügl. 3% Skonto
innerhalb 30 Tagen netto

Hausadresse   Tel: 0211 40760   **Stadtsparkasse Düsseldorf**
Völklinger Str. 49 Fax: 0211 407610   IBAN: DE52300501100142016978
40221 Düsseldorf   BIC: DUSSDEDDXXX
www.randohg.de
info@randohg.de

Steuernummer: 103/1208/0123   **USt-IdNr.:** DE11003366

_____

_____

_____

_____

_____

_____

_____

Beschreiben Sie alle Informationen, die Sie dem folgenden Bankbeleg entnehmen.

_____

_____

_____

_____

_____

SEPA-Girokonto	IBAN: DE52300501100142016978	Kontoauszug	225
	BIC: DUSSDEDDXXX	Blatt	1
Sparkasse Düsseldorf UST-ID DE110260423			

Datum	Erläuterungen		Betrag
Kontostand in € am 18.07.20.., Auszug Nr. 224			83 300,00+
19.07	Überweisung	Wert: 19.07.20..	3 637,83–
	Drupa AG, GUTENBERG, KD-NR 1848,		
	RG-Nr. 5892, vom 10.07.20..		
20.07.	Zahlungseingang	Wert: 20.07.20..	3 493,72 +
	ReWo eG, Düsseldorf, KD-Nr. 24005		
	RG-Nr. 8293, vom 10.07.20..		
Kontostand in € am 21.07.20.., 11:30 Uhr			83 155,89+
Ihr Dispositionskredit 80 000,00 €			
			RAND OHG

Belegart: _____

rechnerisch richtig:

Ja ☐   Nein ☐

Fehler:

_____

_____

_____

Beschreiben Sie alle Informationen, die Sie dem folgenden Beleg entnehmen.

_____

_____

_____

RAND OHG		**Quittung**	Belegart:
Völklinger Str. 49, 40221 Düsseldorf	€	200 │ 00	
€ in Worten	zweihundert	Cent wie oben	_____
von	Ari Albert Richmann e. K.		Absender:
für	Sonderposten Textil		
Düsseldorf, 25.07.20..	Betrag dankend in bar erhalten		_____
Ort/Datum			Adressat:
Buchungsvermerke	Stempel/Unterschrift des Empfängers RAND OHG i. v. *Ferdinand Lunau*		_____

Übung 1.4: Wirkungen der Geschäftsfälle auf die Bilanz

Bearbeiten Sie die nachfolgenden Geschäftsfälle der RAND OHG, indem Sie die vier Leitfragen beantworten.

Geschäftsfälle		Leitfrage 1 Welche Bilanzpositionen werden durch den Geschäftsfall berührt?	Leitfrage 2 Handelt es sich um Posten der Aktiv- oder Passivseite der Bilanz?	Leitfrage 3 Vermehrt oder vermindert der Geschäftsfall die einzelnen Bilanzposten?	Leitfrage 4 Um welche der vier Bilanzveränderungen handelt es sich?
Geschäftsfall 1 Die RAND OHG kauft ein neues Lagerregal und zahlt dieses bar (Barkauf eines Lagerregals).	€ 1 420,00	Geschäftsausstattung Kasse	Aktivposten Aktivposten	Mehrung + 1 420,00 € Minderung – 1 420,00 €	Aktivtausch
Geschäftsfall 2 Die RAND OHG nimmt ein Darlehen zum Ausgleich einer größeren Verbindlichkeit a. Ll. auf.	€ 9 500,00				
Geschäftsfall 3 Die RAND OHG gleicht die Eingangsrechnung (ER 789) durch eine Banküberweisung (BA 455) aus.	€ 7 400,00				
Geschäftsfall 4 Ein Kunde bezahlt eine fällige Ausgangsrechnung (AR 96) bar im Outlet-Store (Kunde zahlt bar für AR 96).	€ 490,00				

Geschäftsfall 5 — € 2 880,00

Die RAND OHG kauft für den Outlet-Store eine neue Kasse. Die Eingangsrechnung (ER 495) ist in 30 Tagen zu begleichen (Einkauf einer Kasse auf Ziel, ER 495).

Geschäftsfall 6 — € 920,00

Ein Kunde bezahlt die Ausgangsrechnung (AR 101) durch eine Banküberweisung (BA 511) (Kunde zahlt durch Banküberweisung, BA 411 für AR 101).

Geschäftsfall 7 — € 1 000,00

Die RAND OHG überweist eine Rate (BA 513) zur Tilgung eines Darlehens (Tilgung eines Darlehens durch BA 513).

Geschäftsfall 8 — € 220,00

Die RAND OHG verkauft einen gebrauchten Schreibtisch bar (Barverkauf eines gebrauchten Schreibtischs).

Geschäftsfall 9 — € 20 120,00

Die RAND OHG kauft einen neuen Lieferwagen. Die Eingangsrechnung (ER 696) ist in 20 Tagen zu begleichen (Fuhrpark, ER 696 auf Ziel).

Geschäftsfall 10 — € 1 450,00

Ein Großkunde begleicht eine Rechnung (AR 102) per Banküberweisung (BA 914).

Übung 1.5: Veränderungen des Vermögens und der Schulden auf Bestandskonten erfassen

a. Bilden Sie bitte die Buchungssätze zu den Geschäftsfällen der Übung 1.4.

	RAND OHG		
	Grundbuch		
Lfd. Nr.	Buchungssatz	Soll in €	Haben in €
1			
2			
3			
4			
5			
6			
7			
8			
9			
10			

b. Eröffnen Sie die Bestandskonten und buchen Sie die Geschäftsfälle aus der Übung 1.4. Achten Sie bereits hier auf eine wichtige Buchungsregel: Jeder Geschäftsfall löst je eine Buchung auf der Sollseite eines Kontos sowie auf der Habenseite eines anderen Kontos aus. Buchen Sie immer erst auf der Sollseite, bevor Sie auf der Habenseite die Gegenbuchung vornehmen.

Aktiva	Eröffnungsbilanz RAND OHG in €		Passiva
I. Anlagevermögen		**I. Eigenkapital**	420 800,00
1. Grundstück mit Bauten	235 000,00	**II. Verbindlichkeiten (Schulden)**	
2. Fuhrpark	22 000,00	1. **langfristige** Darlehensschulden	70 000,00
3. Geschäftsausstattung	65 500,00	2. **kurzfristige** Verbindlichkeiten a. LL.	33 700,00
II. Umlaufvermögen			
1. Warenbestand	150 200,00		
2. Forderungen a. LL.	21 000,00		
3. Kasse	2 100,00		
4. Bankguthaben	28 700,00		
	524 500,00		524 500,00

Aktivkonten

S	Grundstücke mit Bauten	H
AB	235 000,00	

S	Fuhrpark	H
AB	22 000,00	

S	Geschäftsausstattung	H

S	Warenbestand	H

S	Forderungen a. LL	H

S	Kasse	H

S	Bankguthaben	H

Passivkonten

S	Eigenkapital	H
	AB	420 500,00

S	Darlehensschulden	H
	AB	70 000,00

S	Verbindlichkeiten a. LL	H

Lernsituation 2: Sie erfassen Belege systematisch im Grund- und Hauptbuch

Werner Krull arbeitet nun schon seit einiger Zeit in der Buchführung. Das Geschäftsjahr nähert sich dem Ende. Die damit einhergehenden Belastungen sind auch für alle Mitarbeiter des Rechnungswesens spürbar. Als Werners Ausbilder, Herr Lunau, zu Werner ins Büro kommt, überreicht er ihm einen ungeordneten Stapel an Belegen.

Herr Lunau: *„Bitte buchen Sie die Geschäftsfälle und schließen Sie die betreffenden Konten ab. Zu Ihrer Hilfe haben Sie hier den Stand der Belegnummern, die wir zuletzt vergeben haben.“*

(Lfd. Nr. 600, KA 110, ER 140, BA 88)

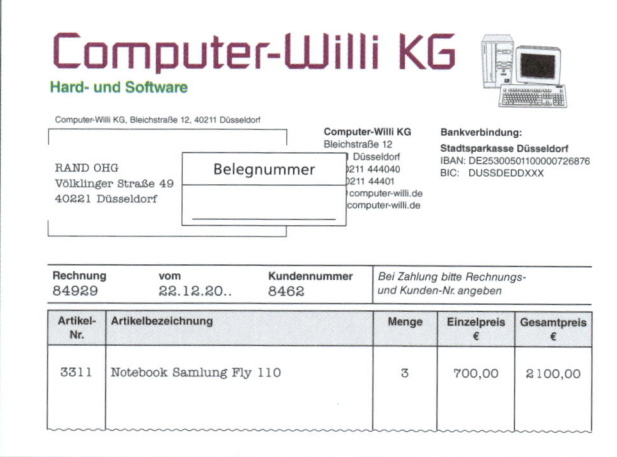

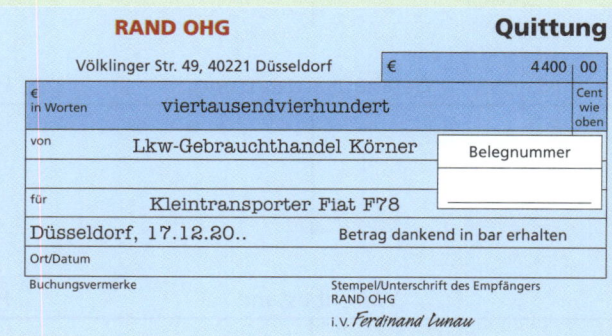

Beschreibung und Analyse der Situation

Begeben Sie sich in eine Vierergruppe und sammeln Sie notwendige Arbeitsschritte, die für Werner Krull bei der Bearbeitung der vorliegenden Belege anfallen.

_____

_____

_____

_____

_____

_____

Planen und durchführen

Planen Sie nun bitte die einzelnen Arbeitsschritte zur ordnungsgemäßen Erfassung der abgebildeten Belege und stellen sie diese in einem Ablaufschema dar.

Ablaufschema zur Bearbeitung von Belegen

1. Schritt

Belegnummer

_____

2. Schritt

_____

3. Schritt

_____

4. Schritt

_____

5. Schritt

_____

6. Schritt

_____

Bewerten 1

Übertragenen Sie Ihren Ablaufplan auf ein Plakat und stellen Sie ihn in Ihrer Klasse vor.

Klären Sie in einem Klassengespräch, welcher Ablaufplan für das Erfassen und Buchen der Belege am sinnvollsten erscheint.

Lernergebnisse sichern 1

Ergänzen Sie Ihren bisherigen Ablaufplan in Ihrem Arbeitsheft und passen Sie ihn ggf. an.

Planen und durchführen 2

Führen Sie die einzelnen Arbeitsschritte Ihrer Planungen aus und buchen Sie die vorliegenden Belege. Verwenden Sie dazu die folgenden Vorlagen. Benennen Sie Ihre jeweiligen Arbeitsschritte.

Arbeitsschritt: _____

RAND OHG		Quittung
Völklinger Str. 49, 40221 Düsseldorf	€	180 | 00

€
in Worten   **einhundertachtzig**   Cent wie oben

von   Michael Piek   Belegnummer

für   gebrauchtes Lagerregal

Düsseldorf, 20.12.20..   Betrag dankend in bar erhalten
Ort/Datum

Buchungsvermerke   Stempel/Unterschrift des Empfängers
RAND OHG
i.V. *Ferdinand Lunau*

Belegnummer	Konto	Soll	Haben
_____	_____	_____	_____
	_____	_____	_____
	_____	_____	_____
	_____	_____	_____

SEPA-Girokonto	IBAN: DE52300501100142016978	Kontoauszug	90
	BIC: DUSSDEDDXXX	Blatt	1
Sparkasse Düsseldorf	UST-ID DE110260423		

Datum	Erläuterungen		Betrag
	Kontostand in € am 18.12.20.., Auszug Nr. 89		23 700,00+
19.12	Bareinzahlung Kasseneinnahmen RAND OGH	Wert: 19.12.20..	2 300,00+
		Belegnummer	
	Kontostand in € am 19.12.20.., 12:21 Uhr		26 000,00+
	Ihr Dispositionskredit 80 000,00 €		
			RAND OHG

Belegnummer	Konto	Soll	Haben
_____	_____	_____	_____
	_____	_____	_____
	_____	_____	_____
	_____	_____	_____

Computer-Willi KG
Hard- und Software

Computer-Willi KG, Bleichstraße 12, 40211 Düsseldorf

RAND OHG   Belegnummer
Völklinger Straße 49
40221 Düsseldorf

Computer-Willi KG
Bleichstraße 12
Düsseldorf
0211 444040
0211 44401
computer-willi.de
computer-willi.de

Bankverbindung:
Stadtsparkasse Düsseldorf
IBAN: DE25300501100000726876
BIC: DUSSDEDDXXX

Rechnung 84929	vom 22.12.20..	Kundennummer 8462	Bei Zahlung bitte Rechnungs- und Kunden-Nr. angeben

Artikel-Nr.	Artikelbezeichnung	Menge	Einzelpreis €	Gesamtpreis €
3311	Notebook Samlung Fly 110	3	700,00	2 100,00

Belegnummer	Konto	Soll	Haben
_____	_____	_____	_____
	_____	_____	_____
	_____	_____	_____
	_____	_____	_____

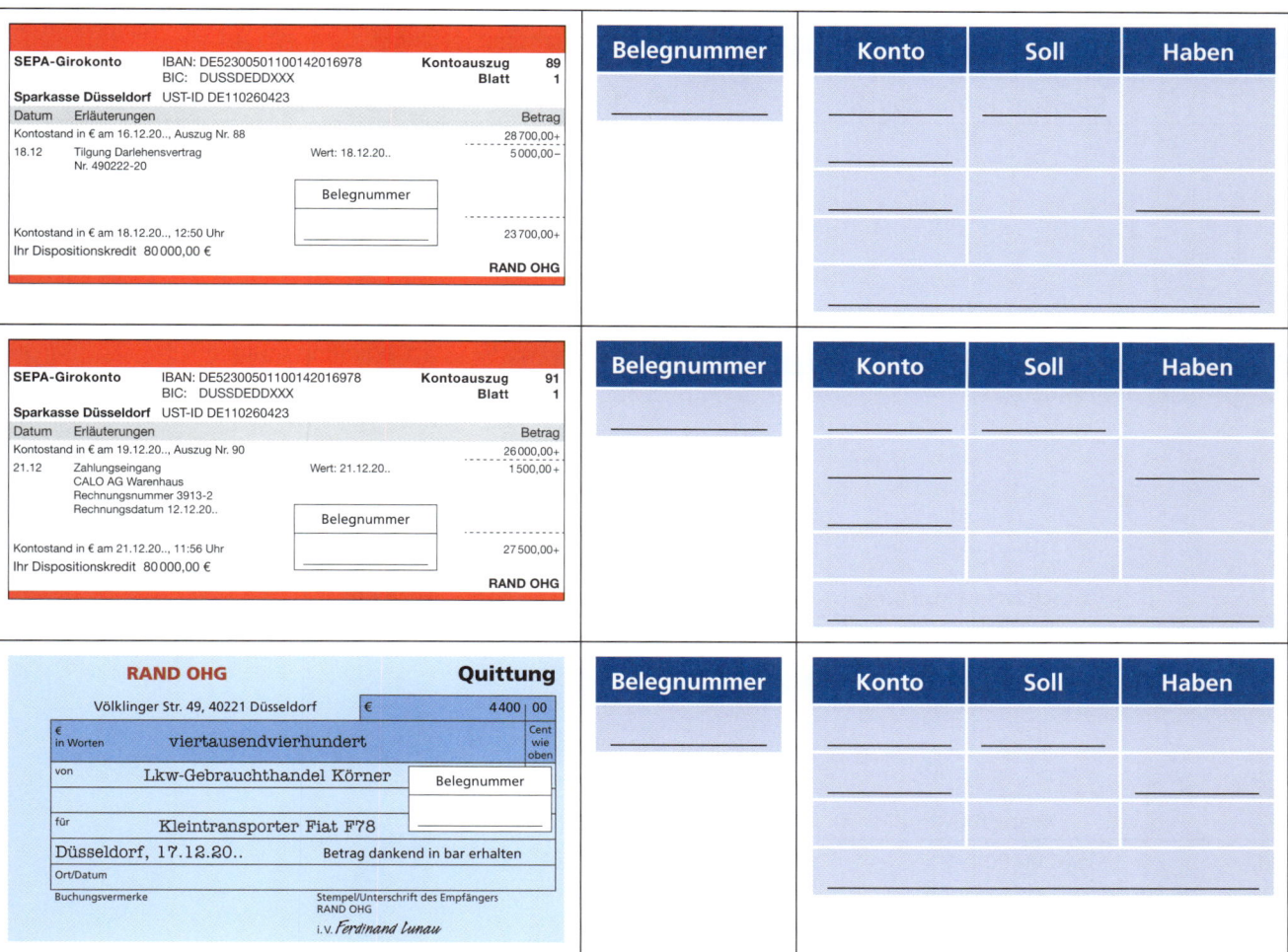

	Belegnummer	Konto	Soll	Haben
SEPA-Girokonto IBAN: DE52300501100142016978 — **Kontoauszug 89** BIC: DUSSDEDDXXX — **Blatt 1** — **Sparkasse Düsseldorf** UST-ID DE110260423	_____	_____	_____	
Datum / Erläuterungen / Betrag		_____		_____
Kontostand in € am 16.12.20.., Auszug Nr. 88 — 28 700,00+				
18.12 Tilgung Darlehensvertrag Nr. 490222-20 — Wert: 18.12.20.. — 5 000,00–				
Belegnummer _____				
Kontostand in € am 18.12.20.., 12:50 Uhr — 23 700,00+				
Ihr Dispositionskredit 80 000,00 € — **RAND OHG**				

	Belegnummer	Konto	Soll	Haben
SEPA-Girokonto IBAN: DE52300501100142016978 — **Kontoauszug 91** BIC: DUSSDEDDXXX — **Blatt 1** — **Sparkasse Düsseldorf** UST-ID DE110260423	_____	_____	_____	
Datum / Erläuterungen / Betrag		_____		
Kontostand in € am 19.12.20.., Auszug Nr. 90 — 26 000,00+		_____		
21.12 Zahlungseingang CALO AG Warenhaus Rechnungsnummer 3913-2 Rechnungsdatum 12.12.20.. — Wert: 21.12.20.. — 1 500,00+				
Belegnummer _____				
Kontostand in € am 21.12.20.., 11:56 Uhr — 27 500,00+				
Ihr Dispositionskredit 80 000,00 € — **RAND OHG**				

	Belegnummer	Konto	Soll	Haben
RAND OHG — **Quittung** Völklinger Str. 49, 40221 Düsseldorf — € 4 400,00	_____	_____	_____	
in Worten: viertausendvierhundert — Cent wie oben		_____		_____
von: Lkw-Gebrauchthandel Körner				
Belegnummer _____				
für: Kleintransporter Fiat F78				
Düsseldorf, 17.12.20.. — Betrag dankend in bar erhalten				
Ort/Datum				
Buchungsvermerke — Stempel/Unterschrift des Empfängers RAND OHG — i.V. *Ferdinand Lunau*				

Arbeitsschritt: _____

Bürodesign GmbH					
Grundbuch					**Seite 351**
Lfd. Nr.	Buchungs- datum	Beleg	Buchungssatz	Soll in €	Haben in €
601	_____	_____	_____ _____	_____	_____
602	_____	_____	_____ _____	_____	_____
603	_____	_____	_____ _____	_____	_____
604	_____	_____	_____ _____	_____	_____
605	_____	_____	_____ _____	_____	_____
606	_____	_____	_____ _____	_____	_____

Arbeitsschritt: _____

S	Grundstücke mit Bauten	H

S	Eigenkapital	H
	AB	420.800,00

S	Fuhrpark	H
AB	22 000,00	

S	Darlehensschulden	H
	AB	70 000,00

S	Geschäftsausstattung	H
AB	65 500,00	

S	Verbindlichkeiten a. LL.	H
	AB	33 700,00

S	Warenbestand	H
AB	150 200,00	

S	Forderungen a. LL.	H
AB	21 000,00	

S	Kasse	H
AB	2 100,00	

S	Bankguthaben	H
AB	28 700,00	

Arbeitsschritt: _____

Aktiva	Schlussbilanzkonto	Passiva

Bewerten 2

Vergleichen Sie Ihre Ergebnisse zunächst mit Ihrer Sitznachbarin/Ihrem Sitznachbarn, bevor Sie die Ergebnisse in der Klasse besprechen.

Lernergebnisse sichern

Denken Sie in Einzelarbeit über Ihren zurückliegenden Arbeitsprozess nach und verfassen Sie in Fließtext eine Arbeitsanweisung zum ordnungsgemäßen Buchen von Geschäftsfällen für eine neue Kollegin/einen neuen Kollegen.

_____

_____

_____

_____

_____

_____

_____

_____

_____

_____

_____

_____

_____

Übung 2.1: Zusammengesetzte Buchungssätze

Bilden Sie die Buchungssätze zu den folgenden Geschäftsfällen.

	€
1. Kunde gleicht Rechnung aus	
durch Banküberweisung	740,00
durch Barzahlung	820,00
2. Kauf eines Pkw für den Betrieb	
gegen Bankscheck	14 900,00
gegen bar	5 000,00
3. Tilgung eines Bankdarlehens	
durch Banküberweisung	6 000,00
durch Barzahlung	500,00
4. Verkauf gebrauchter Computer und Drucker	
gegen Barzahlung	200,00
gegen Bankscheck	500,00
auf Ziel	1 300,00
5. Ausgleich einer Liefererrechnung	
durch Banküberweisung	1 900,00
durch Barzahlung	500,00
6. Kauf von Regalen für das Lager	
gegen Barzahlung	1 200,00
gegen Bankscheck	3 800,00

Grundbuch					Seite 1
Lfd. Nr.	Buchungs-datum	Buchungssatz		Soll in €	Haben in €

Übung 2.2: Eine Lernübersicht für das System der Bestands- und Erfolgskonten erstellen

Bitte vervollständigen Sie die Lernübersicht an den gekennzeichneten Stellen.

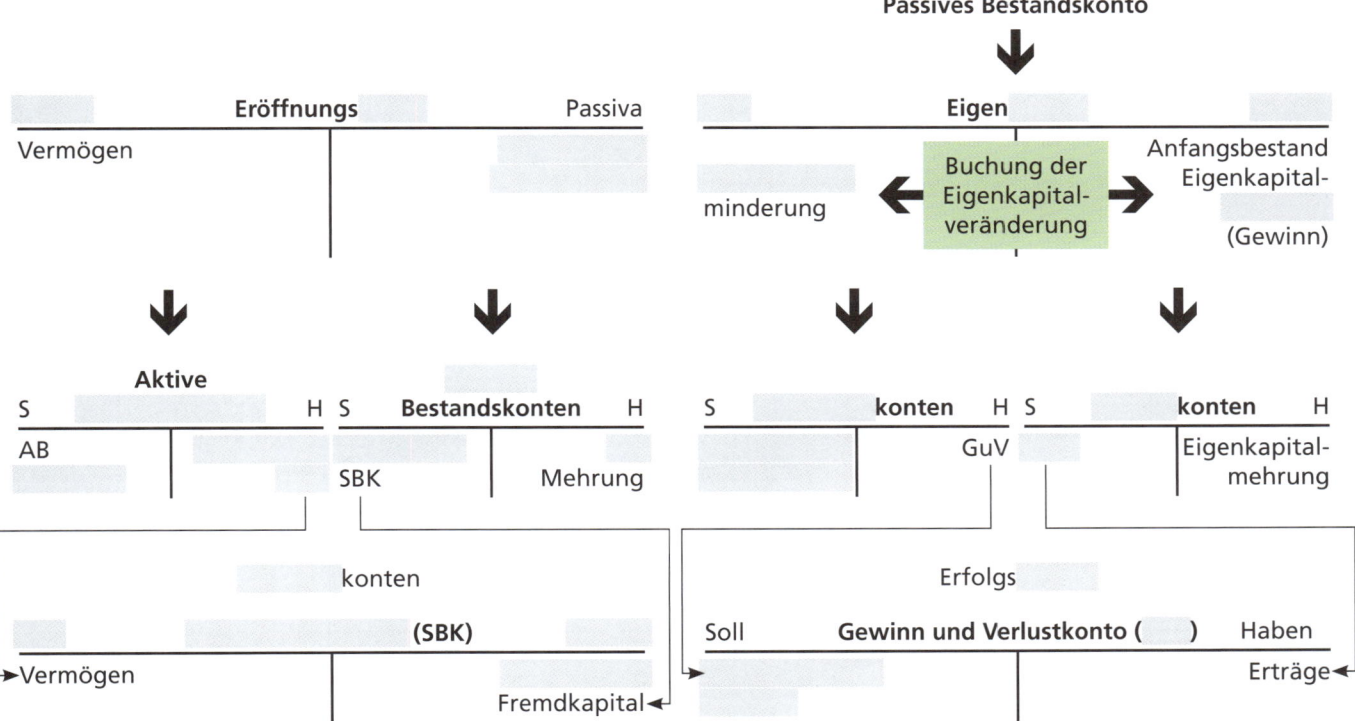

Übung 2.4: Den Erfolg einer Sonderaktion ermitteln

Lange wurde in der Center Warenhaus GmbH diskutiert, ob zur anstehenden Fußball-Weltmeisterschaft ein Sonderstand im Eingangsbereich des Erdgeschosses aufbaut soll, in dem Fanartikel der Nationalmannschaft angeboten werden. In diesem Jahr hat man sich entschlossen, es einmal auszuprobieren. Nach Ende der Aktion wird schließlich ausgewertet. Es liegen die folgenden Informationen vor:

	A	B
1	**Position**	
2	Wareneinkauf Trikots und Textilien	29 580,00 €
3	Wareneinkauf Fußbälle	5 410,00 €
4	Wareneinkauf sonstige Fanartikel	13 800,00 €
5	anteilige Mietaufwendungen für den Verkaufsstand – 25 qm	9 300,00 €
6	anteilige Gehälter	5 900,00 €
7	Kosten für Werbung (Flyer und Zeitungsanzeigen)	3 900,00 €
8	sonstige Aufwendungen (Energie, Reinigung, etc.)	1 700,00 €
9	Nettoumsatzerlöse (Umsatzerlöse ohne Mehrwertsteuer)	81 200,00 €

a. Berechnen Sie, wie hoch der Gewinn oder Verlust ist, den die Center Warenhaus GmbH mit der durchgeführten Sonderaktion erwirtschaftet hat.

b. Beschreiben Sie, auf welche Bilanzposition sich der erzielte Gewinn oder Verlust auswirkt.

c. Im Rahmen einer innerbetrieblichen Ausbildungsveranstaltung erhält die Auszubildende Sabine Freund von ihrem Ausbilder, Herrn Schmick, den Auftrag, die angefallenen Aufwendungen und Erträge exemplarisch auf den folgenden Übungskonten zu buchen.

S	Eigenkapital	H
	AB	10 000,00

S	Nettoumsatzerlöse	H

S	Aufwendungen für Waren	H

S	Gehälter	H

S	Miete	H

S   Werbung   H

S   sonstige Aufwendungen   H

Soll	Gewinn und Verlustkonto	Haben

Übung 2.5: Das Wesen der Umsatzsteuer

Vervollständigen Sie den Sachtext zur Umsatzsteuer, indem Sie die aufgeführten Begriffe in die Textlücken einsetzen. Schauen Sie sich anschließend in Ihrer Klasse um, wer mit diesem Arbeitsschritt fertig ist und finden Sie sich zu Paaren zusammen. Erklären Sie sich den Inhalt des Sachtextes anschließend gegenseitig in eigenen Worten (ohne in den Text zu schauen).

> Herstellung – 19 % – Bemessungsgrundlage – Stufe – Endverbraucher – 7 % – mehr Wert – Einzelhandel – Zahllast – Umsatzsteuersatzes – USt – Umsatzsteuergesetz – keine – Bruttopreisen – gesondert – Rohstoffgewinnung – Vorsteuer – Wertschöpfungsprozesses – 100,00 € – Finanzamt – Aufwand – Verbindlichkeit – Umsatzsteuervoranmeldung – Mehrwert

Viele zum Verkauf angebotenen Waren legen meist einen langen Weg zurück: von der _____ _____ über den Betrieb der _____, die Weiterverarbeitung sowie den Groß- und _____ bis zum Endverbraucher. Auf jeder _____ dieses Warenwegs wird _____ geschaffen. Dieser Mehrwert ergibt sich aus der Wertschöpfung, welche die eingekauften Vorleistungen übersteigt. Die so geschaffenen Mehrwerte einer jeden Stufe des _____ werden vom Staat mit der Umsatzsteuer (Abkürzung _____) besteuert, deren Grundlage das _____ (UStG) ist. Die Umsatzsteuer ist in den _____ enthalten. Die Nettobeträge der Lieferungen oder sonstigen Leistungen beinhalten _____ Umsatzsteuer und sind die _____ für die Errechnung des Mehrwertsteuerbetrags. In seinen Rechnungen muss jedes Unternehmen die Umsatzsteuer _____ ausweisen. Ausnahme: Kleinbetragsrechnungen bis _____. Hier reicht die Angabe des _____. Der allgemeine Umsatzsteuersatz beträgt 19 %, der ermäßigte, z. B. für Lebensmittel und Bücher, _____. Die in den Eingangsrechnungen ausgewiesene Umsatzsteuer nennt man _____. Sie ist eine Forderung an das _____. Die in den Ausgangsrechnungen ausgewiesene Umsatzsteuer ist eine _____ gegenüber dem Finanzamt. Die Umsatzsteuerschuld _____ ist mit einer _____ _____ für den laufenden Monat bis zum 10. des Folgemonats an das Finanzamt abzuführen. Für das Unternehmen ist die Umsatzsteuer kein _____, sondern ein sogenannter „durchlaufender Posten". Sie ist erfolgsneutral. Nur der _____ als Käufer tätigt keinen Verkaufsumsatz mehr und ist vom Gesetzgeber letztendlich als Träger der Umsatzsteuer bestimmt.

Übung 2.6: Stufen des Wertschöpfungsprozesses mit Vorsteuerabzug

Vervollständigen Sie die folgende Tabelle und berechnen Sie die Zahllast der jeweiligen Umsatzstufen, die ein Fernseher vom Rohstofflieferant bis zum Endverbraucher durchläuft.

Wirtschaftsstufen	Ausgangsrechnung in €		Mehrwert in €	Umsatzsteuer in €	Vorsteuer in €	Zahllast in €
I. Rohstofflieferant (Holz)	Nettowarenwert + 19 % USt Rechnungspreis	200,00	200,00	_____	_____	_____
II. Hersteller des Möbelstückes	Nettowarenwert + 19 % USt Rechnungspreis	440,00	_____	_____	_____	_____
III. Möbelgroßhandel	Nettowarenwert + 19 % USt Rechnungspreis	610,00	_____	_____	_____	_____
IV. Einzelhandel	Nettowarenwert + 19 % USt Rechnungspreis	999,00	_____	_____	_____	_____
V. Endverbraucher	------------------		Summe 839,50	------------	------- →	Summe 159,50

Übung 2.7:   Umsatzsteuer ermitteln, abführen und buchen

Vervollständigen Sie bitte die folgenden Belege und kontieren Sie diese vor.
Buchen Sie die Eingangs- und Ausgangsrechnung im Grund- und Hauptbuch. Ermitteln Sie die Zahllast.

● **Vorkontierung**

Konto	Soll	Haben
_____	_____	_____
_____	_____	_____
_____	_____	_____

gebucht:

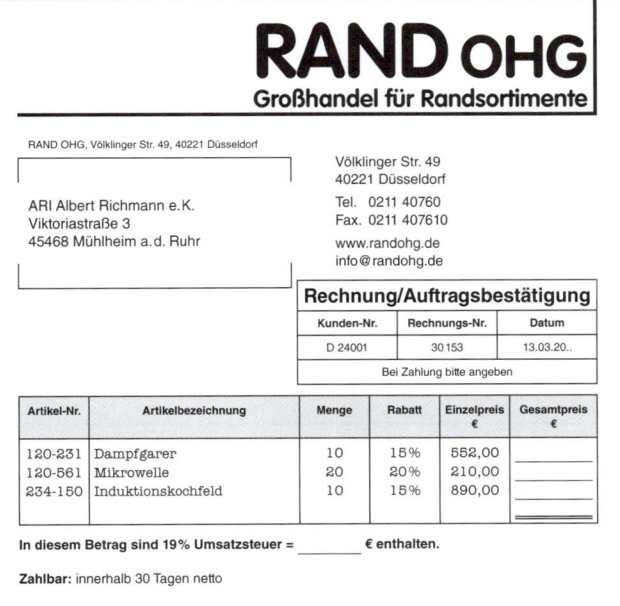

Konto	Soll	Haben
_____	_____	_____
_____	_____	_____
_____	_____	_____

gebucht:

● **Erfassung im Grundbuch**

		RAND OHG			
		Grundbuch			
Lfd. Nr.	**Buchungsdatum**	**Buchungssatz**		**Soll in €**	**Haben in €**
1	_____	_____ _____ an _____		_____ _____	_____
2	_____	_____ an _____ _____		_____	_____
		Abschlussbuchungen			
3	_____	_____ an _____		_____	_____
4	_____	_____ an _____		_____	_____
5	_____	_____ an _____		_____	_____
6	_____	_____ an _____		_____	_____

● **Auf ausgewählten Konten im Hauptbuch buchen, die Zahllast ermitteln und diese passivieren**

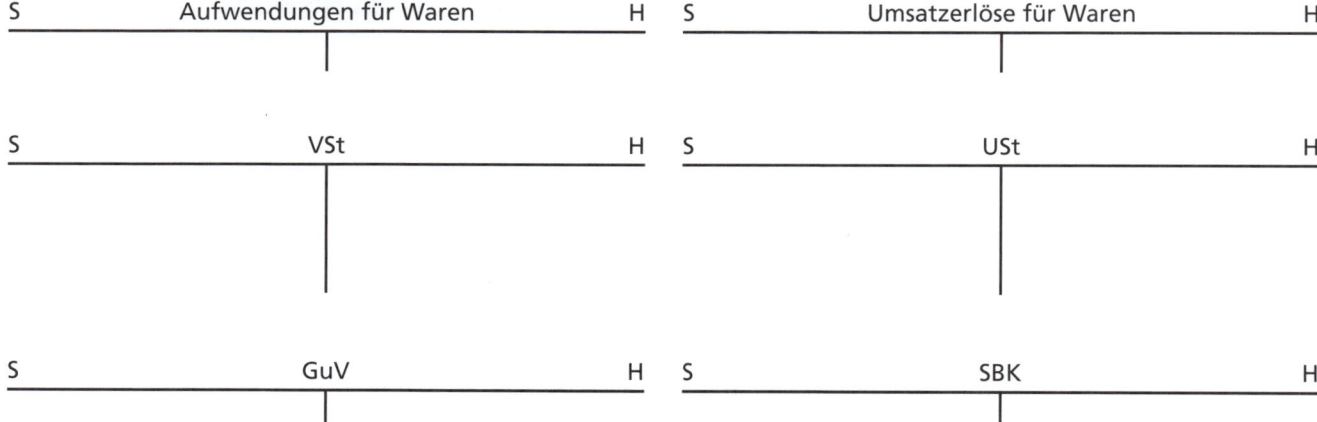

Lernsituation 3: Sie schreiben ein Anlagegut linear ab

Als Werner am Schreibtisch sitzt und aus dem Fenster schaut, sieht er, wie der nagelneue Kleintransporter der RAND OHG auf den Hof fährt. *„Nicht schlecht"*, mein Werner, *„was der wohl gekostet hat?"* *„Das kann ich Ihnen genau sagen"*, ruft Herr Lunau ihm zu, *„hier liegt nämlich die Eingangsrechnung. Die müssen Sie ohnehin buchen, und dann können Sie sich schon mal Gedanken darüber machen, wie wir die Wertminderung des Kleintransporters zukünftig buchhalterisch berücksichtigen sollen."*

Beschreibung und Analyse der Situation

Bitte ergänzen Sie zunächst die fehlenden Beträge in der Eingangsrechnung des Kleintransporters und bestimmen Sie die Anschaffungskosten.

Lkw-Handel

Lkw-Handel Andreas JOOST e. K.
Wodanstraße 15
51107 Köln
Telefon: 0203 298372
Telefax: 0203 298379
www.lkw-handel-joost.de
info@lkw-handel-joost.de
Betriebs-Nr.: 13246833
Auftrags-Nr.:   00589

RAND OHG
Völklinger Str. 49
40221 Düsseldorf

Datum: 26.01.20..
Kunden-Nr.:   32788

Betriebs-Nr.:   12346833
Auftrags-Nr.:   00588
Datum: 13.01.20..
Kunden-Nr.:   32788

Rechnung

Amtl. Kennz.	Typ/Modell	Fahrzeug-Ident-Nr.	Zulassungstag	Annahmetag	km-Stand
D–ME–707	MB-Sporter	3912-1295–32	10.01.20..		512

Für Ihre Bestellung danken wir Ihnen

Kleintransporter MB-Sporter 3,5 t	23 450,00 €
+ Sonderzubehör	3 620,00 €
+ Überführung	600,00 €
+ Zulassung	180,00 €
	_____
+ 19 % Umsatzsteuer	_____
Rechnungsbetrag	_____

Bankverbindung:
Deutsche Bank Duisburg
IBAN: DE89370400440532013000   BIC: NCAGDE3F361

Steuernummer: 218/7667/7767   **USt-IdNr.:** DE10673904

Anschaffungskosten: _____

1. Buchen Sie die vorliegenden Eingangsrechnung

2. Buchen Sie die Begleichung der Eingangsrechnung per Banküberweisung zum 20.01.20..

RAND OHG				
Grundbuch				
Lfd. Nr.	Buchungsdatum	Buchungssatz	Soll in €	Haben in €
1	_____	_____ _____ an _____	_____	_____
2	_____	_____ an _____	_____	_____

Begründen Sie bitte, warum der Kleintransporter nicht zu den ursprünglichen Anschaffungskosten in die Bilanz aufgenommen werden kann, sondern Werner vorher die entsprechenden „Abschreibungsbeträge" zu berechen hat.

_____

_____

_____

_____

Planen und durchführen

Werten Sie die folgenden Informationen aus und erstellen Sie die Anlagendatei. Berechnen Sie darin die Abschreibungen und zeigen Sie, wie sich der Abschreibungsverlauf über sechs Jahre entwickeln wird.

Information

§ 253 Abs. 3 HGB
(2) Bei Vermögensgegenständen des Anlagevermögens, deren Nutzung zeitlich begrenzt ist, sind die Anschaffungs- oder Herstellungskosten um planmäßige Abschreibungen zu vermindern. Der Plan muss die Anschaffungs- oder Herstellungskosten auf die Geschäftsjahre verteilen, in denen der Vermögensgegenstand voraussichtlich genutzt werden kann …

§ 255 HGB
(1) Anschaffungskosten sind die Aufwendungen, die geleistet werden, um einen Vermögensgegenstand zu erwerben und ihn in einen betriebsbereiten Zustand zu versetzen, soweit sie dem Vermögensgegenstand einzeln zugeordnet werden können. Zu den Anschaffungskosten gehören auch die Nebenkosten sowie die nachträglichen Anschaffungskosten. Anschaffungspreisminderungen sind abzusetzen.

Anlagendatei			RAND OHG	
Gegenstand: Kleintransporter MB-Sporter 3,5 t				
Fabrikat: MB		**Lieferer:** LKW-Handel Andreas Joost, Köln		
Nutzungsdauer: sechs Jahre		**Anschaffungskosten:** _____		
Konto: _____		**AfA-Satz:** 16,66 % AfA-Methode: linear		
Datum	**Vorgang**	**Zugang in €**	**Abschreibung in €**	**Bestand in €**
01.01.20.. 31.12.20.(1)	ER 0012 Umbuchung AfA	_____	_____	_____
31.12.20.(2)	_____		_____	_____
31.12.20.(3)	_____		_____	_____
31.12.20.(4)	_____		_____	_____
31.12.20.(5)	_____		_____	_____
31.12.20.(6)	_____		_____	_____

Buchen Sie die Abschreibungen für das erste Jahr im Grundbuch und auf den betreffenden Konten im Hauptbuch

Information:

Abschreibungen auf das abnutzbare Anlagevermögen sind Aufwendungen, die im Soll des Aufwandskontos „Abschreibungen auf Sachanlagen" und im Haben des entsprechenden Anlagekontos als Minderung des Anlagevermögens gebucht werden. Das Konto „Abschreibungen auf Sachanlagen" wird über das GuV-Konto abgeschlossen.

Lfd. Nr.	Buchungsdatum	Buchungssatz	Soll in €	Haben in €
201	31.12.20..	_____	_____	
		an _____		_____

S	Fuhrpark	H	S	Abschreibungen auf Sachanlagen	H
Verb.	27 850,00				

S	GUV	H	S	SBK	H

Überprüfen und bewerten

Gleichen Sie Ihre Ergebnisse mit einem anderen Paar ab. Versuchen Sie die Ursachen für eventuelle Abweichungen zunächst in der so entstandenen Gruppe zu klären.

Lernergebnisse sichern und vertiefen

Schreiben Sie sich zu dem Thema „**Abschreibungen berechnen und buchen"** einen Merkzettel. Schreiben Sie in ganzen Sätzen und bauen Sie dazu die nachfolgenden Begriffe und Satzteile in Ihren Merkzettel ein:

- Wertminderung,
- Abschreibungsplan,
- Anlagendatei,
- Anschaffungskosten,
- lineare Abschreibung,
- Aufwandskonto Abschreibungen auf Sachanlagen,
- Gewinn-und-Verlust-Konto

Merkzettel

_____

_____

_____

_____

_____

_____

_____

_____

_____

_____

_____

_____

_____

_____

_____

Übung 3.1: Den Wert eines Anlagegutes zum Jahresende bei Anwendung der linearen Abschreibung bestimmen

Berechnen Sie bitte die Abschreibungsbeträge der ausgewählten Anlagegüter der Bürodesign GmbH für die betreffenden Jahre und ermitteln Sie den Wert des Anlagegutes zum 31.12.20.(0).[1]

Anlagegut	Datum der Anschaffung	Nutzungsdauer/Jahre	Anschaffungskosten €	AfA € 20.(-2)	Bestand € 31.12.20.(-2)	AfA € 20.(-1)	Bestand € 31.12.20.(-1)	AfA € 20.(0)	Bestand € 31.12.20.(0)
Schreibtisch	03.01.20.(-2)	13	1950,00	150,00	1800,00	150,00	1650,00	150,00	1500,00
Notebook	06.01.20.(-1)	3	960,00			320,00	640,00	320,00	320,00
Registrierkasse	10.01.20.(-2)	6	1800,00						
Firmen-Pkw	09.01.20.(-2)	6	33600,00						
Waage	12.01.20.(-1)	11	198,00						
Verkaufstheke	21.01.20.(0)	10	3400,00						
Kehrmaschine	30.01.20.(-1)	9	5490,00						
Tresor	10.01.20.(-2)	23	2875,00						
Büroschrank	19.07.20.(0)	13	1690,00						
Hubwagen	12.05.20.(-2)	8	600,00						
Aktenvernichter	13.01.20.(-1)	7	630,00						
Lagerregale	17.10.20.(-2)	10	9560,00						
Server	23.06.20.(0)	3	4590,00						
Verkaufsregale	12.01.20.(-3)	10	3550,00						
Packmaschine	14.03.20.(-1)	7	1820,00						

[1] 20.(0) ist das aktuelle Geschäftsjahr, 20.(-1) bezieht sich auf das Geschäftsjahr vor einem Jahr, 20.(-2) bezieht sich auf das Geschäftsjahr vor zwei Jahren usw.

Übung 3.2: Ein GuV-Konto auswerten

a. Schließen Sie bitte zunächst das GuV-Konto ab, indem Sie den Gewinn/Verlust ermitteln.

Soll	Gewinn-und-Verlust-Konto der RAND OHG		Haben
Aufw. für Waren	52 700,00	Umsatzerl. F. Wa.	100 500,00
Gehälter	8 500,00	Mieterträge	2 600,00
Abschr. A. Anlagen	3 000,00	Zinserträge	900,00
Miete	7 300,00		
Werbung	1 500,00		
Versicherungsbeitr.	1 200,00		
betr. Steuern.	2 800,00		

b. Bearbeiten Sie die folgenden Fragen zur dargestellten GuV-Rechnung.

Fragen zur dargestellten GuV-Rechnung	Antwort
Wie viel € hat die RAND OHG für den Einkauf ihrer Waren ausgegeben?	
Wie viel hat die RAND OHG durch den Verkauf ihrer Waren eingenommen?	
Wie viel € wurden durch den Verkauf der Waren verdient (Rohertrag)?	
Wie hoch sind die Erträge der RAND OHG, die nichts mit dem eigentlichen Geschäftszweck zu tun haben?	
Wie viel € hat die RAND OHG neben den Aufwendungen für die Waren ausgegeben, damit der Geschäftsbetrieb laufen konnte (Handlungskosten)?	
Wie viel hat die RAND OHG verdient, wenn von allen Erträgen alle angefallenen Aufwendungen abgezogen werden (Reingewinn)?	
Berechnen Sie das prozentuale Verhältnis des Gewinns zum Eigenkapital (Eigenkapitalrentabilität). Gehen Sie davon aus, dass in der Bilanz ein Eigenkapital von 180 000,00 € ausgewiesen ist.	
Berechnen Sie das prozentuale Verhältnis des Gewinns zu den Umsatzerlösen (Umsatzrentabilität).	

Bildquellenverzeichnis

A. T. Kearney GmbH, Düsseldorf: S. 63

Behrla/Nöhrbaß GbR; Foto Stephan, Köln/Bildungsverlag EINS GmbH, Köln: S. 59, 97.3, 126.1, 127.2, 127.3, 127.4

Angelika Brauner, Hohenpeißenberg: S. 83.1–83.4

Can Stock Photo Inc., Halifax, Canada: S. 102.2

CTO Software GmbH, Aachen: S. 95.1, 95.2, 96.1, 96.2, 97.1

Deutsche Postbank AG, Bonn: S. 64.1

Digital Grafik, Bad Homburg v. d. Höhe/Bildungsverlag Eins GmbH, Köln: S. 78.3

dpa-infografik GmbH, Hamburg: S. 102.1, 169, 173, 192.1, 192.2, 192.3, 210, 211, 212, 213

EDEKA Scheidemann, Jever: S. 82

EURO Kartensysteme GmbH, Frankfurt/Main: S. 64.2, 65.1, 65.3

Fotolia Deutschland GmbH, Berlin: S. 9 (Trueffelpix), 13 (scusi), 23 (Matthias Enter), 38 (arthurdent), 43 (fergregory), 45 (Jason Walsh), 61 (BEAUTYofLIFE), 65.4 (tournee), 65.5 (PictureP.), 66.1 (beermedia), 66.2 (Erwin Wodicka), 66.3 (Robert Kneschke), 66.4 (Klaus Eppele), 68 (Jason Walsh), 85 (Petair), 108 (Robert Kneschke), 93.1 (BEAUTYofLIFE), 93.2 (Daniel Fuhr), 93.3 (B. Wylezich), 99 (Robert Kneschke), 100.2 (T.Michel), 100.3 (r.classen), 100.4 (DeVIce), 100.5 (vektorisiert), 100.6 (vektorisiert), 100.7 (T.Michel), 100.8 (createur), 100.9 (createur), 100.10 (r.classen), 100.11 (vektorisiert), 105.2 (sevulya), 106 (blue-design), 109 (Minerva Studio), 110 (cirquedesprit), 114.1 (Birgit Reitz-Hofmann), 114.2 (Gabriele Rohde), 115.1 (toolklickit), 115.2 (Yuriy Shevtsov), 119.1 (Art3D), 119.2 (fotomek), 119.3 (fotomek), 128.1 (Mario Matos), 128.2 (sonne Fleckl), 129.1 (Tom), 129.2 (maconga), 129.3 (BEAUTYofLIFE), 150.2 (Robert Kneschke), 150.1 (toolklickit), 194 (XtravaganT), 164.1 (santi), 164.2 (contrastwerkstatt), 165.1 (Photo Works, inc.), 165.2 (Robert Kneschke), 165.4 (Philip Date), 170 (the_builder), 176 (andreas reimann), 220 (DOC RABE Media), 235 (racamani), 241 (Johannes Becker)

GALERIA Kaufhof GmbH, Köln: S. 119.6

Industrie- und Handelskammer Düsseldorf: S. 151

Institut für Arbeitsmarkt- und Berufsforschung der Bundesagentur für Arbeit, Nürnberg: S. 202

iStockphoto LP: S. 79.2 (EdStock)

Ladenbau Turner, Hannelore Turner, Hagen: S. 78.2, 79.3

MEV Verlag GmbH, Augsburg: S. 97.2, 100.1, 126.2, 127.1, 165.3

MasterCard Europe SPRL, Frankfurt/Main: S. 65.2

Evelyn Neuss, Hannover: S. 52, 57, 74, 77, 103, 122, 132, 157, 178, 185, 214, 228

OBI GmbH & Co. Deutschland KG, Wermelskirchen: S. 119.4

Organisation for Economic Co-operation and Development (OECD), Paris, Frankreich: S. 208.1–209.2

Statistisches Bundesamt, Wiesbaden: S. 205

STOREBEST Ladeneinrichtungen GmbH, Aschach/Steyr, Österreich: S. 79.1

Tchibo GmbH, Hamburg: S. 119.5

Verlag C.H. Beck oHG, München: S. 70

Wanzl Metallwarenfabrik GmbH, Grafschaft-Gelsdorf: S. 101